Beschäftigungsfähigkeit:
Von der Theorie zur Praxis

Soziale Sicherheit
Band 4

Herausgegeben von der
Internationalen Vereinigung für Soziale Sicherheit

PETER LANG
Bern · Berlin · Bruxelles · Frankfurt am Main · New York · Oxford · Wien

Herausgegeben von

Patricia Weinert, Michèle Baukens, Patrick Bollérot,
Marina Pineschi-Gapenne, Ulrich Walwei

Beschäftigungsfähigkeit: Von der Theorie zur Praxis

PETER LANG

Bern · Berlin · Bruxelles · Frankfurt am Main · New York · Oxford · Wien

Die Deutsche Bibliothek – CIP-Einheitsaufnahme

Beschäftigungsfähigkeit: von der Theorie zur Praxis / hrsg. von Patricia
Weinert .... – Bern ; Berlin ; Bruxelles ; Frankfurt am Main ; New York ; Oxford ;
Wien : Lang, 2001.
(Soziale Sicherheit ; Bd. 4)
Franz. Ausg. u.d.T.: L'employabilité: de la théorie à la pratique
ISBN 3-906767-61-2

Umschlagabbildung: © Internationale Vereinigung für Soziale Sicherheit (IVSS)
Umschlaggestaltung: Thomas Jaberg, Peter Lang AG

ISBN 3-906767-61-2
ISSN 1424-8778

© Peter Lang AG, Europäischer Verlag der Wissenschaften, Bern 2001
Jupiterstr. 15, Postfach, CH-3000 Bern 15
info@peterlang.com, www.peterlang.com, www.peterlang.net

Printed in Germany

Inhalt

Vorwort

Die Beschäftigungsfähigkeit ist ein komplexer Begriff und Gegenstand von zahlreichen Debatten.

Die Europäische Kommission hat das Thema ins Zentrum ihrer Beschäftigungsstrategie gestellt, und viele Systeme der Arbeitslosenversicherung haben die Verbesserung der Beschäftigungsfähigkeit in ihre Programme aufgenommen.

Um ihren Beitrag zu dieser aktuellen und sich in ständiger Entwicklung befindlichen Debatte zu leisten, hat der Fachausschuss für Arbeitslosenversicherung und Beschäftigungssicherung der *Internationalen Vereinigung für soziale Sicherheit* (IVSS) 1998 beschlossen, eine Publikation herauszugeben, die sowohl die theoretischen als auch die praktischen Aspekte dieser Problematik behandelt.

Verschiedene Autorinnen und Autoren, die in erster Linie von Arbeitslosenversicherungsanstalten und aus wissenschaftlichen Kreisen kommen, wurden um einen Beitrag über ein präzises Thema oder die Erfahrungen in ihrem Land gebeten.

Eine Arbeitsgruppe, zusammengesetzt aus Patricia WEINERT (Internationale Vereinigung für soziale Sicherheit), Marina PINESCHI-GAPENNE und Patrick BOLLÉROT (Union nationale interprofessionnelle pour l'emploi, UNEDIC), Michèle BAUKENS (Office national de l'emploi, ONEM) und Ulrich WALWEI (Bundesanstalt für Arbeit, BA), wurde damit beauftragt, die verschiedenen Beiträge zu koordinieren und zu analysieren und daraus künftige Entwicklungen abzuleiten.

Diese Arbeit wurde vom Vorstand des Fachausschusses in allen Stadien aufmerksam verfolgt und beaufsichtigt.

Wir danken all denen, die auf die eine oder andere Weise an dieser Publikation mitgewirkt und so zur Bereicherung der Debatte über die Beschäftigungsfähigkeit beigetragen haben. Gleichzeitig wird darauf hingewiesen, dass für die geäußerten Meinungen ausschließlich die Autoren verantwortlich sind und diese nicht unbedingt mit denen des Fachausschusses oder der IVSS übereinstimmen.

Wir hoffen, dass dieses Werk sowohl für die Entscheidungsträger als auch für die Forscher ein nützliches Arbeitsinstrument und eine Quelle der Inspiration sein wird.

Karel Baeck (ONEM)
Jean-Pierre Revoil (UNEDIC)
Otto Semmler (BA)

Mitglieder des Vorstands des Fachausschusses
für Arbeitslosenversicherung und Beschäftigungssicherung

Einleitung

Bei der Bekämpfung von Arbeitslosigkeit und Marginalisierung hat sich die Beschäftigungsfähigkeit zu einem bedeutenden Instrument entwickelt. Zwar ist der Begriff Beschäftigungsfähigkeit nicht gerade neu, neu ist jedoch die Bedeutung, die dieser jetzt beigemessen wird: die Arbeitsuchenden auf die Veränderungen vorzubereiten, die sich zur Zeit in der Wirtschaft und in der Arbeitswelt vollziehen. Das steigende Tempo der Globalisierung und des technischen Wandels ist zweifellos der wirtschaftlichen Expansion und der Schaffung von Arbeitsplätzen förderlich, verstärkt gleichzeitig jedoch die Arbeitsplatzunsicherheit und die Verlagerung von Arbeitsplätzen sowie das Risiko des Ausschlusses unqualifizierter Personen von der Beschäftigung. Daher besteht die wesentlichste Aufgabe vieler Länder darin, durch präventive Maßnahmen eine Verbesserung der Beschäftigungsfähigkeit von Arbeitsuchenden zu erreichen statt lediglich durch kurative Maßnahmen die Beschäftigungslage zu verbessern und die hohe Arbeitslosigkeit zu bekämpfen.

Bei der *Förderung* der Beschäftigungsfähigkeit müssen jedoch einige wesentliche Entwicklungstendenzen in der Arbeitswelt berücksichtigt werden, damit geeignete beschäftigungspolitische Maßnahmen entwickelt werden können.

Die neuen Informationstechniken ermöglichen Automatisierung und größere Flexibilität, was bedeutende Auswirkungen auf die innerbetriebliche Arbeitsteilung, die Dezentralisierung, die Vernetzung der Informationssysteme (Multimedien) sowie die zeitliche und räumliche Entkoppelung von Mensch und Maschine hat. Heimarbeit und selbständige Erwerbstätigkeit nehmen wieder zu.

Im internationalen Wettbewerb stehende Produktionen und Dienstleistungen haben um so eher Zukunftschancen, je intelligenter, hochwertiger oder spezialisierter sie sind (Spitzentechnologie, Nischenspezialisierung, Servicepakete, Systemlösungen, usw.) und je mehr Märkte aufgespürt und erschlossen werden. Das *Wissen* wird zur wichtigsten Ressource.

Der Strukturwandel fördert kleine und mittlere Organisationseinheiten und damit auch die Selbständigkeit. Das rigide abhängige
„Normalarbeitsverhältnis" des Industriezeitalters wird zunehmend
flexibilisiert. Als Folge dieses Prozesses entstehen neue, auch als
„atypisch" bezeichnete Beschäftigungsformen. Durch Teilzeit-, Zeit-
und Gelegenheits-, Leih- und Telearbeit ist die Arbeitswelt heterogener geworden.

Begünstigt durch diesen Wandel werden neue qualifizierte Dienstleistungstätigkeiten wie Forschung und Entwicklung, Organisation
und Management, Beratung, Publikation und Lehre sowie die Einrichtung und Wartung von Maschinen. Der Anteil der informationsbezogenen Dienstleistungen wird am stärksten steigen. Wir bewegen uns
immer weiter in Richtung einer Dienstleistungs- und Informationsgesellschaft.

Als Folge dessen steigen die Qualitätsanforderungen, die zu entscheidenden Faktoren werden. Auch Fachkompetenz, Methodenkompetenz und soziale Kompetenz werden gefordert. Vermehrt gefragt werden Schlüsselqualifikationen wie Flexibilität, Initiative und
Kreativität, fachübergreifende Grundkenntnisse und eine gute Allgemeinbildung, die Bereitschaft und Fähigkeit zu selbständigem und
verantwortungsvollem Handeln, zur ständigen Weiterbildung und
zur Zusammenarbeit.

Schließlich wird der Strukturwandel aufgrund der Alterung der
Erwerbsbevölkerung, die sich aus der Ankunft schwächer besetzter
Nachwuchsjahrgänge ergibt, in Zukunft statt über den Generationenwechsel vermehrt von den Erwerbspersonen mittleren und höheren
Alters bewältigt werden müssen.

Angesichts dieser weitreichenden Veränderungen in der Arbeitswelt wird argumentiert, dass diejenigen, die keine Chancen haben,
ihre Beschäftigungsfähigkeit zu entwickeln oder zu verstärken, auf
dem wettbewerbsintensiven Arbeitsmarkt der neuen Wirtschaftsordnung scheitern werden.

Um angemessen auf diese Herausforderungen zu reagieren, hat
die Europäische Beschäftigungsstrategie die Beschäftigungsfähigkeit
zu einem von vier vorrangigen Aktionsbereichen erklärt. Beschäftigungsfähigkeit, wie die Europäische Kommission sie versteht, zielt
auf dynamische und auf dem neuesten Stand befindliche Kompeten-

zen und arbeitsmarktorientiertes Verhalten einer jeden Erwerbsperson
ab. Beschäftigungsfähigkeit sollte die Beschäftigungssituation verbessern und die Erwerbsbevölkerung zurüsten, sich an die Anforderungen der Arbeitsmärkte des 21. Jahrhunderts anzupassen.

Dementsprechend bilden die Sicherstellung und die Verbesserung der Beschäftigungsfähigkeit ein komplexes Unterfangen, da es
keinesfalls als ein statisches Konzept, sondern als ein umfassendes
Grundsatzprogramm verstanden wird.

Hieraus ergeben sich eine Reihe von Fragen: Ist Beschäftigungsfähigkeit eine Antwort, um das Gleichgewicht zwischen zunehmender Flexibilität und abnehmender Sicherheit zu bewahren? Ist Beschäftigungsfähigkeit in Zukunft der bestimmende grundsatzpolitische
Rahmen für Arbeitsmarktpolitiken? Impliziert der Begriff Beschäftigungsfähigkeit, dass die Initiative, beschäftigungsfähig(er) zu sein,
allein vom Einzelnen ausgeht? Wenn Programme zur Einkommens-
sicherung keine angemessene Sicherheit mehr bieten, wandeln sich
dann (reaktive) Systeme der Arbeitslosenversicherung in (aktive) Be-
schäftigungsfähigkeitsversicherungen? Welche Folgen hat eine solche Entwicklung für Entscheidungsträger?

Die in diesem Band enthaltenen Artikel wollen einen Beitrag zum
begrifflichen und praktischen Inhalt des Begriffs Beschäftigungsfähigkeit leisten; dazu werden einige im Zusammenhang mit den obigen
Fragen wichtige Anliegen behandelt. Sie versuchen, komplexe grundsatzpolitische Fragen zu klären, die zu einem besseren Verständnis
des Konzepts beitragen sollen. Dadurch wollen sie Einsichten in die
Möglichkeiten und *Grenzen* der Maßnahmen zur Förderung der Beschäftigungsfähigkeit vermitteln, denn Beschäftigungsfähigkeit ist kein
Allheilmittel zur Lösung aller Probleme auf den heutigen Arbeitsmärkten. Ihr sind bei der Bekämpfung der Arbeitslosigkeit Grenzen
gesetzt. Beschäftigungsfähigkeit sollte auf keinen Fall ein Ersatz für
andere Maßnahmen sein, die zur Verbesserung der Arbeitsmarktbedingungen notwendig sind.

Dieser Band besteht aus drei Teilen:
1. *Teil I* befasst sich mit *Konzepten und Instrumenten der Beschäftigungsfähigkeit* und enthält vier Kapitel. Kapitel 1 führt in die Komplexität des Begriffs Beschäftigungsfähigkeit ein. In Kapitel 2 geht es
um eine bestimmte Technik zur Früherkennung potentieller Lang-

zeitarbeitsloser. Die Rolle des Arbeitgebers und des Arbeitnehmers
bei der Förderung der Beschäftigungsfähigkeit wird in Kapitel 3
untersucht, und Kapitel 4 behandelt die Frage, ob sich europäische
Systeme der Arbeitslosenversicherung einem Modell der Beschäftigungsfähigkeitsversicherung zuwenden.

2. *Teil II* enthält Länderberichte und beschreibt und evaluiert –
soweit möglich – aktive Maßnahmen, die zur Verbesserung der
Beschäftigungsfähigkeit von Arbeitsuchenden getroffen wurden.
Wichtige Arbeitsmarktaspekte und deren Auswirkungen für den Arbeitsuchenden werden bei der Analyse der Arbeitslosigkeitsfallen
deutlich.[1] In diesem Band werden vier Mitgliedsländer der Europäischen Union und ein OECD-Land untersucht, nämlich das Vereinigte
Königreich, die Niederlande, Belgien, Irland und Neuseeland. Besonders relevant erschien den Herausgebern eine Untersuchung der
Art und Weise, wie zwei Übergangsländer, Polen und die Slowakei,
versuchen ihre Arbeitsmarktprobleme in den Griff zu bekommen.
Außerdem wird das Arbeitslosenproblem eines Entwicklungslandes
wie Algerien untersucht, das erst vor relativ kurzer Zeit (1994) eine
Arbeitslosenversicherung eingerichtet hat. Deshalb verdient es Be-
achtung, wie dieses Problem durch gezielte Maßnahmen der aktiven
Arbeitsmarktpolitik angegangen wird.

3. In *Teil III* wird ein praktischer Ansatz am Beispiel Kanada geschildert, das 1996–97 von einer Arbeitslosen- zu einer Beschäftigungsversicherung übergegangen ist. Das letzte Kapitel fasst die Erkenntnisse aller Beiträge zusammen, bevor ein kurzer Ausblick gemacht wird.

Die Herausgeber hoffen, dass bei Erscheinen dieses Bandes inzwischen neue Evaluierungsdaten vorliegen, da noch viel Forschungsarbeit über die Wirksamkeit der Förderung der Beschäftigungsfähigkeit geleistet werden muss.

Patricia WEINERT
Internationale Vereinigung für soziale Sicherheit

---

1 Andere Aspekte des Arbeitsmarktes wurden vom Fachausschuss u.a. behandelt im Bericht von Spitznagel, „Bekämpfung der Arbeitslosigkeit durch Arbeitsbeschaffungs-
programme und Entwicklung eines zweiten Arbeitsmarktes", in *Harmonisierung ökono-
mischer Entwicklungen und sozialer Bedürfnisse*, IVSS, 1998.

Teil 1
Konzepte und Instrumente

Kapitel I
Beschäftigungsfähigkeit: Ein komplexer Begriff

B. Gazier[1]

1. Einleitung

Von einer kollektiven Forschungsarbeit[2] ausgehend behandelt dieser Beitrag die Tragweite und die Grenzen der Beschäftigungsfähigkeit als Instrument zur Bekämpfung der Arbeitslosigkeit.

Wer sich mit der Beschäftigungsfähigkeit befasst, versucht, auf die Angebotsseite des Arbeitsmarktes einzuwirken, das heißt auf die Seite der Arbeitnehmer mit ihren Leistungsfähigkeiten und ihren Verhaltensweisen, wobei auf der Nachfrageseite Unternehmen mit ihren Anforderungen stehen. Das Ganze hängt allerdings von der Wachstumsdynamik ab. Man sieht gleich, dass diese Position etwas Partielles und Aktuelles hat. Partiell, weil jedes Angebot nur existiert, wenn ihm eine Nachfrage gegenübersteht, aktuell, weil es künftig kaum noch eine Wirtschaftspolitik geben wird, die sich in der keynesischen Tradition der Anregung der Wirtschaftstätigkeit darum bemüht, direkt eine starke Nachfrage nach Arbeit zu fördern. Vielmehr ist es die fortschreitende Verbesserung des Angebots (von Produkten oder Arbeit), auf die sich die meisten Regierungen in den letzten beiden Jahrzehnten beim Bemühen um die Wiederherstellung der Wachstumsbedingungen verlassen haben. Ohne auf die Berechtigung dieser Entwicklung einzugehen, soll hier nur festgestellt werden, dass Maßnahmen auf der Arbeitsangebotsseite statt auf der Nachfrageseite in den Vordergrund gerückt sind, ob es sich nun um Qualifikationen oder die Verfügbarkeit der Arbeitnehmer oder um ihre Lohnforderungen handelt.

---

1 Universität Paris I, Frankreich.
2 Gazier, B. (Hrsg.), 1999, siehe Literaturverzeichnis, *Employability: Concepts and Policies*, European Commission, Employment and Social Affairs/IAS, Berlin.

Die Beschäftigungsfähigkeit erscheint dann als ein Programm zur „Aktivierung" der Ausgaben für die Beschäftigung in Form einer Förderung von Maßnahmen zur Ausbildung, zur Arbeitsplatzvermittlung, zu einer mehr oder weniger gezielten Subventionierung zugunsten von Einstellungen oder der Erhaltung des Beschäftigungsverhältnisses sowie in Form einer Palette von verschiedenen Anreizen oder autoritären Maßnahmen, die darauf abzielen, „die Arbeitslosen wieder in ein Arbeitsverhältnis zu bringen". Dieses Vorgehen ist individualisiert und präventiv, wie es sprachlich zum Ausdruck kommt, von „Beschäftigungssicherung" zur „Sicherheit durch Beschäftigungsfähigkeit" überzugehen. Die Anwendung dieser Maßnahmen ändert sich im Verlauf der Zeit und auch je nach Land und Landestraditionen. Es handelt sich eher um ein sich ständig weiter entwickelndes Programm als um ein stabilisiertes und präzises Maßnahmenpaket, dessen Inventur man machen und dessen Auswirkungen man einschätzen könnte: eine Richtung einschlagen, ein Trend der Beschäftigungspolitiken.

Zu dieser Vielfalt von Maßnahmen kommen – das ist entscheidend – unzählbare mögliche Konzeptionen der Beschäftigungsfähigkeit hinzu. Diesen Begriff gibt es in der Tat seit einem Jahrhundert: Seine ersten Definitionen gehen auf den Anfang des 20. Jahrhunderts zurück und sind auf vielfältige Art verwendet und diskutiert worden. Dabei wird meistens auf die Schlüsselrolle der Initiativen und Fähigkeiten der Arbeitnehmer hingewiesen.

Manche Definitionen machen die Arbeitnehmer für ihre eigene Beschäftigungsfähigkeit selbst verantwortlich und überlassen dem Einzelnen die Aufgabe, sich an die Veränderungen des Arbeitsmarktes anzupassen. Andere, zum Beispiel die der „europäischen Beschäftigungsstrategie" von 1998, sind ausgewogener und legen den Sozialpartnern ebenso wie den Regierungen Verpflichtungen auf.

Hinter diesen Erfahrungen und Debatten zeichnet sich ein wichtige Herausforderung ab: Bis zu welchem Punkt ist es möglich oder wünschenswert, Arbeitslose verantwortlich zu machen, wenn nicht für ihre Situation, so doch zumindest für Maßnahmen, die ihnen ermöglichen, wieder eine Beschäftigung zu finden? Welchen Nutzen, aber auch welche Gefahren gibt es, wenn man auf dem Begriff

Beschäftigungsfähigkeit besteht und in diesem Sinne eine konkrete Politik entwickelt?

Dieser Beitrag besteht aus drei Teilen:

In einem ersten historisch-begrifflichen Teil wird kurz auf die verschiedenen auf die Praxis bezogenen Bedeutungen der Beschäftigungsfähigkeit und auf neuere Tendenzen eingegangen, die sich beim Verständnis des Begriffs ergeben haben: Übergang von einem statisch, schwach interaktiven Verständnisses der Beschäftigungsfähigkeit zu einem dynamisch, stark interaktiven Konzept.

Ein zweiter Teil befasst sich mit Maßnahmen zur Förderung der Beschäftigungsfähigkeit und untersucht die Probleme, die sich bei ihrer Umsetzung ergeben. In diesem Rahmen wird kurz ein unlängst in den USA entwickeltes Instrument untersucht: Das „Profiling", das darauf abzielt, Personen je nach ihrem Bedarf an Beschäftigungsfähigkeit einzustufen.

Im dritten Teil wird die Debatte erweitert und die Art von Interaktion und Verantwortung untersucht, deren Entwicklung auf dem Arbeitsmarkt in Bezug auf das Angebot an Arbeitsplätzen wünschenswert ist. Es werden Maßnahmen des „workfare", Tarifverhandlungen und Sozialpartner untersucht und insbesondere die beiden Schlüsselbegriffe „making work pay" (OECD) und „making transition pay" (Perspektive der „Übergangsmärkte") verglichen.

2. Beschäftigungsfähigkeit: Eine kurze historische und begriffliche Übersicht

2.1. Ein Begriff zwischen Theorie und Praxis

Verstanden als Fähigkeit des Einzelnen, eine Erwerbstätigkeit (ob als selbständig oder unselbständig Tätiger) zu erhalten und zu behalten, ist Beschäftigungsfähigkeit kein theoretischer Begriff, der in ein Netzwerk von erklärenden oder normativ expliziten, eindeutigen und festen Verbindungen eingefügt ist.

Es handelt sich vielmehr um die Feststellung von Problemen und Prioritäten in Verbindung mit dem Handeln von Personen und Institutionen, die sich mit dem Zugang zu Arbeit und Beschäftigung befassen. Die Beschäftigungsfähigkeit war von Anfang an Teil einer Reihe von wirtschafts- und sozialpolitischen, aber auch moralischen Anliegen: Sie ist an die Stelle des alten Unterschieds zwischen arbeitsfähigen und nichtarbeitsfähigen Armen getreten, wobei die Ersteren eine völlig andere Unterstützung benötigen als die Letzteren. Für die nichtarbeitsfähigen Armen ist eine direkte materielle und finanzielle Unterstützung erforderlich, während die arbeitsfähigen Armen an die Arbeit geschickt werden müssen. Wenn eine Person heutzutage noch von Sozialarbeitern als nichtbeschäftigungsfähig eingestuft wird, werden für sie Maßnahmen und Unterstützungen vorgesehen, die auf eine finanzielle Hilfe mit wenig oder keinen Gegenleistungen hinauslaufen, während sich mit den als beschäftigungsfähig geltenden Personen die Beschäftigungspolitik befassen muss.

Diese von Anfang an bestehende Dimension mit konkreten Konsequenzen aber auch mit einer Anzahl kollektiver Aspekte belastet, ordnet die Beschäftigungsfähigkeit einem Netzwerk von mehr oder weniger untereinander kohärenten Begriffen zu, die eine Palette von Theorien und von konkreten Maßnahmen miteinander verbinden. Sie enthält deshalb mehr oder weniger implizite Aspekte, die häufig erläutert werden müssen und die aus einer stärker theoretischen Sicht mehrdeutig sein können, das heißt die mehrere voneinander abweichende Erläuterungen zulassen.

Dies bewirkt auch, dass die Beschäftigungsfähigkeit ein dehnbarer Begriff ist und im Verlaufe der Zeit verschiedene Inhalte gehabt hat. Es war bisher jedoch kaum möglich, Erfahrungen und Auseinandersetzungen mit dem Begriff zu sammeln, da der Inhalt selbst je nach Autoren oder Strömungen unterschiedlich sein kann. Diese Erfahrungen und Auseinandersetzungen sind ungleichartig und bislang kaum umfassend diskutiert worden.

Daraus ergibt sich die Komplexität dieses Begriffs und die Notwendigkeit, zumindest kurz die verschiedenen wichtigsten Definitionen der Beschäftigungsfähigkeit anzuführen, bevor eine eingehendere Analyse vorgenommen wird.

2.2. Sieben aufeinanderfolgende Definitionen

Mehrere historische Forschungsarbeiten haben ergeben, dass im Verlauf des 20. Jahrhunderts mindestens sieben Definitionen der Beschäftigungsfähigkeit hintereinander entwickelt wurden: Dabei hatte jede eine Begriffsbestimmung, eine statistische Ausdrucksform und praktische Folgen.

In der eingangs angeführten Untersuchung wurden diese verschiedenen Definitionen identifiziert und um der Unterscheidung Willen entsprechend bezeichnet. Sie sollen in die Gesamtdiskussion einführen. Allerdings wurden sie nicht von den Personen formuliert oder benutzt, die diese oder jene Definition ausgearbeitet und verwendet haben, denn diese beschränkten sich die meiste Zeit darauf, von „Beschäftigungsfähigkeit" zu sprechen, ohne zu bemerken, dass es sich um eine spezifische Form handelte.

Die erste Version (B1) geht auf den Beginn des 20. Jahrhunderts zurück und hatte bis Anfang der 50er Jahre Bestand, vor allem im Vereinigten Königreich und in den Vereinigten Staaten. Dabei handelte es sich um eine einfache zweigleisige Auffassung von der Beschäftigungsfähigkeit. Eine Person war – oder war nicht – beschäftigungsfähig, das heißt arbeitsfähig, und stand dem Arbeitsmarkt unmittelbar zur Verfügung. Die statistische Ausdrucksform dieser „zweigleisigen Beschäftigungsfähigkeit" (employabilité dichotomique) konzentrierte sich nach und nach auf drei Kriterien, die bei zahlreichen, in der Großen Depression der dreißiger Jahre in den USA durchgeführten Studien angewandt wurden: Alterskriterien (15 bis 64 Jahre), keine körperliche oder geistige Behinderung und keine starken familiären Verpflichtungen wie z. B. für Mütter die Erziehung von Kleinkindern. Man konnte so die in Armut lebenden Personen unterschiedlich ausrichten: Die Nichtbeschäftigungsfähigen erhielten dringende Sozialhilfe, während die Beschäftigungsfähigen öffentlichen Arbeiten zugeteilt und anschließend auf den Arbeitsmarkt zurückgeschickt wurden. Diese Auffassung der Beschäftigungsfähigkeit ist viel kritisiert worden, zum einen weil sie ohne Bezug zur Arbeitsmarktsituation formuliert wurde, und zum anderen, weil sie keinerlei Abstufungen zwischen Beschäftigungsfähigkeit und Nichtbeschäftigungsfähigkeit vorsah.

Die modernen Versionen entstanden in einer zweiten Welle der Anwendung und Ausführung der Beschäftigungsfähigkeit in den Jahren 1950 bis 1960, wobei diese Entwicklung von Anfang an über den angelsächsischen Bereich hinausging und Beiträge aus zahlreichen Ländern umfasste, insbesondere Frankreich. Drei sehr verschiedene Formen der Beschäftigungsfähigkeit wurden von Sozialarbeitern, Politikern, Statistikern und Ärzten festgelegt und verwendet.

B2 lässt sich als *„sozialmedizinische Beschäftigungsfähigkeit"* *(employabilité médico-sociale)* bezeichnen. Diese in erster Linie von Ärzten und Praktikern der Rehabilitation entwickelte und für Behinderte bestimmte Definition führte von Anfang an eine quantitative Einstufung ein: Man kann mehr oder weniger beschäftigungsfähig sein. Diese Beurteilung bildet die Grundlage für Maßnahmen zur Verbesserung der Beschäftigungsfähigkeit. Es handelt sich konkret um Bewertungen einer Reihe von Aspekten, die einen individuellen Test in Bezug auf die Beschäftigungsfähigkeit bilden: Die Fähigkeiten einer mehr oder weniger behinderten Person in verschiedenen Bereichen (Sehkraft, Hörfähigkeit, Herz, Motorik, usw. aber auch Abstraktionsfähigkeit, Fähigkeit zu rationalem Denken, zur Ergreifung von Initiativen...), die die körperlichen wie die geistigen Mängel berücksichtigen. Anhand der festgestellten Mängel wählt man diejenigen aus, bei denen man kurativ oder kompensatorisch eingreifen kann. Davon ausgehend stellt man ein Aktionsprogramm auf.

Dieser zweiten Definition folgte fast unmittelbar eine dritte, allgemeinere und in erster Linie für Arbeitslose in Schwierigkeiten bestimmte. Bei der Einstufung lassen sich mit unterschiedlicher Betonung Behinderungen berücksichtigen, die nicht mehr medizinischer, sondern sozialer Art sind. Dabei geht es um Qualifikationsmängel, aber auch Probleme bei der Mobilität, des äußeren Erscheinungsbildes. So könnte eine Person, die keinen Führerschein besitzt oder vorbestraft ist oder Drogen eingenommen hat, als gering beschäftigungsfähig gelten. Diese Beschäftigungsfähigkeit B3 lässt sich als *„arbeitsmarktpolitische Beschäftigungsfähigkeit"* *(employabilité de politique de main d'oeuvre)* bezeichnen. Sie misst die Distanz zwischen den Merkmalen einer Person, den Produktionserfordernissen und der Aufnahmefähigkeit des Arbeitsmarktes. Auch hier ist eine Intervention möglich: Man greift die Aspekte heraus, bei denen Maßnahmen angemessen sind (zum Beispiel Aus- und Fortbildungsprogramme oder einfach Fahrstunden, sogar Ratschläge zur Bekleidung).

Bei B2 und B3, die vor allem in den USA verbreitet sind, besteht allerdings die Einschränkung, dass sie streng individuell auf Personen ausgerichtet sind, denen man bei der Arbeitsuche helfen will, so dass auch hier implizit die Arbeitsmarktsituation und die eventuelle Voreingenommenheit der Arbeitgeber als gegebene Tatsachen hingenommen werden.

Eine vierte Variante wurde insbesondere in Frankreich in den sechziger Jahren entwickelt und geht anhand eines kollektiven Ansatz das Problem auf eine völlig andere Art an. Es handelt sich um eine *„fließende Beschäftigungsfähigkeit"* (employabilité-flux). Bei dieser konzentriert man sich darauf, wie schnell eine Arbeitslosengruppe wieder in Arbeit vermittelt werden kann. Dies kann innerhalb einer Gruppe von Arbeitslosen – zum Beispiel von Arbeitslosen über 50 Jahre – an dem Anteil derer gemessen werden, die seit über einem Jahr arbeitslos sind. Diese Statistik der Nichtbeschäftigungsfähigkeit (eher denn Beschäftigungsfähigkeit) ist insofern interessant, als sie die Situation der Arbeitslosen direkt mit dem Arbeitsmarkt verbindet (mehr oder weniger gute Konjunktur, mehr oder weniger starre Selektivität). Davon ausgehend lassen sich dann die individuellen Nachteile dieser oder jener Untergruppe von Arbeitslosen oder eines einzelnen Arbeitslosen feststellen (differenzierte Beschäftigungsfähigkeit).

Es ist recht bemerkenswert, dass die Versionen B2 und B3 einerseits und B4 andererseits getrennt entwickelt wurden. In den siebziger Jahren gerieten B2 und B3 in eine Krise, vor allem weil ihre Eingriffe zugunsten der Arbeitnehmerschaft zahlreichen Entscheidungsträgern als einseitig erschien (die es zum Beispiel für wirkungsvoller hielten, den Arbeitsmarkt zu flexibilisieren), und weil sich die in den verschiedenen individuellen Tests der Beschäftigungsfähigkeit erzielten Ergebnisse als ziemlich schlechte Indikatoren für den Erfolg des Einzelnen auf dem Arbeitsmarkt erwiesen. Zur gleichen Zeit oder etwas später ist in den achtziger Jahren dann B4 in eine Krise geraten, als es in Europa zu einer anhaltenden Massenarbeitslosigkeit kam. Es wurde zunehmend entmutigend, ständig eine Ver-

schlechterung der Beschäftigungsfähigkeit der Arbeitslosen festzustellen und nur den kollektiven Ansatz miteinzubeziehen, der in
erster Linie auf der Verlangsamung des Wachstums beruhte: Wie soll
man diesen Personen helfen, wenn die Wege zu einer raschen Wiederaufnahme der Erwerbstätigkeit verschlossen sind? Deshalb wurde diese Definition, die die Statistiker in Frankreich benutzten, schließlich aufgegeben.

In den achtziger und neunziger Jahren hat eine dritte, stärker
internationalisierte Welle insbesondere mit Beiträgen Kanadas drei
neue Definitionen der Beschäftigungsfähigkeit vorgeschlagen.

Zunächst haben eine Reihe von amerikanischen Untersuchungen
ab Ende der siebziger Jahre eine neutralere statistische Definition
der Beschäftigungsfähigkeit vorgeschlagen: B5, die man als *„Beschäftigungsfähigkeit – Leistung auf dem Arbeitsmarkt"* *(employabilité
– performance sur le marché du travail)* bezeichnen kann. Dabei
geht es unter Berücksichtigung der über den Beschäftigungsverlauf
vorhandenen statistischen Informationen darum, für eine Gruppe
oder eine Einzelperson drei spezifische Wahrscheinlichkeiten für einen
bestimmten Zeitraum festzustellen: Die Wahrscheinlichkeit, eine oder
mehrere Beschäftigung(en) zu finden, wahrscheinliche Dauer dieser
Beschäftigung(en) in Arbeitsstunden und wahrscheinliches Arbeits-
entgelt pro Stunde. Wenn man diese drei Wahrscheinlichkeiten miteinander multipliziert, erhält man einen künstlichen Indikator für
die Eignung einer Person oder einer Gruppe für eine Erwerbstätigkeit. Diese Maßnahme ist insofern interessant, als sie die Aufmerk-
samkeit nicht nur auf die Wahrscheinlichkeit konzentriert, eine Arbeit zu finden, sondern auch Mindestangaben über die „Qualität"
der Beschäftigung (Dauer und Entgelt) einführt. Sie postuliert à priori
keine Verbindung zwischen Eignungen des Einzelnen, kollektiven
Situationen oder wirtschafts- oder sozialpolitischen Maßnahmen und
dem Ergebnis auf dem Arbeitsmarkt. In diesem Sinne ist sie neutral
und kann nur zur retrospektiven Beurteilung dieses oder jenes
Aktivierungsprogramms dienen.

Das Gleiche gilt nicht für zwei neuere Definitionen, die vor allem
Anfang der neunziger Jahre entwickelt wurden: B6 *„Beschäftigungsfähigkeit – Eigeninitiative"* *(employabilité – initiative)* und B7 *„interaktive Beschäftigungsfähigkeit"* *(employabilité interactive)*.

B6 betont die Verantwortung und Fähigkeit des Einzelnen, im Rahmen seiner Karriereplanung eine Akkumulation von Human- und Sozialkapital einzusetzen. So lässt sich B6 als die Verwertbarkeit der Akkumulation von individuellen Fähigkeiten definieren und am Umfang des bereits angesammelten oder ansammlungsfähigen Humankapitals (Kenntnisse und Leistungsfähigkeiten, aber auch Lernfähigkeiten) sowie an der Größe und an der Qualität der Hilfe und Unterstützung messen, die eine Person um sich herum einsetzen kann (Sozialkapital). Der positive Aspekt dieser Definition der Beschäftigungsfähigkeit besteht in ihrer dynamischen Dimension; das Paradoxe an ihr ist jedoch, dass sie individuelle Merkmale privilegiert, die einem unternehmerischen Modell nahe sind, da diejenigen Personen am beschäftigungsfähigsten sind, die ihre Kenntnisse und Kontakte für eine Erwerbstätigkeit zu nutzen verstehen. Die beschäftigungsfähigste Person ist dann diejenige, die Arbeitsplätze schafft. Bei diesem sehr optimistischen und individualistischen Modell scheint man weit von den Problemen zahlreicher Arbeitsuchender entfernt zu sein. Die politische Konsequenz daraus ist, dass die Förderung des lebenslangen Lernens, die Verbesserung von Information über den Arbeitsmarkt und dessen Flexibilisierung im Vordergrund stehen sollten.

Die letzte Definition, B7, führt eine interaktive und kollektive Dimension wieder ein. Ausgehend von einer kanadischen Definition aus dem Jahre 1994 kann man die Beschäftigungsfähigkeit dabei darlegen als die relative Fähigkeit einer Person, unter Berücksichtigung der Interaktion zwischen ihren persönlichen Eigenschaften und dem Arbeitsmarkt eine Beschäftigung zu finden. Statistisch ausgedrückt ergibt sich dann eine Fülle von statistischen Profilen, die Merkmale und Berufswege des Einzelnen mit Arbeitsmarktkontexten und -trends verbinden. Die wichtigsten praktischen Folgen sind dann die Aktivierung der Beschäftigungspolitiken, wie sie in der Einleitung dieses Beitrags angeführt wurden, mittels der Förderung von multidimensionalen und vereinbarten Ansätzen.

2.3. Einige Elemente der Interpretation

In diesem Beitrag lassen sich nicht die komplexen Verbindungen darlegen, die zwischen den verschiedenen Definitionen der Beschäftigungsfähigkeit und existierenden Wirtschaftstheorien bestehen[3]. Keine Definition lässt sich direkt mit einer eindeutigen Theorie in Verbindung bringen. Zwar nähern sich die B2, B3 und B6 Versionen in gewissem Maße der Theorie des Humankapitals, doch müssten sie dann durch eine Theorie von der Unvollkommenheit der Anpassungen auf dem Arbeitsmarkt ergänzt werden, ob nun eine Unbeweglichkeit beim Entgelt und/oder bei den Verhaltensweisen in Bezug auf Arbeitsuche und Mobilität besteht. Die B4 Variante lässt an eine „keynesische Beschäftigungsfähigkeit" denken, ohne dass dieser Bezug eindeutig wäre.

Relativ klar erscheint hingegen der Kontrast zwischen den beiden Trends der sechziger Jahre und der achtziger und neunziger Jahre. Die in den sechziger Jahren entwickelten Definitionen haben zwei völlig verschiedene Ausgangspunkte, bei einem individuell und beim anderen kollektiv. Sie führen zu keinerlei Konfrontation oder Verbindung zwischen diesen beiden Ansätzen. Bei den Bemühungen um eine Anpassung der Arbeitskräfte an den Arbeitsmarkt wird davon ausgegangen, dass dieser sie aufnehmen kann. Die makrokonjunkturelle Sicht blockiert die individuellen Initiativen weitgehend.

Darüber hinaus sind diese schwach interaktiven Ansätze unter gewissen Gesichtspunkten statisch. Im Wesentlichen stellen sie individuelle oder kollektive Defizite fest mit dem Ziel, diese zu beseitigen. So geht man von einem stabilen Bezugspunkt – eine nicht in Frage gestellte „normale" Beschäftigung – aus, und argumentiert auf der Grundlage eines festen Zieles: eine Beschäftigung zu finden oder wiederzufinden.

Für neuere Entwicklungen typisch (einmal abgesehen von der Beschäftigungsfähigkeit B 5, deren Ausrichtung neutral ist) erscheint hingegen die Einführung von interaktiven und dynamischen Ansät-

---

3   Siehe hierzu die Entwicklungen, die in Gazier, B. (Hrsg.), 1999, S. 54–61, beschrieben
    werden.

zen. Die Beschäftigungsfähigkeit wird dann als an einen bestimmten Kontext gebundenes Potential gemessen, ob es sich nun um individuelle Netzwerke von „Sozialkapital" handelt, die man ausweiten kann, oder allgemeiner um sich verändernde Situationen auf dem Arbeitsmarkt.

In dieser Aufeinanderfolge verschiedener Definitionen der Beschäftigungsfähigkeit lässt sich somit ein langsamer Lernprozess erkennen. Doch viele Ungewissheiten bleiben.

3. Die Förderung der Beschäftigungsfähigkeit

3.1. Die Anpassung an die Erfordernisse des Marktes und die Rolle des lokalen Kontextes

Wenn man nun versucht den an der Jahrhundertwende auftauchenden Maßnahmen zur Förderung der Beschäftigungsfähigkeit Inhalt zu geben, ist festzustellen, dass sie nicht neu waren, sondern vielmehr eine neue Ausrichtung erhielten. Beschäftigungspolitische Instrumente (Arbeitslosenleistungen, Arbeitsvermittlung und Information, Ausbildung und Einstellungs- oder Beschäftigungsbeihilfe) sind seit langem bekannt. Das vorrangige Anliegen der Beschäftigungsfähigkeit besteht darin, vor allem so genannte „aktive" Maßnahmen zu entwickeln, das heißt solche, die sich nicht darauf beschränken, eine Einkommensbeihilfe zu leisten, und die somit sowohl *präventiv als auch auf den Einzelnen zugeschnitten sind.*

So führt die „europäische Beschäftigungsstrategie" in ihrem Kapitel über die Beschäftigungsfähigkeit drei messbare Zielsetzungen an:

- die Mitgliedstaaten müssen sicherstellen, dass allen Jugendlichen ein Neuanfang in Form einer Ausbildung, einer Umschulung, einer Berufserfahrung, eines Arbeitsplatzes oder einer anderen die Beschäftigungsfähigkeit fördernden Maßnahme ermöglicht wird, ehe sie sechs Monate lang arbeitslos sind;

- sie müssen den arbeitslosen Erwachsenen durch eines der vorgenannten Mittel oder genereller durch individuelle Betreuung in Form von Berufsberatung ebenfalls einen Neuanfang ermöglichen, ehe sie zwölf Monate lang arbeitslos sind;
- schließlich müssen sie sich bemühen, die Zahl der Personen spürbar zu erhöhen, die an einer aktiven Maßnahme teilnehmen. Als Zielvorgabe wird festgelegt, eine schrittweise Annäherung an den Durchschnitt der drei erfolgreichsten Mitgliedstaaten, mindestens aber einen Anteil von 20%, zu erreichen.

Der 1998 im Vereinigten Königreich eingeführte *New Deal* lässt sich als ein Programm beschreiben, das weitgehend von dieser Vorstellung ausgeht[4]: Jeder Jugendliche ohne Beschäftigung erhält zunächst im Verlauf eines Zeitraums bis zu vier Monaten eine Beihilfe und eine auf ihn zugeschnittene Berufsberatung über die Möglichkeiten, die ihm sowohl im privaten Sektor als auch im öffentlichen Dienst geboten werden. Er muss sich dann für eine von *vier* Optionen entscheiden:

1. Beschäftigung in Verbindung mit einer Ausbildung im Privatsektor für eine Dauer von sechs Monaten; für diese Zeit erhalten die Arbeitgeber eine Beihilfe;
2. zeitlich befristete Beschäftigungen in einem Umweltprogramm, verbunden mit einer Ausbildung, für die ein Entgelt in Höhe der Arbeitslosenleistung sowie ein geringer Zusatzlohn gezahlt wird;
3. Beschäftigung im gemeinnützigen Bereich, auch hier in Verbindung mit einer Ausbildung und einem geringen Zusatzlohn;
4. eine einjährige Vollzeitausbildung allgemeiner oder beruflicher Art. In dieser Zeit wird der Jugendliche von einem Ausbilder oder einer Fachkraft des Arbeitsamtes begleitet.

Die beiden wichtigsten Neuerungen sind zum einen eine Begleitung während des gesamten Zeitraums und zum anderen die Verpflichtung, zwischen den vier Optionen zu wählen, um eine staatliche

---

4   Vgl. den Beitrag von J. Philpott in Gazier, B. (Hrsg.), 1999, S. 97–120, und von N. Meager, Kapitel 7, in diesem Band.

Beihilfe zu erhalten. Wie in der Öffentlichkeit immer wieder unterstrichen wurde, gibt es keine „fünfte Option".

Es handelt sich somit um einen mehr oder weniger autoritären Aufruf zum persönlichen Einsatz, unter Verwendung von Erfolgsbilanzen und von begleitetenden Fachkräften. Auch die lokale Ebene wird unterstrichen. Tatsächlich ist die größte Unterstützung auf dieser Ebene vorgesehen, sei es, dass man sich an die beruflichen oder sozialen Netzwerke wendet, denen der Arbeitsuchende angehört, sei es, dass man seinen Zugang zu anderen öffentlichen oder privaten Netzwerken ermöglicht.

Die Beziehung zwischen diesen Maßnahmen zur Förderung der Beschäftigungsfähigkeit und den Lohnansprüchen ist nicht immer klar oder eindeutig. Die Subventionen zur Förderung der Beschäftigung sollen natürlich die Arbeitskosten senken, damit eine Einstellung von Arbeitslosen für Arbeitgeber attraktiver wird, doch haben sie je nach Fall sehr unterschiedliche Auswirkungen. Manche Subventionen haben zur Folge, dass die Arbeitskosten so gesenkt werden, dass der Nettoverdienst des Arbeitnehmers erhalten bleibt. Andere hingegen haben zum Ziel – und im Prinzip zur Folge –, dass dieser einer Senkung seiner Lohnansprüche zustimmt: Subventionen/Leistungen auf der einen Seite und Subventionen/Flexibilisierung auf der anderen.

Ferner ist festzustellen, dass die Maßnahmen, die darin bestehen, Arbeitnehmer besser auszubilden und gleichzeitig die Beibehaltung ihrer Lohnansprüche auf dem ursprünglichen Niveau zu fördern, in Wirklichkeit auf die implizite Senkung der Löhne abzielen. Allgemein lassen sich die Maßnahmen zur Förderung der Beschäftigungsfähigkeit als Maßnahmen betrachten, die zumindest eine Mäßigung bei Lohnansprüchen begünstigen.

Es geht somit um die Anpassung an die Erfordernisse des Marktes sowohl in Bezug auf die Art der angebotenen Qualifikationen als auch in Bezug auf das Niveau der Lohnansprüche, die vor allem auf eine stark lokal ausgerichtete Politik (Mikropolitik) ausgerichtet sind. Eine Folge ist die Dezentralisierung der Arbeitsämter, die in der Lage sein müssen, ausgehend von den festgestellten Bedürfnissen des Einzelnen eine Fülle von verschiedenartigen Dienstleistungen zu entwickeln und bestmöglich zu nutzen.

3.2. Bestandteile und Dilemmata der Beschäftigungsfähigkeit

Die Anwendung lediglich einer einzigen Maßnahme der Beschäftigungsfähigkeit kann zunächst in Erwägung gezogen werden. Anhand einer Auswertung kann festgestellt werden, ob sie aus der
Sicht der Entscheidungsträger rentabel ist, das heißt im klassischen
Sinne, ob die Vorteile (Einsparungen durch die Arbeitslosenversicherung, zusätzliche Einkünfte der Arbeitslosen...) größer sind als
die Kosten der Maßnahme. Darüber sind zahlreiche Untersuchungen vorgenommen worden[5], aus denen hervorgeht, dass verschiedene „aktive" Maßnahmen der Beschäftigungspolitik sehr unterschiedliche und selten spektakuläre Ergebnisse zeitigen. Sie legen nahe,
dass die den lokalen Kontexten angepassten und die auf den Einzelnen zugeschnittenen Maßnahmen häufig (etwas) wirksamer sind als
die anderen.

Daraus ergibt sich die Frage nach der umfassenden Durchführung dieser Ausrichtungen.

Hier ergeben sich mehrere Dilemmata, die der Arbeitsverwaltung
gut bekannt sind und die im Kontext der Beschäftigungsfähigkeit
häufig auftauchen.

• Das *erste* besteht bei der Auswahl der bei Maßnahmen zur
  Verbesserung der Beschäftigungsfähigkeit bevorzugten Personen
  (Rosinen picken). Innerhalb einer bestimmten Gruppe von Arbeitslosen neigen die Entscheidungsträger (Mitarbeiter der Ver-
  mittlungsdienste, Sozialarbeiter usw.) spontan dazu, den beschäftigungsfähigsten Personen zu helfen, da schnell sichtbar und zu
  geringen Kosten gute Ergebnisse erzielt werden. Die traditionel-
  le Reaktion auf dieses Dilemma besteht dann darin, sich auf die
  für vorrangig gehaltenen Kategorien zu konzentrieren – doch der
  Trend kann sich in den so geschaffenen Untergruppen wiederholen.

---

5 Siehe zum Beispiel das von G. Schmid, J. O'Reilly und K. Schöman herausgegebene
   Handbuch (1996), das sich ausführlich mit den methodologischen Schwierigkeiten und
   Prämissen von Auswertungsarbeiten über Beschäftigungspolitiken befasst.

- Das *zweite* Dilemma ist der „spillover" Effekt. Eine Reaktion auf das oben geschilderte Dilemma besteht darin, die vorhandenen Mittel zu mehr oder weniger gleichen Teilen auf zahlreiche Gruppen zu verteilen in der Hoffnung, dass diese Verteilung zu guten und kumulativen Ergebnissen führt. In gewissem Sinne würden die Erfolgreichen die weniger Effizienten „mitziehen", so dass sich deren Beschäftigungschancen erhöhen. Es ist klar, dass diese Strategie, die manche Arbeitsämter dazu verleitet, ihren Anteil an der Vermittlung von Arbeitslosen gleich welcher Art zu erhöhen, zu Widersprüchen führt, denn wenn sich die Arbeitsvermittlung durch die Vermittlung der Beschäftigungsfähigsten einen guten Ruf erworben hat, gibt es keinen Grund zu der Annahme, dass dies auch den weniger Beschäftigungsfähigen zugute kommt, die wieder einmal vernachlässigt wurden.

- Das *dritte* Dilemma betrifft die Wahl zwischen präventiven und kurativen Maßnahmen. Langfristig sollte es dieses Dilemma aber nicht mehr geben: Wenn die präventiven Maßnahmen erfolgreich waren, sollten kurative mit der Zeit unnötig werden. Kurzfristig stellt sich jedoch die Frage, wie diese Maßnahmen am besten verteilt werden können. Das kann dazu führen, dass Entscheidungsträger die weniger beschäftigungsfähigen Kandidaten vernachlässigen, damit keine Kosten für die Kategorien anfallen, deren Chancen auf eine Wiedereingliederung als gering gelten.

- Das *vierte* und in dem hier untersuchten Bereich sicher wichtigste Dilemma ist die Frage der Qualität der Beschäftigung, die angestrebt wird. Soll man den Arbeitsuchenden so schnell wie möglich vermitteln, selbst wenn er nur eine schlecht bezahlte, mit wenig Qualifikationen verbundene und prekäre Arbeit mit geringen Arbeitsstunden findet? Oder soll man besser den Akzent auf Maßnahmen legen, die eine bessere Ausbildung und Qualifikation anstreben und den Zeitpunkt der Arbeitsaufnahme verschieben? Diese beiden gegensätzlichen Ansätze wurden umschrieben als eine „den Zugang öffnende Beschäftigungsfähigkeit" und eine „Beschäftigungsfähigkeit durch Leistung"[6].

---

6 J. Philpott, a. a. O.

Ein Beispiel für diese Schwierigkeiten bildet *das Rotationsprinzip* von Arbeitslosen zwischen unsicheren und schlechten Arbeitsplätzen und ihrer Rückkehr in die Arbeitslosigkeit. Hier stellt sich das Problem der „revolving door": Der Zugang zur Beschäftigung erwies sich als weder zufriedenstellend noch von Dauer.

• Schließlich taucht ein *letztes* Dilemma auf, wenn man seinen Blick auf die lokale Gegebenheiten richtet. Es kann entweder eine große Menge flexibler und unselbständiger Erwerbstätigkeiten oder im Gegenteil eine Wachstumsstruktur mit stabileren, aber weniger zahlreichen Arbeitsplätzen geschaffen werden.

Eine Politik der Beschäftigungsfähigkeit scheint von drei miteinander verbundenen Möglichkeiten abzuhängen: Den Zugang zur Beschäftigung zu garantieren, ihn zu verhindern, und den Zugang zu besseren Qualifikationen zu öffnen. Dabei handelt es sich um drei Bestandteile. Die Maßnahmen unterscheiden sich, selbst wenn sie miteinander verbunden werden können. Von den Arbeitslosengruppen, die eine unterschiedliche Unterstützung erfahren haben, muss eine Auswahl getroffen werden. Doch zu welchen Bedingungen ist diese Auswahl legitim, akzeptiert und wirtschaftlich und sozial effizient?

3.3. „Profiling": Ein umstrittenes Instrument[7]

Das „Profiling", ein Instrument, mit dem seit Mitte der neunziger Jahre in den USA experimentiert wurde, ist ein möglicher Beitrag zur Lösung der verschiedenen Umsetzungsschwierigkeiten, wie sie oben dargelegt wurden[8]. Dabei geht es darum, auf Ortsebene (in einem lokalen Arbeitsamt zum Beispiel) eine fortlaufende Einstufung von potentiellen Kunden für eine aktive Beschäftigungspolitik nach Prioritäten vorzunehmen, um diesen zusätzlich zu den für alle Arbeitslosen bestimmten Dienstleistungen intensive und auf sie zugeschnittene Aktivierungsprogramme anzubieten.

7 Siehe Artikel von H. Rudolph, Kapitel 7, in diesem Band.
8 Siehe Studie von R. Eberts in Gazier, B. (Hrsg.), 1999, a. a.O., S. 121–146.

Die Einstufung wird für Personen vorgenommen, die sich beim Arbeitsamt melden und somit für Vermittlungshilfen und verschiedene andere „aktive" Maßnahmen in Frage kommen. Auf der Grundlage der Merkmale der Person (Qualifikationen, früherer Beruf, Berufserfahrung) und der Variablen des betreffenden Einzugsgebiets (Arbeitslosenquote, Zahl der in dem Sektor geschaffenen Arbeitsplätze, usw.) wird ein statistisches Modell aufgestellt, um die Zeitspanne vorauszusehen, in der diese Person voraussichtlich auf Arbeitslosenleistungen angewiesen sein wird. Durch die Einstufung sollen diejenigen an die Spitze der Liste gestellt werden, die gemäß der zu Beginn eingeschätzten statistischen Wahrscheinlichkeit am längsten auf Arbeitslosenleistungen angewiesen sein werden; alle anderen folgen dann in abnehmender Reihenfolge.

Es gibt somit keine absolutes Niveau (als wünschenswert betrachtet oder nicht), sondern nur eine Reihenfolge der Prioritäten. Die begrenzten Ressourcen, die der Arbeitsverwaltung zur Verfügung stehen, werden so an diejenigen verteilt, deren Bedarf als am größten gilt, und danach in abnehmender Reihenfolge solange, bis sie ausgeschöpft sind. Die Trennlinie zwischen denen, die eine besondere Unterstützung erhalten, und den anderen ist somit vollkommen willkürlich. Sie wird in der Mitte einer fortlaufenden Einstufung gezogen und durch die den Arbeitsämtern zur Verfügung gestellten Mittel bestimmt.

Es sei darauf hingewiesen, dass das „Profiling" keine Anleitung in Bezug auf die Maßnahmen gibt, die für diese oder jene Kategorie von Arbeitsuchenden vorteilhaft sein könnten. Wenn die Einstufung erst einmal vorgenommen ist, werden die Arbeitsuchenden zu einer Reihe von Vorstellungsgesprächen gebeten, wonach die Vermittler je nach ihrer Einschätzung und den zur Verfügung stehenden Mitteln ein auf den Bedarf der jeweiligen Person zugeschnittenes Aktivierungsprogramm aufstellen. Erscheint der Arbeitsuchende nicht zu den Gesprächen, werden seine Arbeitslosenleistungen gestrichen. Wie es häufig der Fall ist, bieten Bemühungen für diejenigen, deren Beschäftigungschancen am geringsten sind, auch eine Gelegenheit, deren Motivation zu testen und Druck auf sie auszuüben. Hier findet sich die Komponente „Ablehnung des Arbeitnehmers" wieder.

Die in den USA durchgeführten Kosten-Nutzen-Analysen belegen die Kostenwirksamkeit solcher Maßnahmen. Die für die Durchführung der Einstufung investierten Gelder werden durch die Verkürzung der durchschnittlichen Zeitspanne der Arbeitslosigkeit und des Bezugs von Arbeitslosenleistungen wieder hereingeholt. Es gibt sogar Nettogewinne, die beachtlich, wenn auch nicht spektakulär sind. Weitere Vorteile lassen sich erzielen, wenn verschiedene Akteure ihre Bemühungen koordinieren müssen (zum Beispiel der private und der öffentliche Sektor, Bildungsstätten und Arbeitsämter). Tatsächlich verfügt man über eine Einschätzung des Bedarfs dieser oder jener Person, was den Einsatz der Maßnahmen erleichtert.

„Profiling" ist somit in den USA zu einem verbreitet angewandten Instrument geworden. Seine Ausweitung auf andere Personengruppen ist im Gange, vor allem auf bedürftige junge ledige Mütter, die in Arbeit vermittelt werden sollen. Diese Technik hat jedoch in Europa zu zahlreichen hitzigen Debatten geführt. Zunächst wurden Einwände aus ethischen und politischen Gründen erhoben. In einer auf Gleichstellung aller Bürger gegründeten Kultur erscheint es schockierend, für eine Person zu einer bestimmten Zeit ihres Lebens eine persönliche objektive Einstufung ihrer Chancen auf einen Arbeitsplatz vorzunehmen, die unterschiedliche Formen der Unterstützung mit sich bringt, welche (zumindest teilweise) einem autoritären Geiste entspringen. Übrigens ist es aufschlussreich, dass in den USA aus ethischen und politischen Gründen drei persönliche Merkmale unberücksichtigt bleiben, nämlich Geschlecht, Alter und Rasse[9]. Diese Aspekte scheinen in Europa weniger Probleme aufzuwerfen, wo eher die Testergebnisse, die Einstufung und deren mögliche Bekanntgabe dem Prinzip der Gleichbehandlung zuwiderzulaufen scheint.

Ein weiteres und vermutlich noch stärkeres Problem ergibt sich, wenn „Profiling" in Zeiten hoher Langzeitarbeitslosigkeit angewandt wird und sich eine Heterogenität der Arbeitsuchenden abzeichnet. Es könnte durchaus sein, dass sich die Dauer der Arbeitslosenleistungen (oder umgekehrt die Wahrscheinlichkeit, eine Arbeit zu finden oder die Suche nach Arbeit aufzugeben) langfristig nicht als stabiler Indikator erweist und dass alle sechs Monate neue Einstufungen erforderlich sind. Dann wäre es überflüssig, Personen eine

---

9 Diese Variablen können leicht wiederhergestellt werden, wenn man die berufliche Erfahrung, die Art der erhaltenen Ausbildung und des Tätigkeitsbereichs berücksichtigt.

Beratung und eine „Behandlung" auf der Grundlage eines einzigen und punktuellen Indikators zuteil werden zu lassen, so kontextualisiert er auch sein mag.

4. Auf der Suche nach „aktiver Sicherheit"

4.1. Aktivierung und Workfare als kurzfristige Druckmittel

Die Trends zur „Aktivierung" der Beschäftigungspolitik sind in den letzten zehn Jahren nur selten in Frage gestellt worden. Wer würde sich auch der Idee zu widersetzen wagen, dass es besser ist, öffentliche Mittel für Maßnahmen zur Förderung der Beschäftigung als für Arbeitslosenleistungen auszugeben?

Dennoch ist die Trennung zwischen „aktiven „ und „passiven" Ausgaben, weitgehend inspiriert von den erfolgreichen Beschäftigungspolitiken der skandinavischen Länder, vor allem in Schweden in den achtziger Jahren, nicht so eindeutig, wie man allgemein glaubt. „Passiv" bedeutet, dass das Ziel lediglich darin besteht, die Arbeitslosen vor den negativen Auswirkungen der Arbeitslosigkeit zu schützen, während „aktiv" Maßnahmen zur Verbesserung des Gleichgewichts zwischen Angebot und Nachfrage auf dem Arbeitsmarkt bedeutet. Diese durch den OECD-Sprachgebrauch verbreitete Form der Trennung, die Bestandteile der Beschäftigungspolitik einstuft und quantifiziert, ist unscharf in Bezug auf Maßnahmen wie z. B. bestimmte Lehrgänge *(stages parking)*, die den Arbeitsuchenden kurzfristig unterbringen. Diese als „aktiv" kategorisiert könnten sich jedoch als nichts anderes denn ein „passives" Instrument erweisen. Andererseits könnte eine großzügige Leistungspolitik „aktive" Auswirkungen haben, wenn sie die Arbeitsuche erleichtert.

Ganz allgemein haben die meisten Industrieländer ihre Bemühungen auf die Kürzung ihrer Leistungen und die Erhöhung der Ausgaben für die Arbeitsvermittlung und für Bildungs- und Unterstützungsprogramme konzentriert. Besteht das Ziel darin, das schwedische Modell zu kopieren, mit allem, was das an aufeinander abgestimmten Maßnahmen zur Förderung der Mobilität, an Tarifverhandlungen und an relativ geringen Gehaltsunterschieden bedeutet? Die Antwort lautet eindeutig Nein. Die folgende *Hypothese* ist leicht aufzustellen: Der Hauptgrund für die Entwicklung zur „Aktivierung" ist sicherlich das Bemühen, die zunehmend belasteten Haushalte besser zu verwalten, die für manche Steuerzahler immer weniger annehmbar werden. In dem Maße wie Arbeitslosigkeit länger und kostspieliger wird und keine Chance auf eine Verbesserung besteht, kristallisiert sich aus der hartnäckig bestehenden Situation zunehmend ein neue Forderung heraus: dass die Leistungsempfänger die in Anspruch genommenen Mittel oder Maßnahmen ganz oder teilweise zurückerstatten.

Eine große Vielfalt von „Aktivierungsmaßnahmen" kann somit angeführt werden; sie können sich von ehrgeizigen und strukturierten Programmen, die Arbeitslosen neue Chancen eröffnen, bis zu einfachen restriktiven Maßnahmen erstrecken, die die Zahl derer beschränken sollen, die Anspruch auf Arbeitslosenleistungen haben, und die Dauer solcher Leistungen verringern sollen. Maßnahmen können sich getrennt und ausschließlich auf „passive" oder „aktive" Programme konzentrieren, um die einen zu begrenzen und die anderen zu fördern. Im Gegenteil kann auch versucht werden, beide besser miteinander zu verbinden. „Making work pay", oder „Arbeit zahlt sich aus", ein von der OECD geprägter Begriff, bringt die Absicht zum Ausdruck, über die Beschäftigungspolitik hinaus die Verbindung zu fiskalischen und parafiskalischen Maßnahmen zu verändern, die eine Wiederaufnahme einer Beschäftigung fördert oder hemmt. Eine Zielvorgabe ist, alle staatlichen Regelungen abzuschaffen, die die Wiederaufnahme einer Erwerbstätigkeit behindern können, oder die finanziellen Anreize für den Arbeitslosen zu verringern.

Die alles entscheidende Frage lautet dann, welcher zeitliche Rahmen geschaffen werden sollte, um diesem Erfordernis der Wechselseitigkeit oder der Rückerstattung der gewährten Leistungen Geltung zu verschaffen.

Maßnahmen des „Workfare", wie sie in den USA durchgeführt und erörtert wurden, sind der systematischste Versuch, der Arbeit ihren eigentlichen Wert beizumessen und Anreize und Hemmschwellen auf individuelle Fälle zu beschränken. Solche Maßnahmen umfassen eine Reihe von Programmen zur Arbeitsuche, zur Umschulung und zur Wiedereingliederung von Personen in den Arbeitsmarkt. Darunter fallen auch Maßnahmen wie oben beschrieben, doch diese werden durch obligatorische, kaum oder gar nicht bezahlte und mit keinen Qualifikationen verbundene Tätigkeiten ergänzt. Diese enthalten eindeutig ein bestrafendes Element. Sie sollen erwerbsfähigen Arbeitslosen klar machen, dass die Gesellschaft von ihnen sehr kurzfristig eine Gegenleistung erwartet: Wenn versucht wird, ihnen zu helfen, müssen sie der Gesellschaft unverzüglich oder zumindest bald eine Gegenleistung erbringen, entweder indem sie rasch wieder einen Arbeitsplatz finden oder in Form eines mehr oder weniger demütigenden Beitrags.

Dieser gesamte Ansatz enthält Trends zur Dezentralisierung, zur „lokalen" Einschätzung von Bedürfnissen und Fähigkeiten. Ein weitere Tendenz ist, dem einzelnen Arbeitsuchenden die größte Last der Anpassung an die Arbeitsmarktbedingungen aufzubürden.

Diese Maßnahmen, die auf der Solidarität zu bestimmten Bedingungen beruhen, sind der autoritäre Aspekt des kurzfristigen Drucks zugunsten der Beschäftigung und der Beschäftigungsfähigkeit des Einzelnen. Es sei auch darauf hingewiesen, dass die südlichen Länder, die häufig sehr weit davon entfernt sind, solche Kriterien anzuwenden, nicht unbedingt solche Personen zuvorkommender behandeln, die schwer beschäftigungsfähig sind und die auf Sozialhilfe oder auf ein Mindesteinkommen angewiesen sind. Die offizielle Feststellung der Staatsbürgerschaft und das Erfordernis, aktiv einen Arbeitsplatz zu suchen, der vielleicht gar nicht existiert, ist kaum vorteilhafter als die Verpflichtung zu einer Arbeitsleistung.

Aus diesen kurzen Darlegungen lässt sich ersehen, dass nicht das Kriterium der Wechselseitigkeit in Frage steht. Wechselseitigkeit ist zweifellos die Grundlage des gesellschaftlichen Lebens und der gesellschaftlichen Integration. Es geht um den zeitlichen Rahmen, in dem sie umgesetzt werden kann: kurz-, mittel- oder langfristig? Ferner geht es um den Rückhalt dieser Wechselseitigkeit, d.h. welche Akteure an der Schaffung ihrer Grundlagen beteiligt werden können.

4.2. Mobilität aushandeln

An diesem Punkt der Überlegungen muss die Perspektive erweitert werden. Maßnahmen zur Förderung der Beschäftigungsfähigkeit werden häufig als Maßnahmen zur aktiven Anpassung an die Erfordernisse der Arbeitsmärkte dargestellt. Die sich daraus ergebenden Gelegenheiten hängen jedoch von der Bereitschaft zur Mobilität der Arbeitnehmer ab. Das deutlichste Beispiel für diese Interdependenz lässt sich beim „job rotation" System erkennen, wie es in Dänemark angewandt wird.

In Dänemark wurden drei Formen der Beurlaubung erprobt: Erziehungsurlaub, Sabbatjahr und Bildungsurlaub. Mittels staatlicher Subvention kann Ersatzpersonal eingestellt werden. Ein zuvor auf die Arbeitsstelle vorbereiteter Langzeitarbeitsloser ersetzt eine auf Langzeit Urlaub gehende Person. Das Arbeitsverhältnis des Ersatzpersonals endet, wenn der beurlaubte Arbeitnehmer seine Tätigkeit wieder aufnimmt. Das Ergebnis dieser Maßnahme ist vor allem, dass ein Arbeitsuchender seine Beschäftigungsfähigkeit wieder aktualisiert hat. Die betreffende Person ist „rehabilitiert" worden und kann bei ihrer künftigen Arbeitsuche beweisen, dass sie vor kurzem eine Arbeitserfahrung hatte, und Referenzen vorlegen. Diese Maßnahme hat somit zwei Auswirkungen: Eine Arbeitsplatteilung, die sich aus einem Urlaub und der Beschäftigung von Ersatzpersonal ergibt, und die Wiederherstellung der Beschäftigungsfähigkeit oder die Rehomogenisierung des Arbeitsmarktes.

Wenn viele Länder versucht sind, die Gesamtheit der „aktiven" Maßnahmen der Beschäftigungspolitik als „Beschäftigungsfähigkeitsversicherung" zu bezeichnen, muss diese zweite Stufe der Arbeitslosenversicherung (die erste setzt sich aus „passiven" Maßnahmen der Arbeitslosenleistungen zusammen) durch eine dritte Stufe ergänzt werden, die als „Mobilitätsversicherung" bezeichnet werden könnte. Dazu würde die Gesamtheit der Rechte (Recht auf Urlaub, Ausbildung, Zeitkonten) gehören, auf die ein Arbeitnehmer Anspruch hat, unabhängig davon, ob er einen Arbeitsplatz inne hat oder nicht.

Allgemein sollten diese verschiedenen Rechte so homogen wie möglich sein und dezentral ausgehandelt werden, um Entwicklungen so eng wie möglich an den Bedarf anzupassen und den Arbeitslosen glaubwürdige Gelegenheiten zu bieten[10]. Nur wenn diese Voraussetzung erfüllt ist, kann die zweite Stufe autoritäre Verhaltensweisen oder den oben genannten Formalismus vermeiden.

Diese erweiterte Perspektive ist die der „Übergangsmärkte", bei denen es sich um systematische Bemühungen handelt, die interaktive Beschäftigungsfähigkeit B7[11] zu fördern.

Ohne auf Einzelheiten einzugehen, sei darauf hingewiesen, dass „Übergangsmärkte" ein Aspekt der Arbeitsmarktreform sind, das darauf abzielt, dezentralisierte Verhandlungen systematisch auf alle Formen der Arbeitsmobilität anzuwenden: Mobilität innerhalb des Arbeitsmarktes und um den Arbeitsmarkt herum. Daher schließen sie Übergänge von Vollzeit- zu Teilzeitarbeit und umgekehrt sowie gemeinnützige Teilzeitarbeit, Bildungsurlaub, Arbeitgeberverbände usw. ein. Die Grundidee ist, eine Kofinanzierung unter Einschluss der Sozialpartner, aber auch der Kommunalbehörden, der Verbände usw. zu fördern. Sie soll ermöglichen, die „Übergänge" effizient zu organisieren, das heißt befristete Beschäftigung, bei der Zeiten bezahlter Beschäftigung und Zeiten gemeinnütziger Arbeit in variablen Anteilen miteinander verbunden werden können.

Aus einer gewissen Sicht laufen die Beschäftigungspolitiken auf einseitige, vom Staat vorgenommene Projektionen von „Übergangsmärkten" hinaus. Solche „Übergänge" sind an sich weder gut noch schlecht, sie können das eine oder das andere sein, das heißt sie können zu Selbständigkeit und zu einer Entwicklung des Berufslebens oder im Gegenteil zu Zurückstufung und Ausgrenzung führen. Großunternehmen haben gelernt, ihren besten Beschäftigten einen ständigen beruflichen Aufstieg anzubieten. Vermieden werden muss dabei jedoch, dass die für weniger begünstigte Arbeitnehmer bestimmte beschäftigungspolitischen Maßnahmen diese auf einen „Verliererpfad" (Sackgasse) bringen und dass dieses Schema

---

10 Siehe Schmid, G., Gazier, B. und Flechtner, S., 1999, in Gazier, B. (Hrsg.), 1999, a.a.O., S. 268–297.
11 Für erste Definitionen, siehe Schmid, G., 1995: „Le plein emploi est-il encore possible? Les marchés du travail „transitoires" en tant que nouvelle stratégie dans les politiques d'emploi", in *Travail et Emploi*, Nr. 65, S. 5–17; und für eine ausführlichere Untersuchung, Gazier, B., 1998: „Ce que sont les marchés transitionnels", in Barbier, J. C. und Gautié, J., *Les politiques de l'emploi en Europe et aux Etats-Unis*.

des ungleich verlaufenden beruflichen Werdegangs erneut zu einem Instrument der Homogenisierung des Arbeitsmarktes benutzt wird.

Auf die Umsetzung der „Übergangsmärkte" kann an dieser Stelle nicht näher eingegangen werden. Sie sind bisher nur eine Reihe von Vorschlägen, die Experimente und Evaluierungen erfordern. Allerdings kann man feststellen, dass die wenig beschäftigungsfähigen Arbeitsuchenden die Hauptnutzer von öffentlich finanzierten „Übergangsmaßnahmen" sind, während die anderen Arbeitslosengruppen überwiegend von Maßnahmen profitieren, die von den Unternehmen und den Sozialpartnern finanziert werden.

Das bringt uns zur Frage der Anreize zurück. Ein Netzwerk von offenen „Übergangsmärkten" zu entwickeln setzt voraus, dass diese sowohl in Bezug auf die von ihnen garantierten Einkommen als auch in Bezug auf künftige Stellen attraktiv sind, zu denen sie Zugang verschaffen (sowohl bezahlte Arbeit als auch Tätigkeiten im nichtkommerziellen Bereich). Der Leitsatz lautet dann, dass Übergänge lohnend gemacht werden müssen, das heißt es muss relativ ausgeglichene Vergütungen und Arbeitsmarktbedingungen geben.

Zu den verschiedenen Anreizen oder Hemmschwellen für einzelne Arbeitnehmer und Unternehmen[12] werden abschließend die Arten von Lösungen geschildert, die sich in Bezug auf wünschenswerte Formen der Wechselseitigkeit abzeichnen.

Am einen Ende der Betrachtung steht die direkte oder indirekte Anpassung an den Arbeitsmarkt in seiner jetzigen Form, insbesondere mit seinen Trends zu Ungleichheit und zur Aushöhlung der Garantien für einfache Arbeitnehmer. Das ist bekannt als „workfare" oder „making work pay".

Am anderen Ende existiert die Bestätigung eines bedingungslosen Anspruchs auf Einkommen, weil die Arbeitsleistung einer jeden Person über ihr gesamtes Arbeitsleben gesehen werden muss. Das führt direkt zu Universalleistungen oder einem Bürgereinkommen. Ist das eine Wahl zwischen dem kurzfristigen, ja unmittelbaren Erwartungen, gegenüber den langfristigen, die sich auf das ganze Arbeitsleben erstrecken?

---

12 Siehe hierzu Gazier, B., 2000: „L'articulation justice locale/justice globale", le cas des „marchés transitionnels du travail", *Revue économique*, Mai.

In beiden Fällen fällt der Mangel an Interesse an den Akteuren, den Institutionen und den sich verlagernden Arbeitsplätzen auf, die auf dem Arbeitsmarkt aufeinander einwirken. Alle diese sollten ohne besondere Probleme zusammenarbeiten.

Angesichts der „Übergangsmärkte" erfolgt eine solche Koordination jedoch nicht von alleine. So werden wohl Lohnverhandlungen durch Verhandlungen über die Mobilität ergänzt werden, um die Spannbreite zwischen Angebot und Nachfrage zu verringern. Unter Berücksichtigung einiger Aspekte liegt dieser interaktive Wirkungsbereich zwischen der unmittelbaren Forderung nach Wechselseitigkeit und einer Verschiebung dieser Forderung auf unbestimmte Zeit. Die Vision der Übergangsmärkte bringt zum Ausdruck, dass den Arbeitnehmern durchgängig Beschäftigung auf Zeit angeboten werden kann und sich die Frage der Wechselseitigkeit gleichzeitig aufbaut. Sie ist jedoch nicht nur eine Lösung auf halbem Wege: Sie legt nahe, dass die „aktive Sicherheit" durch eine kollektive Wahl einer Struktur erreicht wird, die es jedem Einzelnen ermöglicht, seinen eigenen persönlichen und beruflichen Werdegang zu planen und zu verwalten.

Der Gegensatz zwischen „passivem Schutz" und „aktiver Sicherheit" erhält dann seine volle Bedeutung. An der Jahrtausendwende lässt sich bei einer Reflexion über Arbeitslosigkeit und aktive Beschäftigungspolitik die Aushöhlung der traditionellen Formen des Arbeitnehmerschutzes feststellen. Dies betrifft jedenfalls die am besten integrierten Arbeitnehmer, die einem vorbestimmten beruflichen Werdegang folgten und Garantien erhielten, die ihnen von Großkonzernen angeboten wurden, welche so genannte „interne Märkte" geschaffen hatten.

Man könnte sich somit überlegen, die gleichen Garantien wiedereinzuführen, um erneut gewerkschaftlich gut organisierte und gut vertretene Arbeitnehmergruppen zu schaffen. Allerdings lässt sich diese Möglichkeit, wenn auch in manchen Fällen durchaus durchführbar, nur schwer umsetzen in einer Welt, die künftig weitgehend auf die Entwicklung flexibler Unternehmen ausgerichtet ist, die in Netzwerken oder „Profit Center" organisiert sind. Es könnte sich sogar als kontraproduktiv erweisen, wenn dadurch eine relativ kleine privilegierte Arbeitnehmergruppe isoliert würde, während die anderen

Arbeitnehmer zunehmenden, sich anhäufenden Unsicherheitsprozessen ausgesetzt wären. Die Grundlage für eine Stabilität erweist sich dann als zu eng. Die Funktion der „Übergangsmärkte" wäre somit, die Stabilität für Arbeitnehmer zu erweitern und ihnen neue individuelle, aber kollektiv organisierte Rechte zu gewähren.

Um noch ein letztes Mal auf die Definitionen der Beschäftigungsfähigkeit zurückzukommen: Ohne sie alle integrieren zu wollen, erlaubt der von den „Übergangsmärkten" gebotene Ansatz die genannten Versionen besser umzusetzen und ineinander zu fügen.

B1, die erste Variante, war die einzige, die explizit geschlechtsorientiert war und die Grenzen der Erwerbstätigkeit oder der Nichterwerbstätigkeit berücksichtigte, die sich aus der Familiensituation ergeben. Das ist trotz ihrer vereinfachenden Art ein unbestreitbarer Vorzug. Ein weiterer einschränkender Faktor war die Annahme scheinbar unumgänglicher Grenzen, während kollektive Auswahlmöglichkeiten sie durchbrechen können, nämlich, jene, die in diesem Kapitel erwähnt wurden, nicht nur durch Schaffung neuer Manövrierfähigkeiten für Mütter, sondern auch durch die Neuausrichtung des Berufslebens (durch die Aufwertung der „Übergänge") und durch Organisierung der Einbeziehung der Väter.

Ein neues Gleichgewicht wird auch bei der Überprüfung der beiden aktivierenden Formen der Beschäftigungsfähigkeit, B2 und B3, erkennbar, die darauf abzielen, den körperlich und sozial Behinderten bessere Beschäftigungsmöglichkeiten zu geben: Die Glaubwürdigkeit der geplanten Rehabilitationsprogramme kommt darin zum Ausdruck, wie man die Nachfrage nach Arbeitsplätzen und das Angebot von Arbeitsplätzen organisiert und wie man Unterstützung plant.

Die fließende Beschäftigungsfähigkeit B4 hat Gewicht, weil sie sowohl eine Wachstumsdynamik als auch antidiskriminierende Aspekte einführt. Im Gegensatz zu diesem ausschließlich kollektiven Gesichtspunkt bemühen sich die „Übergangsmärkte" darum, individuelle Initiativen zu organisieren und zu aktivieren. Dies bringt sie näher an die drei neueren Formen heran.

B5 bleibt neutral, wird jedoch zum Maßstab des Erfolges verschiedener „Übergänge", und man hat gesehen, dass die „Übergangsmärkte" die interaktive Version B7 der Definition B6 vorziehen, die als zu einseitig gilt. Sie akzeptieren bei dieser jedoch die Bestätigung des beruflichen Werdegangs, der auf einer Ansammlung von Ressourcen und persönlichem Lernen beruht.

Eine solche Synthese lässt sich jedoch keinesfalls als instrumentale Integration auslegen. Die Umsetzung der Beschäftigungsfähigkeit steht uns noch bevor, und es ist noch sehr viel Arbeit erforderlich, bevor das Potential und die Grenzen der „Übergangsmärkte"[13] eingeschätzt werden können.

5. Schlussbetrachtung

Das Ziel dieses Überblicks war, in eine systematischere Diskussion über das Konzept der Beschäftigungsfähigkeit anhand der Darlegung von Information und Argumentation einzuführen, die sich in der Regel nur verstreut finden lassen. Beschäftigungsfähigkeit ist immer noch ein heikles Thema in manchen Ländern, die auf deren virtuellen Charakter (die Entwicklung von Arbeitsplätzen ist der Entwicklung der Beschäftigungsfähigkeit vorzuziehen!) und die bei ihr bestehende Versuchung verweisen, den Arbeitslosen die Kosten für die Anpassungen an den Arbeitsmarkt aufzubürden.

Angesichts des derzeitigen Anstiegs der Beschäftigung, vor allem in Europa, wird es starken Druck geben, einseitige Formen der Beschäftigungsfähigkeit zu fördern, weil die Chancen, wieder einen Arbeitsplatz zu finden, zahlreicher werden und Beschäftigungspolitiken weniger dringlich erscheinen. Dabei wird jedoch vergessen, dass solche Chancen wohl nur für Arbeitnehmer bestehen, die zu Recht oder Unrecht als die fähigsten gelten, und dass die Langzeitarbeitslosen daran weitgehend keinen Anteil haben.

Das soll nicht heißen, dass es keinen Sinn hat, individuelle Initiativen zu fördern – aber es wäre sozial gesprochen gerechter und auch effizienter, sie in eine Gesamtheit von Initiativen und kollektiven Strukturen aufzunehmen, die ihnen einen glaubwürdigen und

---

13 Näheres über einige größere Schwierigkeiten bei der Umsetzung siehe Gazier, B., 2000.

sozial kontrollierten Handlungsrahmen liefern. In diesem Beitrag wurden alle Grenzen einer allzu einseitigen Sicht der Beschäftigungsfähigkeit herauskristallisiert, und es wurde unterstrichen, welche Bedeutung der ausdrücklichen und ausgehandelten Berücksichtigung der interaktiven Aspekte der Beschäftigungsfähigkeit zukommt.

Andere Institutionen nehmen an diesem Prozess teil: Die verschiedenen Systeme für Kinderbetreuung, Elternurlaub, Lohnsparkonten, Kapitalrisikonetzwerke, gemeinnützige oder unentgeltliche Tätigkeiten. Im Grunde ist das ein Weg, um die Machtbeziehungen auf dem Arbeitsmarkt neu auszutarieren, die heute so häufig zugunsten der Arbeitgeber ausgerichtet sind in einem Kontext, in dem Gewerkschaften ausgehöhlt werden und ihre Legitimität in Frage gestellt wird.

Man kann so versuchen, kollektiv den Veränderungen der Lohnbeziehungen zu folgen und Räume für individuelle Freiheiten zu öffnen, und zwar dadurch, dass jeder Arbeitnehmer ein bewussterer und unabhängigerer Organisator der Aufeinanderfolge von Tätigkeiten und Verpflichtungen wird, die das Leben ausmachen. Wäre das nicht eine gute aktuelle Definition des Wortes Beschäftigungsfähigkeit?

Kapitel II

Profiling als Instrument zur Früherkennung des Risikos von Langzeitarbeitslosigkeit

HELMUT RUDOLPH[1]

1. Einleitung

„Verbesserung der Beschäftigungsfähigkeit" ist die erste „Säule" der Europäischen Beschäftigungsstrategie, die in den *beschäftigungs-politischen Leitlinien* von 1998 erläutert wird:

> *Kernelement der Säule Beschäftigungsfähigkeit ist die Anerkennung der Not-wendigkeit eines frühen Eingreifens, bevor Menschen zu Langzeitarbeitslosen wer-den, und die Bereitstellung von Hilfen, die an die individuellen Bedürfnisse angepasst und auf sie ausgerichtet sind (...)*
>
> *(Die Mitgliedstaaten) arbeiten (...) vorbeugende, auf die Verbesserung der Beschäftigungsfähigkeit ausgerichtete Strategien auf der Grundlage einer früh-zeitigen Ermittlung der individuellen Bedürfnisse aus (...), damit:*
> * *allen Jugendlichen ein Neuanfang in Form einer Ausbildung, einer Umschu-lung, einer Berufserfahrung, eines Arbeitsplatzes oder einer anderen die Beschäftigungsfähigkeit fördernden Maßnahme ermöglicht wird, ehe sie sechs Monate lang arbeitslos sind;*
> * *den arbeitslosen Erwachsenen durch eines der vorgenannten Mittel oder ge-nereller durch individuelle Betreuung in Form von Berufsberatung ebenfalls ein Neuanfang ermöglicht wird, ehe sie zwölf Monate lang arbeitslos sind.*

Die Umsetzung dieser Strategie bedeutet eine Verlagerung der beschäftigungspolitischen Ausrichtung von der passiven Unterstüt-zung in Form von Geldleistungen zu aktiven Maßnahmen des Ler-nens, der Aus- und Fortbildung sowie der Berufserfahrung. Beschäf-tigungpolitische Maßnahmen sollen auf die frühe Vermeidung der Langzeitarbeitslosigkeit ausgerichtet sein und weniger auf reaktive Hilfe setzen, nachdem Arbeitslose bereits ihren Kontakt zum Arbeits-

---

1 Wissenschaftlicher Mitarbeiter des Instituts für Arbeitsmarktforschung (IAB) bei der Bun-desanstalt für Arbeit (BA).

markt verloren haben. Die Überwachung dieses Ziels soll sicherstellen, dass nur wenige Menschen ohne Arbeit bleiben, bevor sie zu Langzeitarbeitslosen werden.

Dieses ehrgeizige Ziel erfordert eine Früherkennung von Arbeitslosen, bei denen ein großes Risiko besteht, langzeitarbeitslos zu werden. Es erfordert auch eine Neuausrichtung der Arbeitsmarktpolitik von kurativem oder reaktivem Eingreifen zu präventiven Maßnahmen. Die Gesetzgebung muss Aus- und Fortbildung, die Schaffung von Arbeitsplätzen oder die Subventionierung von Arbeitsplätzen für Menschen in einem frühen Stadium der Arbeitslosigkeit ermöglichen. Etats für eine aktive Politik sind jedoch begrenzt, so dass festgelegt werden muss, wer Unterstützung in einem frühen Stadium der Arbeitslosigkeit erhalten sollte.

Eine Anzahl von Ländern haben mit der einen oder anderen Form des „Profiling" experimentiert oder sie eingeführt, um Aktivitäten auf Gruppen von Arbeitslosen auszurichten, die Hilfe benötigen. Die Forderung nach Früherkennung, die in den beschäftigungspolitischen Leitlinien angeführt ist und in den Nationalen Aktionsplänen (NAP) überwacht wird, wird die Entwicklung und Verbesserung von Profiling-Instrumenten mit Sicherheit fördern.

2. Profiling: Zielsetzungen und Formen

Erfahrungen mit der Wirksamkeit aktiver Arbeitsmarktpolitik legen nahe, dass diese gezielt auf die Bedürfnisse von einzelnen Arbeitsuchenden und des Arbeitsmarktes ausgerichtet werden sollte und dass ihre Umsetzung so früh wie möglich nach Beginn der Arbeitslosigkeit beginnen sollte. Individuelle Unterstützung zu einem frühen Zeitpunkt wäre jedoch sehr kostspielig. Es ist deshalb von Vorteil, Arbeitsuchende mit Risiko genau festzustellen[2].

Um die EU-Leitlinien umzusetzen, jedem Arbeitslosen einen Neuanfang zu ermöglichen, ehe er 12 Monate lang arbeitslos ist[3], und um zwischen dem Nachteil eines kostspieligen frühen Eingreifens für

---

2   OECD (Hrsg.), 1998, „Early Identification of Jobseekers at Risk of Long-Term Unemployment. The Role of Profiling", OECD Proceedings.

3   Bei Jugendlichen unter 25 Jahren, ehe sie 6 Monate lang arbeitslos sind.

alle Arbeitsuchenden und dem Vorteil früher Unterstützung für Personen mit hohem Risiko richtig abzuwägen, benötigt man Entscheidungskriterien, um festzustellen:

- wer bei der Suche nach einem Arbeitsplatz Unterstützung benötigt;
- wann Unterstützung angeboten werden soll, und
- welche Art von Unterstützung geleistet werden soll.

Jedes formelle Verfahren zur Hilfe bei der Entscheidungsfindung, wem, wann und welche Art von präventiver Unterstützung angeboten werden soll, wird Profiling genannt. Natürlich gibt es in innerstaatlichen Arbeitsmarktgesetzen und in Verordnungen von Arbeitsverwaltungen Bestimmungen über die Unterstützung. So enthalten innerstaatliche Vorschriften Bestimmungen hinsichtlich der Mindestdauer der Arbeitslosigkeit, Altersgrenzen, ungenügende Qualifikationen oder Behinderungen, anhand derer die Eignung für bestimmte Arbeitsmarktmaßnahmen festgestellt werden kann. Das Angebot einer spezifischen Unterstützung kann von der vorherigen Mindestbeschäftigungsdauer, von geleisteten Mindestbeiträgen zur Arbeitslosenversicherung oder vom Status als Leistungsempfänger abhängen.

Vor allem wenn Langzeitarbeitslosigkeit Voraussetzung für eine bestimmte Maßnahme ist, kann diese erst nach einer bestimmten Wartezeit angeboten werden; gleichzeitig ist ihre Umsetzung als präventive Strategie ausgeschlossen. Deshalb enthalten Bestimmungen häufig Klauseln, dass Programme unter bestimmten Bedingungen zugänglich gemacht werden. Nur die offensichtlichsten Faktoren zur Charakterisierung einer unterstützungsbedürftigen Person werden in den Bestimmungen niedergelegt. Die Entscheidung, wann und wem diese Art von Unterstützung angeboten wird, bleibt letztlich dem Ermessen der örtlichen Arbeitsämter überlassen.

Das Profiling sollte deshalb eine eingehende Einschätzung der Risiken enthalten, die für eine Person bei der Arbeitsuche voraussichtlich bestehen. Es sollte sich systematisch auf alle Personen oder eine genau definierte Gruppe von Personen erstrecken, damit niemand von Dienstleistungen und von Maßnahmen ausgeschlossen wird, die für ihn nützlich sein könnten. Wird das Profiling als ein präventives Instrument verwendet, so sollte das in einem frühen Stadium der

Arbeitslosigkeit geschehen. Da das Profiling kein Ziel an sich ist, sollte es Verfahrensweisen geben, um Arbeitslose den geeigneten Dienstleistungen und Unterstützungsprogrammen zuzuführen, damit sie wieder eingegliedert werden oder ihre Beschäftigungsfähigkeit verbessert wird.

Je nach den Zielsetzungen des Profiling gibt es verschiedene Verfahrensformen. Dazu gehören die Art des durch das Profiling eingeschätzten Risikos, die Methode zur Feststellung des Risikos und der Zeitpunkt der Einschätzung des Risikos.

2.1. Die Art des eingeschätzten Risikos

Die europäischen *beschäftigungspolitischen Leitlinien* legen den Schwerpunkt natürlich auf die Vermeidung der Langzeitarbeitslosigkeit. Deshalb wäre das offensichtlichste Vorgehen beim Profiling, die Wahrscheinlichkeit einzuschätzen, dass jemand langzeitarbeitslos wird. Ein anderer Ansatz wäre, die Chancen des Einzelnen zu bewerten, innerhalb von 12 Monaten eine Arbeit zu finden. Der feine Unterschied zwischen den beiden besteht darin, dass nicht alle Menschen, die aus der Arbeitslosigkeit ausscheiden, eine Erwerbstätigkeit aufnehmen. Ein erheblicher Teil zieht sich vom Arbeitsmarkt zurück, z. B. durch vorzeitigen Eintritt in den Ruhestand oder durch die Teilnahme an Aus- und Fortbildungsmaßnahmen. Die Bewertung des Risikos wird somit direkt davon beeinflusst, ob eine Arbeitsmarktpolitik oder Vorruhestandsregelungen bestehen, und das sollte bei der Schaffung eines Profiling-Instruments berücksichtigt werden.

Weitere Formen der Risikoeinschätzung sind möglich. In den USA, wo die Langzeitarbeitslosigkeit niedrig ist und die Mittel für beschäftigungspolitische Maßnahmen gering sind, beruht das Profiling auf dem Risiko, die Leistungsansprüche auszuschöpfen. In Kanada zielt man aufgrund der Merkmale der Arbeitsuchenden auf die Kosten- und Beschäftigungswirksamkeit von Programmen ab.

2.2. Das Profiling

Zur formellen Einschätzung des Risikos durch das Profiling lassen sich mehrere Methoden – manchmal in Verbindung miteinander – verwenden. Bisher entscheiden die meisten Arbeitsämter aufgrund von Einschätzungen durch die Vermittler, ob ein Arbeitsuchender eine Unterstützung bei der Arbeitsuche erhalten soll. Da alle Lebensumstände des Einzelnen berücksichtigt werden müssen, ist bei der Risikoeinschätzung eine gewisse (subjektive) Einschätzung erforderlich. Da bei einer Ad-hoc-Einschätzung manche Faktoren nicht allgemein erkennbar sind, besteht das Problem, dass verschiedene Vermittler unterschiedliche Einstufungen vornehmen können. Diese Probleme lassen sich durch stärker formalisierte Einstufungskriterien überwinden.

Profiling durch die Einstufung eines Vermittlers ist daher ein formalisiertes und standardisiertes Verfahren, anhand dessen das Risiko eines Arbeitsuchenden in den Arbeitsämtern eingeschätzt wird. Diese sollte eine systematische Prüfung der Stärken, Schwächen und Beschränkungen der Betreffenden umfassen, die für die Wiederbeschäftigung in der gegenwärtigen Arbeitsmarktsituation von Bedeutung sind.

Bei *modellbasierten Voraussagen* des Langzeitarbeitslosigkeitsrisikos werden systematisch frühere Arbeitsmarktergebnisse nach den in ein statistisches Modell aufgenommenen Merkmalen ausgewertet. Die Modelle werden Daten aus Vorperioden von Personen angepasst, von denen bekannt war, ob sie Langzeitarbeitslose geworden sind. Beim Vergleich des vorausgesagten mit dem beobachteten Übergang in Langzeitarbeitslosigkeit kann die Voraussagequalität des Modells geprüft werden. Da sich das Risiko von Langzeitarbeitslosigkeit mit den sich ändernden Arbeitsmarktbedingungen ändert, könnte es notwendig sein, das Modell regelmäßig – etwa jedes Jahr einmal – anzupassen[4].

Bei einem modellbasierten Profiling wird einer Person aufgrund ihrer Merkmale eine Risikopunktzahl gegeben: Alle Personen mit

---

4   Eine regelmäßige Anpassung an sich verändernde Bedingungen würde ein „Lernmodell" ergeben. Ein Beispiel wird vom kanadischen SOMS gegeben, siehe Kapitel 4.4.

den gleichen Merkmalen erhalten die gleiche Risikopunktzahl. Dennoch sind Menschen verschieden und können verschiedene Merkmale haben, die nicht messbar sind oder nicht in das Modell aufgenommen sind. Es besteht somit die Gefahr, dass selbst ein gutes Modell die Aussichten des Einzelnen nicht genügend voraussagt.

Beim Profiling durch die Einstufung eines Vermittlers kann es kompliziert sein, die Faktoren richtig zu gewichten, von denen angenommen wird, dass sie auf das Risiko des Einzelnen Einfluss haben. Beim modellbasierten Profiling stehen nicht alle relevanten Faktoren des Einzelnen zur Auswertung zur Verfügung. Deshalb ist es naheliegend, beide Ansätze in einem zweistufigen Ansatz miteinander zu verbinden.

Ein zweistufiges Instrument würde eine Risikopunktzahl für Gruppen von Arbeitsuchenden aus einem statistischen Modell ergeben, das dann durch eine Beurteilung der Stärken und Schwächen des Einzelnen korrigiert wird. Dadurch hofft man, die Einstufungsfehler, die bei allen Voraussagen vorkommen können, zu minimieren (siehe Schaubild 1 und Tabelle 1).

Schaubild 1 zeigt eine stylisierte Verteilung der Risikobewertung eines fiktiven Modells zur Voraussage von Langzeitarbeitslosigkeit. Die dünnen und dicken Kurven zeigen Verteilungen der Bewertungen von Personen, die entweder Langzeitarbeitslose geworden sind oder nicht. Wenn man all denen eine Unterstützung zuteil werden ließe, deren Punktzahl über s_0 liegt, dann wäre das bei den meisten Langzeitarbeitslosen der Fall. Doch es gibt einige, die mit einer Punktzahl unter s_0 langzeitarbeitslos wurden und denen eine Unterstützung verweigert worden wäre (dunkel schattierter Bereich). Manchen Arbeitsuchenden, die Punktzahlen über s_0 hatten, jedoch keine Unterstützung benötigten (hell schattierter Bereich), wurde hingegen eine solche angeboten.

Wenn das Entscheidungskriterium wäre, „all denen eine Unterstützung zuteil werden zu lassen, die eine Punktzahl von über s_2 haben", dann würden nur bedürftige Menschen Unterstützung erhalten, die Mehrheit der Langzeitarbeitslosen jedoch nicht. Nur die offensichtlichsten Fälle würden in den Genuss von präventiven Maßnahmen kommen. Wenn das Entscheidungskriterium wäre, „all denen eine Unterstützung zuteil werden zu lassen, die eine Punktzahl von über s_1 haben", würde allen Langzeitarbeitslosen sowie einer Mehrheit der kurzzeitig Arbeitslosen eine Unterstützung zuteil werden. Das würde zu einem beträchtlichen Mitnahmeeffekt und einer Vergeudung von Mitteln führen.

Schaubild 1. *Risikobewertung durch Profiling-Modelle*

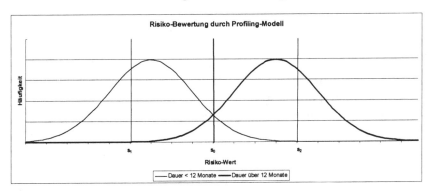

Das Ergebnis des Profiling sieht aus wie in Tabelle 1 dargelegt:

Tabelle 1. *Voraussage von Langzeitarbeitslosigkeit*

	Langzeitarbeits-losigkeit: nein	Langzeitarbeits-losigkeit: ja	
Punktzahl $\leq s$	c_1	e_1	wobei $c_1+e_1+c_2+e_2 = 100$; prozentualer Anteil der eingestuften Fälle c_1+c_2 korrekt eingestuft; $e_1 + e_2$ inkorrekt eingestuft
Punktzahl $>s$	e_2	c_2	

Das Problem besteht darin, wie die inkorrekte Einstufung $e_1+ e_2$ minimiert werden kann. Bei beiden Arten von Fehlern fallen verschiedene Kosten an: Abgelehnte Maßnahme mit den kostspieligen Folgen der Langzeitarbeitslosigkeit im Falle von e_1, nicht erforderliche kostspielige Maßnahme im Falle von e_2.

Ein Profiling-Instrument wird zu guten Ergebnissen führen, wenn es wenig inkorrekte Einstufungen gibt, oder statistisch gesprochen, wenn der Schnittpunktbereich unter den beiden Kurven klein ist.

2.3. Der Zeitpunkt des Profiling

„Profiling" ist der Versuch, Arbeitslose in Gruppen mit hohem oder
geringem Risiko von Langzeitarbeitslosigkeit einzuteilen. Wenn eine
Person arbeitslos wird, weiß niemand, wie lange es dauert, bis sie
wieder einen Arbeitsplatz findet. Erst nach einem Jahr lässt sich feststellen, ob eine Person in die Kategorie der Langzeitarbeitslosen
fällt. Je später das Profiling durchgeführt wird, um so geringer ist die
Zahl der Fälle, bei denen dies notwendig erscheint, und um so besser sind die Chancen, eine inkorrekte Einstufung zu vermeiden. Doch
je später das Profiling durchgeführt wird, um so mehr Zeit geht für
präventive Unterstützung verloren und um so mehr Geld wird für
Arbeitslosenleistungen ausgegeben. Das zeigt, dass der Zeitpunkt
des Profiling und der Entscheidung über eine Unterstützung bedeutende Auswirkungen auf die Kosten und die Effizienz des Verfahrens hat.

Gutes Timing hängt davon ab, wie der Einstufungsprozess während der Arbeitslosigkeit in Arbeitsuchende mit kurzer oder langer
Zeit der Arbeitsuche verläuft. Arbeitslos zu werden und einen Arbeitsplatz zu suchen ist ein hochselektiver Prozess in den Wechselbezie-
hungen zwischen Arbeitgebern und Arbeitnehmern, Arbeitsämtern
und Bildungsstätten. Wirtschaftliche Entscheidungen über Kosten
und Produktivität vermischen sich mit institutionellen und gesetzlichen Bestimmungen. Die berufliche Qualifikation des Einzelnen ist
ebenso wichtig wie sein soziales Verhalten und seine Anpassungsfähigkeit. Diese Faktoren haben einen Einfluss darauf, wer arbeitslos wird (Zugangsrisiko) und wer arbeitslos bleibt (Verbleibsrisiko).
Oder ist es nur Zufall, wer ein Arbeitsplatzangebot bekommt und
wer nicht?

Sehen wir uns einmal eine Kohorte von hundert repräsentativen,
neu gemeldeten Arbeitslosen in einer Woche an. Wenn wir ihnen
bei ihrer Arbeitsuche folgen, stellen wir fest, dass sie nach und nach
aus dem Melderegister verschwinden, weil sie entweder einen Arbeitsplatz gefunden haben oder sich aus dem Register haben streichen
lassen (siehe Schaubild 2). Nur ein Teil von ihnen, etwa 20 % zu den
gegenwärtigen deutschen Arbeitsmarktbedingungen, bleiben über
ein Jahr als arbeitslos gemeldet und werden langzeitarbeitslos. Wir

würden dann eine Verbleibskurve haben, wie sie im Schaubild dargestellt ist.

Schaubild 2. *Die Verbleibskurve*

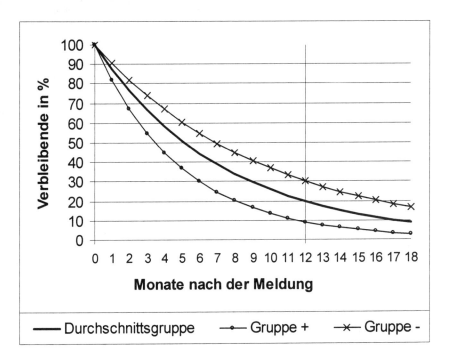

Die Verbleibskurve nach 12 Monaten ist besser bekannt als die Übergangsrate in Langzeitarbeitslosigkeit. Dieses Maß wird zur Zeit in EU-Mitgliedstaaten eingeführt, um die Wirksamkeit von Maßnahmen zur Prävention der Langzeitarbeitslosigkeit zu testen. Erste Ergebnisse von Nationalen Aktionsplänen über diesen Indikator sind in Tabelle 2 angeführt (Spalte 3).

Tabelle 2. *Arbeitslosenquote, Langzeitarbeitslosigkeit und Über-*
gangsrate in Langzeitarbeitslosigkeit in EU-Ländern 1999

Land	Arbeitslosenquote	Langzeitarbeits-losigkeit	Übergangsrate in Langzeitarbeitslosigkeit
	1)	2)	3)
Belgien	8,6	60,5	35,0
Deutschland	8,9	51,7	16,7
Dänemark	5,1	20,5	4,0 (1998)
Griechenland (1998)	10,8	54,9	nd
Spanien	15,7	46,3	7,9 (?)
Finnland	11,7	22,7	10,6
Frankreich	12,1	38,7	15,9 (?)
Irland	5,7	55,9	nd
Italien	11,7	61,4	nd
Luxemburg	2,4	32,3	13,8
Niederlande	3,6	43,5	26,0 (?)
Österreich	4,7	31,7	1,0
Portugal	4,6	41,2	23,8
Schweden	7,6	29,5	15,0
Vereinigtes Königreich	6,2	29,8	11,0

1) EUROSTAT: standardisierte Arbeitslosenquote: Arbeitsmarkterhebung 1999.
2) EUROSTAT: % der Arbeitslosen von 12-monatiger Dauer und darüber; Arbeitsmarkter-hebung 1999.
3) Europäische Kommission: Anteil der 1998 arbeitslos gewordenen Personen, die über 12 Monate lang arbeitslos blieben, Erwachsene: 25 Jahre und älter; Zusammenstellung von Nationalen Aktionsplänen: Annäherungen oder Datenmängel. Die Übergangsrate in Lang-zeitarbeitslosigkeit ist ein neuer Indikator und hängt davon ab, wie in jedem Land die Arbeitslosenmeldungen gehandhabt werden. Deshalb muss es mehr Vergleichsdaten ge-ben. Die Messung der Dauer in der Arbeitsmarkterhebung und die nationalen Arbeitslosen-meldungen könnten voneinander abweichen.

Würde die Dauer der Arbeitsuche durch Zufall bestimmt, wäre eine Unterscheidung zwischen mehr oder weniger beschäftigungsfähigen Gruppen vergeblich. Wenn man jedoch von Anfang an zwischen Gruppen mit „besserer Beschäftigungsfähigkeit", die schneller wie-der einen Arbeitsplatz finden, und „weniger beschäftigungsfähigen" Gruppen unterscheiden könnte, würden Verbleibskurven mit unter-schiedlichem „Gefälle" und verschiedenen Übergangsraten in Lang-zeitarbeitslosigkeit entstehen.

Aus Erfahrung – auf Statistiken beruhend – weiß man, dass es bei dem Tempo, in dem es zu Abgängen kommt, eine Sortierung gibt, die mit einer Anzahl von Merkmalen des Arbeitsmarktes und der Arbeitslosen zusammenhängt. Die unterschiedliche Dauer der Arbeitslosigkeit führt zu einer anderen Zusammensetzung der ursprünglichen Zugangskohorte. Setzt sich beim Zugang eine Kohorte im Verhältnis von 50:50 aus weniger oder besser beschäftigungsfähigen Personen zusammen[5], dann wäre das Verhältnis im oben genannten Beispiel nach 12 Monaten 30:5. Nach der Sortierung bleibt ein höherer Anteil weniger beschäftigungsfähiger Personen unter den Langzeitarbeitslosen zurück. Dieser Effekt wird als Segmentierung der Arbeitslosigkeit nach der Verbleibsdauer bezeichnet.

Diese Segmentierung wird entweder durch gruppenspezifische Anteile der Langzeitarbeitslosen an der Gesamtzahl der Arbeitslosen oder durch gruppenspezifische Übergangsraten in Langzeitarbeitslosigkeit gemessen[6]. Die Übergangsrate in Arbeitslosigkeit bezeichnet das gruppenspezifische Risiko, langzeitarbeitslos zu werden.

Die Verbleibskurve veranschaulicht ferner, dass sich eine Früherkennung mit einer weit höheren Anzahl von Fällen befassen muss als ein Profiling nach 3 oder 6 Monaten, wenn ein hoher Prozentsatz von Personen aus der Zugangskohorte die Arbeitslosigkeit bereits beendet hat. Der Anteil derer, die tatsächlich langzeitarbeitslos werden, nimmt mit der Zeit zu, und die Chancen, diese Gruppe korrekt zu identifizieren, dürften sich verbessern.

Würde deshalb gewartet werden, bis der Einstufungsprozess funktioniert und die Verbleibskurve fast auf das Niveau der Übergangsrate in Langzeitarbeitslosigkeit gesunken ist, würde das zu einer guten Erfassung der Langzeitarbeitslosen und zu geringer inkorrekter Einstufung führen. Allerdings würde dies nicht viel Zeit für präventive Hilfe lassen. Die Vorteile einer Früherkennung würden verspielt.

---

5   Z. B. Alt und jung, beruflich qualifiziert oder nicht, ohne und mit Gesundheitsproblemen.
6   Die Rate des Übergangs in Langzeitarbeitslosigkeit wird definiert als der Prozentsatz einer Zugangskohorte, die über 12 Monate bleibt. Diese Raten von 20, 30 bzw. 5 % sind in Schaubild 1 als Schnittpunkt der Verbleibskurve mit einer 12-monatigen vertikalen Linie dargestellt.

Je nach der Einstufungsqualität des Profiling-Instruments muss deshalb entschieden werden, ob es zu einem frühen Stadium eingesetzt werden soll. Es kann beim Zugang in Arbeitslosigkeit (frühes Profiling) oder nach einer Wartezeit (zeitabhängiges Profiling) von 3 oder 6 Monaten eingesetzt werden. Dann haben die besser beschäftigungsfähige Gruppe und die „Glücklichen" in der weniger beschäftigungsfähigen Gruppe bereits einen Arbeitsplatz gefunden. Eine Einstufung durch Profiling lässt sich in der Zeit der Arbeitslosigkeit wiederholen, entweder in regelmäßigen Zeitabständen oder wenn neue Informationen berücksichtigt werden müssen, z. B. nach einer Ausbildungsmaßnahme.

3. Faktoren, die auf das Langzeitarbeitslosigkeitsrisiko Einfluss haben

Profiling als formelles Instrument schätzt die Risiken ab oder stellt angemessene Unterstützung für eine Einzelperson fest. Die Einstufung auf dem Arbeitsmarkt wird jedoch nicht ausschließlich durch Merkmale des Einzelnen bestimmt, sondern vor allem durch Beschäftigungsmöglichkeiten auf dem regionalen oder qualifikationsbezogenen Arbeitsmarkt. Der Übergang in Langzeitarbeitslosigkeit variiert mit der Arbeitslosenquote.

Wenn durch Profiling die Langzeitarbeitslosigkeit vorausgesagt werden soll, sollten die wichtigsten Faktoren, die mit Langzeitarbeitslosigkeit zusammenhängen, in das Instrument aufgenommen werden.

3.1. Arbeitsmarktfaktoren

Die örtliche Arbeitslosenquote scheint die wichtigste Variable zur Messung der Rate des Übergangs in Langzeitarbeitslosigkeit zu sein. Da sich Arbeitsmärkte in die Bereiche Beruf, Qualifikation oder Industrie aufteilen lassen, sollten Variablen zur Einschätzung von verschiedenen Beschäftigungschancen der Bereiche verfügbar sein.

Die Leistung der Industrien in der Region ist entscheidend für die Nachfrage nach Arbeitskräften. Ein Beispiel für den Zusammenhang zwischen der Arbeitslosenquote und der Übergangsrate in Langzeitarbeitslosigkeit wird in Schaubild 3 für die deutschen Arbeitsämter im Jahre 1999 gezeigt. West- und ostdeutsche Regionen sind getrennt gekennzeichnet. Beide zeigen eine positive Korrelation der beiden Indikatoren. Es fällt auf, dass die Arbeitslosenquote in Ostdeutschland fast doppelt so hoch ist wie die in Westdeutschland, die Übergangsraten in Langzeitarbeitslosigkeit im Vergleich zu Regionen in Westdeutschland mit überdurchschnittlicher Arbeitslosenquote hingegen gut abschneiden. Das liegt daran, dass in Ostdeutschland erheblich mehr Mittel für eine aktive Politik zur Verfügung stehen, was dazu genutzt wird, die Arbeitslosigkeit zumindest zu unterbrechen.

Für Deutschland ist die Region oder die örtliche Arbeitslosenquote nach dem Alter die wichtigste Variable zur Erklärung der Übergänge in Langzeitarbeitslosigkeit[7]. Die Einbeziehung der örtlichen Arbeitslosenquote dürfte deshalb die Risikoeinschätzung verbessern.

Schaubild 3. Übergangsraten nach Arbeitslosenquoten
für deutsche Regionen 1999

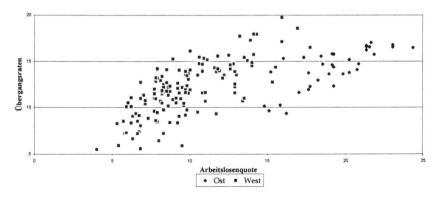

---

7   Helmut Rudolph, 1998 „Risiko von Langzeitarbeitslosigkeit frühzeitig erkennen", *IAB Werkstattbericht*, Nr. 14/19.11.

3.2. Statistische Merkmale des Einzelnen

Zahlreiche Artikel sind erschienen, um die Dauer der Arbeitslosigkeit oder Langzeitarbeitslosigkeit in verschiedenen Ländern anhand von statistischen Variablen zu erläutern, die aus Erhebungen oder Verwaltungsdaten erhältlich sind. Die relevantesten Variablen scheinen Alter, Qualifikation, Geschlecht, Gesundheitszustand und Staatsangehörigkeit/ethnische Herkunft zu sein[8]. Andere können mit der Erwerbsbiographie (Erfahrung, vorherige Arbeitslosigkeit, vorherige Lohnsätze usw.) oder Zusammensetzung des Haushalts (Anzahl der Erwerbspersonen, Haushaltseinkommen, usw.) zusammenhängen.

Die Variablen werden zum Langzeitrisiko in Beziehung gesetzt, denn sie sollen Unterschiede bei Fähigkeiten und Produktivität der Arbeitnehmer feststellen. In der Wirtschaftstheorie werden sie herangezogen, um das „Humankapital" und das sozioökonomische Verhalten eines Arbeitnehmers zu erläutern. Auch wenn dadurch nicht die Fähigkeit und Produktivität des Einzelnen festgestellt werden kann, so bilden sie doch für einen Arbeitgeber „Signale" für die Beschäftigungsfähigkeit.

Die Bedeutung dieser Variablen ist je nach Land und Untersuchung verschieden, was manchmal auf Unterschiede in der Gesetzgebung, manchmal auf Unterschiede bei der Messung oder der Datenqualität zurückzuführen ist. Jedenfalls gibt es nicht nur eine einzige Reihe von Variablen, um Langzeitarbeitslosigkeit korrekt vorauszusagen.

3.3. Sonstige Merkmale des Einzelnen

Eine dritte Gruppe von Faktoren sind diejenigen, die mit persönlichen Einstellungen und psychologischen Eigenschaften des Einzelnen zu tun haben. Sie umfassen die Arbeitsuche und Arbeitsmotivationen, die Bereitschaft zur Anpassung an neue Arbeitsbedingungen

---

8   Siehe Hasluck, Chris; Elias, Peter; Green, A. E.; Pitcher, J. et al. (1997), „Identifying People at Risk of Long-Term Unemployment: A Literature Review", Institute for Employment Research, Warwick, über Merkmale des Einzelnen und Langzeitarbeitslosigkeit in der Literatur.

und Selbstvertrauen. Diese Faktoren sind schwerer zu messen und deshalb schwerer in ein modellbasiertes Profiling aufzunehmen. Sie müssen in der Regel während eines Gesprächs mit dem Arbeitslosen eingeschätzt werden.

4. Erfahrungen mit dem Profiling in einigen Ländern

Seit den achtziger Jahren haben Forscher Daten von Arbeitslosen untersucht, um anhand eines Modells Faktoren zu erkennen und zu erläutern, die auf die Dauer oder das Risiko der Langzeitarbeitslosigkeit Einfluss haben. Es scheint problemlos, diese Modelle zur Prognose der Dauer der Arbeitslosigkeit von neuen Zugängen und als Richtschnur zur Festlegung spezifischer Unterstützung zu verwenden. Statistische Modelle sagen das durchschnittliche Langzeitarbeitslosigkeitsrisiko von Gruppen von Arbeitslosen anhand einer Reihe von Merkmalen voraus, doch gibt es immer noch erhebliche Unterschiede zwischen einzelnen Personen innerhalb jeder Gruppe. Während ein gutes Modell anhand bestimmter Merkmale den Anteil der Personen, die in einer Gruppe langzeitarbeitslos werden, ziemlich genau voraussagen kann, ist es weniger offensichtlich, dass das Modell die einzelnen Langzeitarbeitslosen in der Gruppe korrekt feststellen wird.

Eine Reihe von Ländern haben mit Instrumenten des Profiling experimentiert oder solche angewandt. In den USA wurde 1994, in Australien 1994 und in den Niederlanden 1999 landesweit das Profiling für neu gemeldete Arbeitslose oder Leistungsempfänger eingeführt. Kanada erprobt seit 1995 ein Verfahren zur Festlegung geeigneter Maßnahmen für Arbeitsuchende. Großbritannien hat nach einer eingehenden Prüfung auf ein formelles Profiling verzichtet. In Deutschland wurde Anfang 2000 in drei Arbeitsämtern mit einem kontrollierten Profiling-Experiment begonnen.

4.1. Die Niederlande: Das „Kansmeter"

Im Januar 1999 führten die Arbeitsämter in den Niederlanden das „Kansmeter" als erstes Verfahren zur Feststellung von Dienstleistungen ein, die für den Arbeitsuchenden geeignet sind. Dienstleistungen werden je nach der Distanz des Arbeitsuchenden zum Arbeitsmarkt angeboten[9]. Die Distanz wird an der Wahrscheinlichkeit gemessen, dass der Betreffende innerhalb eines Jahres mit oder ohne Unterstützung einen Arbeitsplatz findet. Die Einstufung durch den Kansmeter wird „phasing" genannt.

Das Kansmeter wird beim ersten Gespräch eingesetzt und kann zu einem späteren Zeitpunkt der Arbeitslosigkeit überprüft werden. Auf der Grundlage der Antworten, die der Arbeitsuchende in einem Fragebogen gibt, und zusätzlichen Informationen, die während des Gesprächs gesammelt werden, folgt der Vermittler einem ausgefeilten und standardisierten Kriterienkatalog, um eine Punktzahl für die Chancen des Einzelnen auf dem Arbeitsmarkt und die Distanz zum Arbeitsmarkt festzustellen. Die Punktzahlen des Kriterienkatalogs können korrigiert werden, wenn der Vermittler guten Grund zu der Annahme hat, dass sich sonst unrichtige Angaben über die Aussichten auf eine Eingliederung ergeben. Die Gründe für eine solche Korrektur müssen angeführt werden.

Das Ergebnis entscheidet darüber, ob der Arbeitsuchende leicht vermittelbar ist (Gruppe 1), ob er mit gewissen unterstützenden Maßnahmen vermittelt werden kann (Gruppe 2 und 3), oder ob er andere Unterstützung benötigt, bevor beschäftigungspolitische Maßnahmen sinnvoll werden (Gruppe 4).

Für die Gruppen 2 und 3 werden weitere Einschätzungen der Hindernisse, vor denen der Einzelne bei der Arbeitsaufnahme steht, und der Art der benötigten Unterstützung vorgenommen. Ein zwei-

---

9 SWI, 1998, *De Kansmeter* (SWI-Samenwerking Werk & Inkomen), Den Haag; Jaap De Koning; Peter van Nes, 1998, „Prevention in active labour market policy: Is it possible and is it desirable? Lessons from the Dutch experience", *EALE Conference Paper*, Blankenberge, Netherlands Economic Institute, Rotterdam, Sept.; De Koning, 1999a, „The chance meter: Measuring the individual chance of long-term unemployment", *Current developments in the evaluation of employment policies*, Conference Paper, Barcelona, 19.–20. Juli; Netherlands Economic Institute, Rotterdam, Juli; De Koning, 1999b, „L'expérience néerlandaise", in *ANPE* 1999, S. 62–63.

tes Instrument wird zur Zeit entwickelt, um diese Entscheidung während der „Eignungsprüfung" zu formalisieren.

Auch für Gruppe 4 muss eine „Eignungsprüfung" vorgenommen werden, damit festgestellt werden kann, welche Probleme bestehen und anhand welcher Unterstützung in Form von Sozialdiensten diese bewältigt werden können.

Am Ende des Verfahrens werden Arbeitsuchende einer der vier Gruppen zugeteilt. Der Vermittler erörtert die Ergebnisse der Beurteilung und die diesbezüglichen Prognosen über die Arbeitsmarktchancen mit dem Betreffenden und erläutert die angebotenen Maßnahmen. Der Betreffende hat das Recht, die Einstufung anzufechten und um eine Überprüfung durch einen anderen Dienst zu ersuchen.

Die vier Gruppen[10] sind:

- Gruppe 1: Arbeitsuchende, die leicht vermittelbar sind: Für sie stehen Basisleistungen der Vermittlung und Informationsdienste bereit.

- Gruppe 2: Arbeitsuchende mit einem erhöhten Risiko der Langzeitarbeitslosigkeit, die mit einigen unterstützenden Maßnahmen (für unter 12 Monate) Chancen zur Verbesserung ihrer Beschäftigungsfähigkeit haben; verfügbare Dienste: Bewerbungstraining, berufliche Qualifizierung.

- Gruppe 3: Arbeitsuchende mit einem hohen Risiko der Langzeitarbeitslosigkeit, die intensive unterstützende Maßnahmen (für über ein Jahr) benötigen, um ihre Beschäftigungschancen zu verbessern: koordinierte Eingliederungsinstrumente.

- Gruppe 4: Arbeitsuchende mit schweren persönlichen Behinderungen, die spezielle Hilfe benötigen, damit Maßnahmen zur Verbesserung ihrer Beschäftigungschancen sinnvoll sein können (z. B. Drogensüchtige oder psychisch Kranke). Die Arbeitsämter bieten für diese Personengruppe, die keine echte Chance auf dem Arbeitsmarkt haben, keine Dienstleistungen an. Sie werden an spezielle Dienste des Gemeinwesens oder der Sozialversicherungsträger verwiesen.

---

10 Auf Niederländisch werden die Gruppen Phasen genannt, was eine Folge von Maßnahmen zur Wiedereingliederung erkennen lässt und den dynamischen und umkehrbaren Charakter der Einstufung unterstreicht.

Die Einstufung ist nicht endgültig, sondern wird während der Arbeitslosigkeit oder nach Maßnahmen überprüft. Insofern spiegelt sie den
dynamischen Prozess der Eingliederung in den Arbeitsmarkt wider.

Die offiziellen Punktzahlen beruhen auf Geschlecht, Alter, Bildungsstand, Berufserfahrung und niederländischer oder nichtnieder-
ländischer Herkunft. Bei den Punktzahlen werden die Berufe (eine
Auswahl von über 100 Berufen) in 18 Arbeitsmarktregionen auf der
Grundlage der Daten bei der Meldung in den Jahren 1993 und 1994
zugrunde gelegt[11].

Im ersten Jahr nach der Einführung des Kansmeters wurde eine
Auswertung vorgenommen. Der Bericht erscheint in Kürze. Eine
Auswertung der Wirksamkeit der Einstufung zur Vermeidung der
Langzeitarbeitslosigkeit und eine Aktualisierung der regionalen und
beruflichen Punktzahlen für Arbeitsuchende sind für die nächste
Zukunft geplant.

4.2. USA: Die Profiling- und Wiederbeschäftigungsdienste für Arbeitnehmer (Worker Profiling and Re-employment Services, WPRS)

Im November 1993 verabschiedete der US-Kongress ein Gesetz über
die Einrichtung eines Profiling- und Wiederbeschäftigungsdienstes
für Arbeitnehmer (WPRS) in jedem Bundesstaat[12], das seit Ende 1994
umgesetzt wird. Der WPRS besteht aus drei Phasen:

- Früherkennung der Empfänger von Leistungen aus der Arbeitslosenversicherung, die mit hoher Wahrscheinlichkeit ihre Leistungsansprüche ausschöpfen werden;

---

11 De Koning, 1999a.
12 Randall W. Eberts, 1999a, „L'expérience américaine", le profilage, in *ANPE: Les transformations du marché du travail. Les premiers entretiens de l'emploi*, 30-31/3/1999, Noisy-
   Le-Grand, S. 57–61; Eberts, 1999, „The use of profiling in the United States for early
   identification and referral of less employable unemployment insurance recipients", in
   Bernard Gazier (Hrsg.), *Employability: Concepts and Policies, Report 1998*, Employment
   Observatory Research Network, IAS Berlin, S. 121–146; OECD, a. a. O., 1998; Eberts; Chri-
   stopher O'Leary, 1997, „Früherkennung („Profiling") von Langzeitarbeitslosen und ihre
   Überweisung" in *Arbeitsmarktmaßnahmen: Erfahrungen und Lehren aus mehreren Ländern.* InforMISEP Nr. 60/Winter, S. 34–43.

- Angebot von Wiederbeschäftigungsdiensten für diese Personen; und
- Sammlung von Informationen über Ergebnisse, um den weitergehenden Anspruch auf Leistungen zu prüfen und Auswertungen zu erleichtern.

Ein Profiling wird zum Zeitpunkt der Arbeitslosmeldung bei allen Arbeitslosen vorgenommen, die endgültig entlassen worden sind und die Anspruch auf Leistungen aus der Arbeitslosenversicherung haben[13]. Anhand eines statistischen Modells wird festgestellt, wann ein Arbeitsuchender aller Wahrscheinlichkeit nach seinen Anspruch auf Leistungen aus der Arbeitslosenversicherung ausschöpfen wird. Diese Einschätzungen werden in allen Bundesstaaten und manchmal in Regionen innerhalb von Bundesstaaten getrennt vorgenommen. Sie enthalten fünf Variablen: Bildungsstand, letzte Beschäftigungsdauer, Wechsel des Arbeitsplatzes, des Berufs oder des Industriezweigs und die örtliche Arbeitslosenquote. Aufgrund von Gesetzen gegen Diskriminierung dürfen Merkmale wie Alter, Geschlecht und ethnische Herkunft nicht als vorgegebene Variable verwendet werden.

Die Profiling-Punktzahlen beruhen einzig auf Modellen und werden jede Woche automatisch ausgewertet. Die kommunalen Ämter treffen dann je nach den für Aktivierungsmaßnahmen verfügbaren Plätzen[14] unter den Leistungsempfängern mit der höchsten Punktzahl eine Auswahl. Die Teilnahme an Programmen zur Unterstützung bei der Arbeitsuche ist dann obligatorisch; im Falle der Weigerung riskiert der Betreffende den Verlust des Leistungsanspruchs.

Das Profiling-Instrument wird zur Minimierung der finanziellen Leistungen und als Auswahlmittel zur Zuteilung von verfügbaren Plätzen für eine formell bestimmte Gruppe von Empfängern eingesetzt. Bei der Auswertung der Wirksamkeit hat sich ergeben, dass die mittlere Dauer des Leistungsempfangs zwei Wochen länger bei

---

13 Der Grundanspruch auf Leistungen aus der Arbeitslosenversicherung besteht 26 Wochen. Langzeitarbeitslosigkeit hat deshalb in den Vereinigten Staaten eine andere Bedeutung.
14 Die Schwelle für verstärktes Risiko der Ausschöpfung der Leistungsansprüche scheint 70 % zu sein, vgl. Eberts, 1999a.

denjenigen war, die mit einem Ausschöpfungsrisiko von über 70% eingestuft worden waren, als bei denen unter diesem Prozentsatz. Dank der Einführung des WPRS ist die Rate derer, die ihre Leistungsansprüche ausschöpfen, um 4% zurückgegangen. Die durchschnittliche Dauer der Leistungszahlungen ist je nach den Bundesstaaten um eine halbe bis vier Wochen verringert worden[15].

4.3. Australien: Screening (Job-seeker Screening Instrument, JSI) und Einstufung (Job-seeker Assessment Instrument, JAI) der Arbeitsuchenden

Im Jahre 1994 begann die australische Regierung eine Initiative mit der Bezeichnung „Working Nation", bei der eine präventive Strategie, „Job Compact", ausgearbeitet wurde. Diese Strategie versucht im Wesentlichen, Unterstützung für die Arbeitslosen mit zunehmender Arbeitslosigkeitsdauer zu verstärken, und bietet nach anderthalb Jahren einen garantierten Arbeitsplatz[16]. Für Personen mit hohem Langzeitrisiko sollte die Unterstützung sobald wie möglich nach Beginn der Arbeitslosigkeit beginnen. Die Unterstützung wird als aktives „Case Management" mit Hilfe von zwei Verfahren geleistet:

1. dem Screening-Verfahren (JSI), einem modellbasierten Verfahren, das alle neu gemeldeten Arbeitslosen nach einem Punktesystem entsprechend dem Langzeitrisiko einstuft und dabei die Personen mit dem höchsten Risiko feststellt;

2. dem Verfahren zur Einstufung der Arbeitsuchenden (JAI), das zur Festlegung geeigneter Maßnahmen dient.

Das Screening-Verfahren wurde im Oktober 1994 eingeführt. Es wurde anhand eines statistischen Modells[17] entwickelt: Die statistischen Koeffizienten werden in einer Punktzahl ausgedrückt, die auf einer Reihe von Voraussagevariablen beruhen. Vorgegebene Variablen sind Alter, Bildungsstand, Status als Aborigines und Bewohner der Inseln der Torres-Straße, Geburt in einem nichtenglischsprachigen

---

15 Vgl. Eberts, 1999a.
16 Hasluck et al., 1997; OECD, 1998.
17 Ein Probit-Modell anhand einer Auswahl von 17.000 Arbeitsuchenden, die sich im Mai 1994 als arbeitslos gemeldet haben.

Land, Behinderung, Kenntnisse der englischen Sprache und geographischer Standort. Das Geschlecht wird wegen der Gesetzgebung über Chancengleichheit nicht als Variable akzeptiert.

Bei Arbeitsuchenden mit Risikopunktzahlen oberhalb einer festgelegten Schwelle wird eine zusätzliche Einschätzung der für sie notwendigen Maßnahmen vorgenommen. Die Schwelle lässt sich je nach den verfügbaren Plätzen ändern. Das modellbasierte Profiling wird durch ein auf einer Einstufung beruhendes Profiling ergänzt. Vermittler können bei Arbeitsuchenden innerhalb der ersten 12 Monate der Arbeitslosigkeit eine weitere Prüfung auf der Grundlage von Faktoren wie schlechte Motivation, geringes Selbstwertgefühl, geringe Grundfertigkeiten in Rechnen, Schreiben und Lesen und beträchtliche Dauer der Arbeitslosigkeit vornehmen.

In der Praxis wurden rund 5 % der neu gemeldeten Arbeitslosen im Jahre 1995 als Personen mit großem Langzeitrisiko eingestuft; bei rund 70 % von ihnen erfolgte die Einstufung durch das Screening-Verfahren und bei 30 % durch das JAI[18]. Weitere 10 % der gemeldeten Arbeitsuchenden wurden später im Verlaufe ihrer Arbeitslosigkeit anhand des Einstufungsverfahrens als potentielle Langzeitarbeitslose eingestuft.

Arbeitsuchende mit großem Langzeitrisiko werden durch das Verfahren zur Einstufung der Arbeitsuchenden nach ihren Stärken und Schwächen eingestuft. Dieses Verfahren besteht aus einem Fragebogen mit 16 Fragen über Beschäftigungsstärken, persönliche Hindernisse und die bisherigen Fehlschläge bei der Arbeitsuche. Die Auswertung des Fragebogens führte zunächst zu einer vierstufigen Risikoeinteilung, von Stufe 1, „leicht vermittelbar", bis zu Stufe 4, „sehr schwer vermittelbar", je nach den Schwierigkeiten, die Vermittler bei der Arbeitsuche für die jeweiligen Personen haben würden. Im Dezember 1996 wurde im Zuge von größeren Reformen der Arbeitsämter die Anzahl der Stufen auf drei herabgesetzt[19]. Für jede Stufe waren geeignete Maßnahmen vorgesehen. Kunden müssen eventuell auf Überweisungen an das Case Management warten, wenn nicht genug Plätze zur Verfügung stehen. Wird jedoch erst einmal

---

18 Vgl. Hasluck et al.
19 OECD, 1998, S. 53 ff.

ein Case Management angeboten, dann ist die Teilnahme daran eine Vorbedingung für den weiteren Anspruch auf Leistungen.

Ziel des Profiling im Rahmen der beiden genannten Verfahren ist eine Früherkennung zum Zweck eines frühzeitigen Eingreifens durch Case Management für die am stärksten von Langzeitarbeitslosigkeit bedrohten Arbeitsuchenden. Ein weiteres Bestreben ist eine zielgerechtere Ausgabe von verfügbaren Mitteln für Maßnahmen und Case Management. Da die Mittel beschränkt waren, ergaben sich für bedürftige Arbeitslose allzu lange Wartezeiten, was dem Ziel des frühen Eingreifens entgegenwirkte.

Bei einer Auswertung Mitte 1996 ergab sich, dass hauptsächlich bei dem Verfahren zur Früherkennung die potentiellen Langzeitarbeitslosen festgestellt wurden, doch gab es auch Anzeichen für falsche Einstufungen und überflüssige Ausgaben für Personen, bei denen in Wirklichkeit kein hohes Risiko bestand. Das größte Problem wurde darin gesehen, dass die Zahl der mit dem Langzeitrisiko eingestuften Personen weit größer war als vorausgesehen und als die verfügbaren Mittel. Die ursprüngliche Idee war, anhand des Screening-Verfahrens die Zahl der von Langzeitarbeitslosigkeit bedrohten Personen festzustellen, wobei man von rund 5 % neuer Arbeitsuchender ausging. Dadurch, dass bei der Einstufung vielfach die zusätzlichen Kriterien des JAI verwendet wurden, hatte sich die Zahl der für das Case Management in Frage kommenden Personen unerwartet erhöht. Die Folge war, dass nicht genug Plätze zur Verfügung standen und manche Personen Wochen und Monate warten mussten, so dass das frühe Eingreifen stark verzögert wurde.

4.4. Kanada: Das Dienstleistungs- und Ergebnismessungssystem (Service and Outcome Measurement System, SOMS)

Seit Juni 1995 erprobt Kanada in ausgewählten Orten ein Dienstleistungs- und Ergebnismessungssystem[20], damit für die in Frage kommenden Arbeitsuchenden die besten Maßnahmen zur Eingliederung in den Arbeitsmarkt und die kostenwirksamsten Maßnahmen zur

20 OECD, 1998.

Einsparung von finanziellen Leistungen ergriffen werden. Das SOMS besteht aus einer Verbindung von einem modellbasierten „Screening der Merkmale" und einer Beurteilung durch Vermittler.

Das statistische Modell wurde ausgehend von einer Analyse aller beschäftigungspolitischen Maßnahmen erstellt, die in Kanada in den letzten 10 Jahren ergriffen wurden, und den Auswirkungen, die diese Maßnahmen auf die Beschäftigung und das Einkommen der Kanadier hatten. Eine Analyse der Kosten dieser Maßnahmen für den Staatshaushalt wurde ebenfalls berücksichtigt. Die zugrunde liegenden Daten wurden durch die Zusammenlegung von 20 bestehenden Dateien geschaffen, die sich von Angaben über Arbeitslosenleistungen über Schulungsmaßnahmen bis zu Steuerunterlagen und Volkszählungsdaten erstrecken.

Das Screening-Modell sagt für Arbeitsuchende mit den jeweiligen Merkmalen voraus, welche gezielten Dienstleistungen der Person am ehesten eine Wiedereingliederung ermöglichen, und gibt Informationen über die Kostenwirksamkeit für den Staatshaushalt. Es stellt nicht nur eine Risikopunktzahl für den Arbeitsuchenden auf, sondern implizit ein Profil der Merkmale, das an geeignete Maßnahmen gekoppelt wird.

Das Modell gibt wesentliche Informationen darüber, welche Chancen auf eine erfolgreiche Arbeitsuche der Einzelne durch verschiedene Maßnahmen hat. Diese Informationen werden mit dem Betreffenden erörtert, woraufhin zwischen diesem und dem Vermittler ein Aktionsplan vereinbart wird. Der Vermittler ist nicht verpflichtet, den Modellvoraussagen zu folgen; seine Beurteilung der Bedürfnisse und Umstände des Arbeitslosen kann Einfluss auf die endgültige Entscheidung haben. Das SOMS lässt sich somit als zusätzliches Instrument zur Entscheidungsbildung der Vermittlers betrachten, das allgemeine Erfolgsdaten der Arbeitsmarktprogramme auf die Entscheidungsebene bringt.

Das SOMS ist ein Informationssystem, um Personal der Arbeitsämter bei der Auswahl geeigneter Dienstleistungen in Bezug auf Eingliederung und Kostenwirksamkeit eine Anleitung zu geben. Anhand der Datenbank können Ergebnisse von Arbeitsmarktprogrammen ausgewertet werden. Es unterscheidet sich insofern von anderen hier beschriebenen Instrumenten, als keine Risikopunktzahl für

Merkmale des Arbeitsuchenden gegeben wird, sondern die Effizienz möglicher Dienstleistungen festgestellt wird. Das Ergebnis von 25 verschiedenen Programmen wird auf der Grundlage der Merkmale des Arbeitsuchenden vorausgesagt. Besonders beachtet wird die Anzahl der Wochen, in denen finanzielle Leistungen eingespart werden; andere Ergebnisse sind Änderungen des Einkommens, die Wahrscheinlichkeit, eine Beschäftigung zu finden, und Veränderungen bei der Anzahl der Wochen in Arbeit.

Nach der Pilotphase wurde eine Auswertung vorgenommen, die so verheißungsvoll verlief, dass die Durchführung verlängert wurde. Da das System durch die neuen Leistungsdaten ständig aktualisiert wird, passt es sich den Veränderungen der Arbeitsmarktbedingungen an.

4.5. Großbritannien: Strukturierte Arbeitsuche

Obwohl es im Vereinigten Königreich kein formelles Profiling gibt, wird die britische Auffassung zum Profiling hier dargelegt, da ein formeller Zeitplan für präventive Zwecke aufgestellt wird. Der Übergang in Langzeitarbeitslosigkeit scheint dort besonders niedrig zu sein (vgl. Tabelle 2). Das Beispiel soll verdeutlichen, dass das formelle Profiling nicht in allen Ländern gute Ergebnisse erbringt und dass alternative Präventionsstrategien erwogen werden müssen, wenn sich das Risiko der Langzeitarbeitslosigkeit nicht angemessen voraussagen lässt.

Das Vereinigte Königreich stützt sich nicht auf ein formelles Profiling-Verfahren[21], doch wurden eingehende Forschungsarbeiten über die Voraussage der Arbeitslosigkeitsdauer durchgeführt und ausgewertet[22]. Man hält die Voraussagekraft von Modellen, die auf Statistiken beruhen, für zu schwach, als dass eine Arbeitsmarktpolitik auf solchen Instrumenten gegründet werden könnte. Bei der Forschungsarbeit konnte nicht eindeutig geklärt werden, ob Wiederbeschäftigungschancen mit der Zeit abnehmen (Abhängigkeit vom Staat).

---

21 Wells, Bill, 1998, „L'expérience britannique", in *ANPE* 1999, S. 64–73; OCDE, 1998.
22 Siehe Hasluck et al., 1997.

Der britische Arbeitsmarkt bietet eine hohe Zahl von Arbeitsplätzen mit vielfältigen Qualifikationen und Arbeitsbedingungen, so dass eine formelle Beurteilung der Chancen auf einen Arbeitsplatz in einem bestimmten Bereich kaum möglich ist. Statt ein Modell für eine große Anzahl von Variablen zur Beurteilung des Risikos des Einzelnen aufzustellen, sollte Unterstützung bei den Problemen beginnen, vor denen der einzelne Arbeitsuchende steht.

Die Politik der strukturierten Arbeitsuche unterstreicht, dass die Arbeitsmarktpolitik darauf ausgerichtet sein sollte, alle Empfänger von Arbeitslosenleistungen – und nicht nur eine durch Profiling bestimmte Untergruppe – ständig über alle in der Wirtschaft entstehenden freien Stellen zu informieren. Alle gemeldeten Arbeitslosen müssen aktiv auf Arbeitsuche sein, und das Leistungssystem wird so betrieben, dass Arbeitslose unter ständigem Druck stehen, sich um einen Arbeitsplatz zu bemühen. Unterstützung bei der Arbeitsuche und der Ausbildung wird gewährt, wenn deutlich geworden ist, dass eine Person besondere Schwierigkeiten bei der Arbeitsuche hat. Durch regelmäßiges Erscheinen (alle zwei Wochen) und Neubewertungen der Aussichten der Person nach 13 und 26 Wochen und danach alle 6 Monate kontrollieren die Arbeitsämter, ob ein Arbeitsuchender aus dem Arbeitsmarkt ausscheidet oder besondere Unterstützung benötigt.

Zwar gibt es im Vereinigten Königreich kein formelles Profiling, doch wurde ein formeller Zeitplan aufgestellt, um nach einer regelmäßigen Prüfung über die Notwendigkeit von präventiven Maßnahmen zu entscheiden.

4.6. Deutschland: Profiling – ein Modellprojekt

Im März 2000 begann die Bundesanstalt für Arbeit ein Modellprojekt in drei regionalen Arbeitsämtern, um das „Profiling" als Instrument zur Erkennung von durch Langzeitarbeitslosigkeit bedrohten Personen zu evaluieren und diesen nur wenige Wochen nach der Arbeitslosenmeldung durch Case Management Unterstützung bei der Arbeitsuche zu gewähren. Ausgangspunkt für das Projekt waren drei Erwägungen:

- die Erkenntnis des Instituts für Arbeitsmarkt- und Berufsforschung, dass die Segmentierung von Arbeitslosen in einen ständig im Fluss befindlichen Teil mit raschen Veränderungen einerseits und einen Teil Langzeitarbeitslose mit dem Risiko des Ausschlusses immer stärker ausgeprägt wurde und dass präventive Maßnahmen ergriffen werden sollten; Empfehlungen für solche Maßnahmen wurden in der IAB-Agenda 1998 niedergelegt;

- Bemühungen der Arbeitsvermittlung um Reorganisation der Arbeitsflüsse auf eine Weise, dass mehr Mittel für diejenigen Arbeitslosen verwendet werden, die Unterstützung benötigen, wobei die Notwendigkeit besteht, diese Gruppe von Arbeitslosen zu identifizieren;

- die in den deutschen Nationalen Aktionsplänen und in den Geschäftszielen der Bundesanstalt für Arbeit aufgenommene EU-Verpflichtung, den Übergang in Langzeitarbeitslosigkeit zu verhindern.

Das Projekt wird teilweise mit Mitteln des Programms der EU-Kommission zur Modernisierung der staatlichen Arbeitsämter finanziert[23]. Das Projekt verfolgt drei Ziele:

1. die Aussagekraft eines statistischen Modells bei der Voraussage des Langzeitrisikos zu erproben und seine Verlässlichkeit festzustellen;

2. die Aussagekraft von Risikovoraussagen aufgrund der Beurteilung durch Vermittler zu erproben und ihre Verlässlichkeit festzustellen;

3. beide Instrumente für eine Zufallsauswahl von neuen Arbeitsuchenden mit hohem Risiko für individuelles Case Management zu verwenden und festzustellen, ob das Case Management bedeutende Auswirkungen auf die Vermeidung von Langzeitarbeitslosigkeit hat.

---

23 Abkommen VS/1999/0727.

Profiling wird für alle neuen Zugänge im Alter zwischen 25 und 55 Jahren durchgeführt. Neue Zugänge werden als Personen definiert, die in den letzten 6 Monaten nicht gemeldet waren und in dieser Zeit nicht an beschäftigungspolitischen Maßnahmen teilgenommen haben. Junge Menschen sind ausgeschlossen, weil für diese Gruppe zur Zeit ein präventives Programm (JUMP 2000) besteht. Ältere Arbeitslose sind ausgeschlossen, um Probleme mit dem Übergang von der Arbeitslosigkeit in den Ruhestand zu vermeiden. Das Programm wird auf neu gemeldete Arbeitslose beschränkt, da neue Teilnehmer oftmals bereits in den Genuss einer eingehenderen Prüfung und Schulung gekommen sind. Das Case Management würde in diesen Fällen möglicherweise keine neuen Aspekte beitragen. Ferner werden Personen mit offensichtlichen Gesundheitsproblemen, die ärztliche Untersuchungen oder Rehabilitation benötigen, nicht berücksichtigt.

Die Zielgruppe für das Profiling scheint sich aus Personen zusammenzusetzen, die zumindest eine gewisse Beschäftigungsfähigkeit aufweisen. Die meisten wurden von ihrem Arbeitgeber aus wirtschaftlichen Gründen entlassen, oder sie hatten einen befristeten Vertrag, der ausgelaufen war. Eintritte in den Arbeitsmarkt wie etwa die von Akademikern sowie wiedereingegliederte Personen sind eingeschlossen.

Bei dem Experiment wird wie folgt vorgegangen: Jeder neue Zugang wird zu einem ersten Gespräch eingeladen. Bei diesem Gespräch erörtert der Vermittler die Beschäftigungsaussichten des Betreffenden und nimmt Kenntnis von den normalen Einstellungsaspekten wie Qualifikation, Berufserfahrung und Bereich der Arbeitsuche. Statistische Merkmale des Berufs, das Qualifikationsniveau, die Berufserfahrung, der (Wieder-)Eintritt in den Arbeitsmarkt, Geschlecht, Alter, Grund des Arbeitsplatzverlustes, Immigrantenstatus und Gesundheitsprobleme werden in dem Formular vermerkt. Gemeinsam mit der regionalen Arbeitslosenquote bilden diese Daten das Input für das statistische Modell, anhand dessen eine gruppenspezifische Wahrscheinlichkeit der Langzeitarbeitslosigkeit erstellt wird.

Die Vermittler vervollständigen dann das Formular mit ihrer Beurteilung mancher Schwächen des Arbeitsuchenden, die dessen Aussichten auf einen Arbeitsplatz beeinträchtigen. Die Beurteilung wird nach den Kriterien Qualifikationen, Mobilität, Motivation und allgemeine Schwächen vorgenommen und nach den Kategorien kein/geringes/mittleres/hohes Langzeitarbeitslosigkeitsrisiko eingestuft. Die Antworten werden als Input für ein auf einer Beurteilung beruhendes Entscheidungskriterium verwendet, um die Schwelle für ein hohes Langzeitrisiko im statistischen Modell herauf- oder herabzusetzen.

Die ausgefüllten Formulare werden an das IAB gesandt, wo das statistische Modell und die Beurteilungspunktzahl gemäß den Entscheidungskriterien offiziell ausgewertet werden. Die Bestimmungen für die Festlegung des Punkteschemas und die den Arbeitslosen gegebenen Punkte werden während der Projektzeit geheim gehalten, um eine mögliche Beeinflussung der Beurteilung oder des Verhaltens der Vermittler zu vermeiden. Die Vermittler könnten ja ihre Bemühungen für die Kontrollgruppe in einem nicht beabsichtigten Wettbewerb mit dem Case Management verstärken oder Maßnahmen für Personen mit geringer Punktzahl vernachlässigen.

Bei dem IAB-Verfahren werden die untersuchten Fälle in zwei Gruppen, nämlich solche mit geringem und solche mit hohem Langzeitarbeitslosigkeitsrisiko, aufgeteilt. Die letztere Gruppe wird erneut durch Zufallsauswahl in zwei gleich große Gruppen aufgeteilt. Die eine ist die Kontrollgruppe, die in den Arbeitsämtern gemäß den normalen Vorschriften behandelt wird. Die andere Gruppe erhält Case Management als zusätzliche Unterstützung bei der Arbeitsuche. Das Profiling ist beendet, wenn 500 Arbeitslose die Prüfung anhand des Case Managements in jedem der beteiligten Arbeitsämter abschließen. Das Projekt endet Mitte 2001 für das Case Management und wird während und nach der Phase der Durchführung eingehend ausgewertet.

Nach einem Jahr kann anhand der Studie eine Auswertung der Ex-ante-Voraussage der Langzeitarbeitslosigkeit und der Auswirkung des Case Managements vorgenommen werden. Durch den Vergleich zwischen der Gruppe mit niedrigem Risiko und der Kontrollgruppe wird die Verlässlichkeit der statistischen und der auf Beurteilung beruhenden Voraussage untersucht. Ferner wird dadurch eine Prüfung ermöglicht, ob verschiedene Gewichtungen der verfügbaren Variablen die Voraussagen verbessern könnten (Ex-post-Anpassung). Ein zweiter Vergleich zwischen der Case-Management-Gruppe und der Kontrollgruppe zeigt, ob das Case Management eine Auswirkung auf die Vermeidung der Langzeitarbeitslosigkeit hat. Die Teilnahme der ausgewählten Gruppe am Case Management ist freiwillig. Die Aufgabe des Case Managements besteht in einer eingehenden Bewertung der Stärken und Schwächen des Teilnehmers, nicht nur in Bezug auf qualifikationsbezogene Merkmale, sondern auch auf Probleme bei der Arbeitsuche, wie Engagement und Auftreten, Motivation und Verhaltensweisen, Mobilität oder finanzielle Probleme. Das Case Management wird Schritte zur Verbesserung der Beschäftigungsfähigkeit vorschlagen, entweder durch angemessene Maßnahmen der Arbeitsämter oder durch gezielte Unterstützung bei der Lösung individueller Probleme. Bei Bedarf wird das Case Management die Arbeitsuche und die Einarbeit am neuen Arbeitsplatz begleiten. Es soll von Anfang an eine ganzheitliche Unterstützung für den Arbeitslosen geben, bevor es zu einer Demotivierung aufgrund einer erfolglosen Arbeitsuche kommt oder die betreffende Person aufgrund geringer Bemühungen aus dem Arbeitsmarkt ausscheidet. Die Auswertung wird zeigen, in welchem Maß die Auswahl auf dem deutschen Arbeitsmarkt auf voraussagbare oder nur auf zufällige Weise funktioniert.

Tabelle 3. *Merkmale der Profiling-Instrumente*

	Niederlande	Vereinigte Staaten	Australien	Canada	Deutschland
Angewandt auf	neue Arbeitsuchende	neue Leistungsempfänger	neue Arbeitsuchende	Arbeitsuchende	neue Arbeitslose, 25-55 Jahre
Einstufung beruht auf	Distanz zum Arbeitsmarkt; Wahrscheinlichkeit, einen Arbeitsplatz zu finden	Wahrscheinlichkeit, Leistungen auszuschöpfen	Wahrscheinlichkeit, langzeitarbeitslos zu werden	Programmergebnis und Wochen von Leistungseinsparungen	Wahrscheinlichkeit, langzeitarbeitslos zu werden
Timing	früh	früh	früh	früh; wenn erforderlich	früh
Einstufung	umkehrbar	endgültig	umkehrbar	nein	endgültig für Case-Management-Auswahl
Profiling	zweistufig	modellbasiert	zweistufig	Entscheidungskriterium, kein direktes Profiling	modellbasierte Einstufung

	Niederlande	Vereinigte Staaten	Australien	Canada	Deutschland
Aktualisierung der Einstufungs- parameter vorgeschlagen	jährlich	regelmäßig	unbekannt	ständig durch integrierte Datenbank	Ex-post für Auswertung
Status	wird durchgeführt	wird durchgeführt	wird durchgeführt	in bestimmten Ämtern durchgeführt	experimentell
Teilnahme am Case Management	vereinbart	obligatorisch für weiteren Bezug von Leistungen	obligatorisch für weiteren Bezug von Leistungen	vereinbart	freiwillig
Auswertung	steht bevor: Auswertung der Nutzung des Kansmeters; vorgeschlagen: Gewichtung der Risikofaktoren	ja	teilweise	ja	für Ende des Experiments geplant

5. Schlussfolgerungen

Dieser Überblick über das Profiling macht deutlich, dass es noch ein neues Instrument ist, um Arbeitsämtern formell dabei zu helfen, ihre Tätigkeiten zu kanalisieren, Mittel optimal zu nutzen und je nach Bedarf der Kunden oder nach einigen Effizienzkriterien die geeigneten Dienstleistungen auszuwählen. Die verschiedenen nationalen Modelle sind je nach ihrer primären Zielsetzung, Methode und Komplexität unterschiedlich.

Profiling-Instrumente helfen bei der Entscheidung darüber, wer Unterstützung durch eine beschäftigungspolitische Maßnahme erhält, wann und welche Art von Unterstützung angeboten wird. Das offizielle Herangehen an diese Fragen durch Profiling kann die systematische Entscheidungsbildung verstärken. Unterschiedliche Auffassungen des Personals darüber, wer einer Unterstützung bedarf, können verringert werden. Die Ausrichtung der Arbeitsmarktpolitik auf Personen, die Hilfe benötigen, kann verbessert werden, was eine effizientere Verwendung der knappen Mittel ermöglicht.

Es bleibt die Frage, ob Personen, die Hilfe benötigen, durch diese Instrumente richtig identifiziert werden können oder ob sich die Identifizierung zumindest verbessern lässt. Zwar geht aus Erfahrungen und Statistiken hervor, dass die Langzeitarbeitslosigkeit mit den oben dargelegten Merkmalen zusammenhängt, doch gibt es immer noch viel Zufall bei der erfolgreichen Arbeitsuche. Vor allem wenn Profiling zur Früherkennung des Langzeitrisikos verwendet wird, besteht die Gefahr des Mitnahmeeffekts durch eine falsche Einstufung weiter. Wenn Instrumente die Fähigkeit haben, Personen mit dem höchsten Risiko richtig vorauszusagen, sind sie nützlich für die Verbesserung präventiver Maßnahmen. Eventuell könnte ein „strukturiertes Profiling" mit wiederholter Risikoeinstufung, zum Beispiel alle 6 Monate, eine falsche Einstufung vermeiden. Bei der Meldung neuer Arbeitsuchender würden nur solche mit der höchsten Risikopunktzahl frühe Unterstützung erhalten. Nach einiger Zeit, wenn der Einstufungsprozess funktioniert hat und ein großer Teil der Arbeitslosen nicht mehr als solche gemeldet sind, könnte bei einer zweiten Einstufung eine weitere Gruppe identifiziert werden, für die ein weniger großes Risiko besteht. Zu diesem Stadium können eventuell die Erfahrungen bei der Arbeitsuche aus der ersten Phase der Arbeitslosigkeit ausgewertet werden, um festzustellen, ob nur Pech oder spezifische Gründe eine Wiedereingliederung verhindert haben.

Die Auswirkung des Profiling kann qualitativer wie quantitativer Art sein. Unterstützung bei der Entscheidungsbildung durch formelle Prüfung der Kriterien wird auf jeden Fall die Qualität verbessern, wenn die Kriterien gut definiert und objektiv festgestellt werden. Es könnte die Gefahr bestehen, dass Profiling-Instrumente lediglich für die Rationierung knapper Ressourcen durch festgelegte Schwellen verwendet werden, wobei nur die Personen mit den höchsten oder niedrigsten Punktzahlen Zugang zu Arbeitsplätzen oder Unterstützung durch beschäftigungspolitische Maßnahmen erhalten. Wenn zum Beispiel die Arbeitsämter ihre Politik einschränkten, freie Stellen mit Arbeitsuchenden mit niedrigen Risikopunktzahlen zu besetzen, dann könnte das Profiling eine *self-fulfilling prophecy* auf Personen mit hohem Risiko haben und bestimmte Gruppen vom Zugang zur Beschäftigung ausschließen. Deshalb erscheint eine Revision der

Ergebnisse, wenn sie ungerecht oder nicht mehr auf dem neuesten Stand sind, auf jeder Stufe der Arbeitslosigkeit notwendig.

Wegen der Risiken, die der Arbeitsuche innewohnen, wird selbst ein gutes Instrument zumindest in gewissem Ausmaß zu einer inkorrekten Einstufung führen. Selbst unter den Arbeitsuchenden, die in der Regel nicht als potentielle Langzeitarbeitslose gelten, werden einige keine Arbeit finden und langzeitarbeitslos werden. Deshalb müssen einige Mittel für die Unterstützung von Langzeitarbeitslosen zur Verfügung stehen, selbst wenn die Arbeitsämter systematisch eine Strategie des frühen Eingreifens verfolgen.

Allgemein wird die Arbeitslosigkeitsdauer in einer einzigen ununterbrochenen Zeitspanne gemessen. Die Gesetzgebung mancher Länder legt jedoch fest, dass diese Zeitspanne unterbrochen ist, wenn ein Arbeitsloser für den Arbeitsmarkt nicht zur Verfügung steht. Das können Zeiten sein, in denen er an Fortbildungsmaßnahmen teilnimmt, oder Krankheitszeiten. Auch Arbeit im Rahmen eines befristeten Vertrages für eine kurze Zeitspanne oder eine erfolglose Probezeit unterbricht die Zeitspanne der Arbeitslosigkeit, so dass anschließend eine neue beginnt. Wenn die Unterbrechung vor Ablauf von 12 Monaten erfolgt, werden diese Zeiten nicht für die Langzeitarbeitslosigkeit angerechnet, obwohl der Arbeitsuchende für einen längeren Zeitraum arbeitslos ist[24]. Ein Rückgang der Übertritte in Langzeitarbeitslosigkeit bedeutet deshalb nicht zwangsläufig, dass präventive Hilfe erfolgreich war, wenn der Effekt nur durch Unterbrechungen verursacht wird und nicht durch stärkere Abgänge in Arbeit. Profiling-Instrumente sollten wiederholte Zeitspannen der Arbeitslosigkeit oder eine Definition der Langzeitarbeitslosigkeit im umfassenderen Sinne berücksichtigen[25].

Wenn ein frühes Eingreifen gegen die Langzeitarbeitslosigkeit ein Prärogativ ist, dann werden Richtlinien benötigt, um Risikogruppen,

---

24 Für Deutschland ist die Langzeitarbeitslosenquote, die aus ununterbrochenen Zeitspannen in Arbeitslosenmeldungen berechnet wird (1999: 34,6 Prozent), niedriger als die Rate der Arbeitsmarkterhebung (54,9 Prozent), die auf Fragen an den Arbeitsuchenden beruht. Die Zeit der Arbeitslosigkeit des Einzelnen ist offensichtlich länger als die offiziell angeführte Zeitspanne.

25 Angesammelte Dauer der Arbeitslosigkeit in den letzten drei Jahren oder Zeit ohne Erwerbstätigkeit seit Beginn der Arbeitsuche.

die Zeit des Eingreifens und die Art der Unterstützung festzulegen. Profiling-Instrumente können eine nützliche Rolle bei der systematischen Anwendung der Richtlinien spielen. Es ist jedoch zu fragen, welche Auswirkung eine Strategie des frühen Eingreifens haben kann. Für den Einzelnen kann eine frühe Unterstützung Demotivierung und Resignation als Folge einer erfolglosen Arbeitsuche vermeiden. Sie kann helfen, Fähigkeiten und Qualifikationen und somit die Beschäftigungsfähigkeit zu verbessern. Sie kann zu früherer Wiederbeschäftigung führen, obwohl niemand weiß, wann es ohne dieses Eingreifen dazu gekommen wäre. Das lässt sich nur durch kontrollierte Experimente für Gruppen mit und ohne Eingreifen feststellen. Auf makroökonomischer Ebene würde ein frühes Eingreifen kaum mehr Arbeitsplätze schaffen als spätes oder gar kein Eingreifen. Das könnte zu einer Neuordnung der Warteschlange für Arbeitsplätze führen und die Schnellspur für Personen mit potentiellem Risiko, langzeitarbeitslos zu werden, frei machen, während die mit geringerem Risiko länger warten müssen. Bestenfalls würde das eine Verteilung der Arbeitslosigkeitsdauer mit weniger Varianz und weniger heterogenen Beschäftigungschancen ergeben. Das wäre tatsächlich ein gutes Ergebnis im Sinne der Politik der Chancengleichheit und im Blick auf das Ziel, Ausschluss von Einkommen und von der sozialen Sicherheit zu vermeiden.

Kapitel III

Arbeitnehmer und Arbeitgeber: Zwei Akteure der Beschäftigungsfähigkeit

PATRICK BOLLÉROT[1]

1. Einleitung

Das Wort Beschäftigungsfähigkeit steht zwar noch nicht in allen Wörterbüchern und Gesetzestexten, wird jedoch seit Anfang der neunziger Jahre immer häufiger benutzt. Für diesen Begriff, der erstmals Anfang des letzten Jahrhunderts verwendet wurde, gibt es mehrere Definitionen, je nachdem ob er von Ärzten, Statistikern, Sozialarbeitern, verschiedenen Akteuren der Beschäftigungspolitik oder Managern von Humanressourcen verwendet wird.

Der Begriff Beschäftigungsfähigkeit im Sinne der Fähigkeit zur beruflichen Eingliederung tauchte in der Sprache der Europäischen Gemeinschaft in der zweiten Hälfte der neunziger Jahre auf. Seitdem hat die Europäische Kommission die Beschäftigungsfähigkeit zu einem Schwerpunkt ihrer Beschäftigungsstrategie gemacht, und auf dem Sondergipfel des Europäischen Rates über Beschäftigungsfragen in Luxemburg im November 1997[2] mit Beginn des Jahres 1998 zur ersten ihrer beschäftigungspolitischen Leitlinien gemacht.

Beschäftigungsfähigkeit ist ein komplexer und in ständigem Umbruch befindlicher Begriff, der häufig als Mittel zur Analyse und zum Verständnis der Auswahlprozesse der Arbeitsuchenden auf dem Arbeitsmarkt (Einschätzung der Wahrscheinlichkeit der Wiedereingliederung unter Berücksichtigung von Alter, Geschlecht, Erfahrung, Qualifikation, sozialen oder gesundheitlichen Behinderungen) und

---

1 Union nationale interprofessionnelle pour l'emploi dans l'industrie et le commerce (UNEDIC), Paris, Frankreich.
2 Schlussfolgerungen der Präsidentschaft; Sondersitzung des Europäischen Rates über Beschäftigungsfragen (20. und 21. November 1997).

als Element der internen Verwaltung der Humanressourcen in den Unternehmen (Beurteilung des Wissens, das ein Arbeitnehmer für die Erfüllung der Aufgaben benötigt, die mit seiner Stelle, seiner Beschäftigung oder seinem Beruf verbunden sind) verwendet wird.

Beim Zusammenfluss dieser beiden Verwendungen dient der Begriff Beschäftigungsfähigkeit auch zur Feststellung der Fähigkeiten, die der Beschäftigte im Unternehmen erworben oder entwickelt hat und die ihm ermöglichen, den Erfordernissen des Unternehmens weiterhin gerecht zu werden oder sich um eine Stelle außerhalb des Unternehmens zu bewerben, in dem er tätig ist.

Die Beschäftigungsfähigkeit einer Person ergibt sich aus einer Fülle von positiven Faktoren, die seine Fähigkeit schaffen, eine Beschäftigung zu erhalten oder zu behalten. Manche dieser Elemente ergeben sich aus Fähigkeiten, die außerhalb der beruflichen Tätigkeit (Grundausbildung[3] und Berufsausbildung) und anderen im Unternehmen gewonnenen Erfahrungen und Fähigkeiten erworben wurden. Die Förderung der Beschäftigungsfähigkeit, die als Instrument zur Bekämpfung der Arbeitslosigkeit gilt, kann während der Arbeitssuche (für Arbeitsuchende und Arbeitslose) und präventiv im Verlaufe der beruflichen Tätigkeit im Unternehmen (bei der Einstellung, während der Ausführung des Arbeitsvertrages oder bei Gefahr einer Entlassung) aktiviert werden.

Zwar ist der Begriff Beschäftigungsfähigkeit der Arbeitslosen, der Personen, die einen ersten Arbeitsplatz oder eine neue Stelle suchen, heute Gegenstand zahlreicher Studien und Diskussionen, doch ist festzustellen, dass über die Erhaltung oder Entwicklung der Beschäftigungsfähigkeit der Arbeitnehmer, von ihrem Eintritt in ein Unternehmen bis zu ihrem Ausscheiden, keine sehr umfangreiche Literatur vorliegt. In diesem Beitrag soll deshalb auf die Anwendung des Begriffs Beschäftigungsfähigkeit im Unternehmen näher eingegangen werden, indem Rolle und Verantwortung der Akteure, Arbeitnehmer wie Arbeitgeber, definiert und Inhalt und Tragweite der Maß-

---

3   Die Gefahr, arbeitslos zu werden, ist in der Europäischen Union im Durchschnitt zu einem Verhältnis von 2:1 unterschiedlich, je nachdem ob jemand einen Universitätsabschluss besitzt oder bestenfalls die obligatorische Ausbildung absolviert hat (Eurostat).

nahmen beschrieben werden, die diesbezüglich ergriffen werden können.

Die Beschleunigung des technischen Fortschritts in den Unternehmen und die Globalisierung der Wirtschaft haben zur „Flexibilisierung" der Organisationen und der Arbeit geführt, um besser und rascher auf die Erfordernisse des Marktes zu reagieren. Der Arbeitnehmer muss sich in einem solchen Kontext ständig an die Veränderungen anpassen können, indem er seine Fähigkeiten entsprechend den sich ständig verändernden Erfordernissen des Unternehmens verbessert.

„Welche Alternative gibt es zu der nicht mehr zeitgemäßen Zusage einer Karriere?" fragten sich im Oktober 1998 die französischen Arbeitgeber auf ihrem Kongress, der sich mit dem Management von Fachkenntnissen befasste.

Da heute davon ausgegangen wird, dass Arbeitnehmer in ihrem Arbeitsleben ihre Beschäftigung oder gar ihren Beruf mehrere Male wechseln, müssen sie ständig ihre Beschäftigungsfähigkeit erhalten, damit sie gute Chancen haben, sich nach der Unterbrechung ihres Berufslebens wiedereingliedern zu können. Das Unternehmen muss ihnen die Mittel dazu bieten. Was ist zu tun, damit das Unternehmen über die notwendigen Fachkenntnisse verfügt, um in einer sich ständig verändernden Situation wettbewerbsfähig zu bleiben und gleichzeitig seinen Beschäftigten die Möglichkeit zu geben, eine Beschäftigung zu behalten oder wieder zu finden? Arbeitgeber und Arbeitnehmer müssen sich deshalb gemeinsam um die Beschäftigungsfähigkeit bemühen. Auch wenn der Begriff Beschäftigungsfähigkeit in Unternehmen nur zögernd akzeptiert wird und auf Widerstände auf beiden Seiten stößt, stellt man dennoch fest, dass die Idee der Beschäftigungsfähigkeit in der Praxis oder in Texten anerkannt wird.

2. Der Bereich der Beschäftigungsfähigkeit im Unternehmen

2.1. Die Verantwortung für die Förderung der Beschäftigungsfähigkeit

2.1.1. Die Akteure der Beschäftigungsfähigkeit im Unternehmen

Bei der Durchführung von Maßnahmen und der Bereitstellung von Instrumenten zur Entwicklung der Beschäftigungsfähigkeit sind verschiedene Akteure des Unternehmens gefordert: Arbeitgeber und Arbeitnehmer oder deren Vertreter (Betriebsrat, Gewerkschaften).

Die Rolle des Arbeitgebers (Geschäftsleitung, Personalleiter, usw.) bei der Bereitstellung von Mitteln und Informationen zur Förderung der Beschäftigungsfähigkeit ist von vorrangiger Bedeutung. Der Arbeitgeber kann Informationen über die internen oder externen Orte und Gremien, die Orientierungshilfe oder Beratungsdienste leisten, sowie über Aus- und Fortbildung liefern, und er kann Reflexionen über das Thema Beschäftigungsfähigkeit organisieren. Er kann individuelle Instrumente zur Auswertung (Selbstauswertung, Bilanz der Fachkenntnisse, periodische Auswertungsgespräche) und zur beruflichen Entwicklung (Inventar der Fachkenntnisse) anbieten, die das Bewusstsein des Arbeitnehmers über seine Beschäftigungsfähigkeit fördern. Die Rolle der unmittelbaren Vorgesetzten ist von wesentlicher Bedeutung für die Förderung der Beschäftigungsfähigkeit auf täglicher Basis, auch wenn sich die Unternehmensleitung nicht ausdrücklich dazu geäußert hat. Bei ständigem Kontakt mit dem Einzelnen auf jeder Stufe seines Berufslebens sind die unmittelbaren Vorgesetzten am besten in der Lage, die Anzeichen einer eventuellen Nichtbeschäftigungsfähigkeit festzustellen, die Betreffenden darauf aufmerksam zu machen und sie dazu zu veranlassen, sich ihrer Verantwortung für die Gestaltung ihrer Zukunft bewusst zu werden.

Wenn sich Beschäftigte jedoch nicht persönlich und vorausschauend um eine Kenntnis der Entwicklungen und Erfordernisse des Unternehmens bemühen, wenn sie sich ihres wirtschaftlichen Beitrags zum Unternehmen nicht bewusst sind, wenn sie nicht die ihnen gebotenen Gelegenheiten ergreifen, dann laufen sie Gefahr, an den Rand gedrängt zu werden und die Chance zu verpassen, ihre Beschäftigungsfähigkeit zu erhalten und weiterzuentwickeln. Erhaltung und Entwicklung der Beschäftigungsfähigkeit erfordern einen für Neuerungen aufgeschlossenen Geist.

In Frankreich bietet das Gesetz zum Beispiel Beschäftigten mit mindestens fünfjähriger Berufserfahrung die Möglichkeit, ihre beruflichen Fachkenntnisse anerkannt zu bekommen, was eine Voraussetzung für den Erhalt eines Fachdiploms ist. Wenn der Arbeitnehmer von dieser Möglichkeit unterrichtet ist, liegt es an ihm, die notwendigen Schritte zu unternehmen, um diese Chance zur Anerkennung seiner Beschäftigungsfähigkeit zu nutzen.

Auch die Vertreter der Arbeitnehmer sind Akteure der Beschäftigungsfähigkeit im Unternehmen, denn sie haben eine wichtige Rolle zu spielen bei der Bewusstseinsbildung der Arbeitnehmer bezüglich deren Interessen und bei deren Sensibilisierung für die Notwendigkeit, ihre Beschäftigungsfähigkeit zu erhalten. Sie sind die Übermittler („go betweens") der Informationen, Agenten des Wandels und Aufseher der Achtung der Arbeitnehmerrechte und der Verpflichtungen der Unternehmensleitung. Die Sozialpartner können so als Relaisstationen fungieren, um auf pädagogische Weise die bei Konsultationen mit dem Betriebsrat gesammelten Informationen zu verbreiten. Sie können auch Abkommen mit dem Arbeitgeber abschließen (über die Schaffung von Beschäftigungsobservatorien, Unternehmensgruppen, Beschäftigungscenters, usw.), die den Prozess der Beschäftigungsfähigkeit im Leben des Unternehmens verankern.

2.1.2. Die europäischen Denkschulen

Wer hat für die Entwicklung der Beschäftigungsfähigkeit zu sorgen, der Arbeitnehmer oder der Arbeitgeber? Traditionell war das europäische Modell gespalten in diejenigen, die dies vor allem als Aufgabe der Arbeitnehmer ansahen, und diejenigen, die glaubten, dies falle weitgehend in den Verantwortungsbereich der Arbeitgeber.

Für die angelsächsischen Länder ist das vor allem Aufgabe der Arbeitnehmer, während die Arbeitgeber lediglich die beschäftigungsfähigsten Arbeitnehmer aussuchen, das heißt solche, deren Profil ihren Erfordernissen zu einem bestimmten Zeitpunkt am besten entspricht. Diese Auffassung von Beschäftigungsfähigkeit herrscht weiterhin in Staaten wie dem Vereinigten Königreich vor, auch wenn es selbst in diesem Land bisher keine Standarddefinition des Begriffs gibt[4].

Im rheinischen Kapitalismus gewährt hingegen der Arbeitgeber dem Arbeitnehmer eine Ausbildung als Gegenleistung für dessen Treue zum Unternehmen. Doch sowohl die eine als auch die andere dieser theoretischen Sichtweisen enthält Schwächen, die heute durch die Beschleunigung des technischen Fortschritts und der Globalisierung der Wirtschaft noch verstärkt werden. Beim ersten Modell kann das Unternehmen, das sich nicht um die Beschäftigungsfähigkeit seiner Beschäftigten kümmert, in manchen Sektoren und an manchen Stellen vor einem Mangel an qualifiziertem Personal stehen; das Erfordernis neuer Fertigkeiten, die notwendig sind, um den technischen Entwicklungen und der abwartenden Haltung der Arbeitgeber gerecht zu werden, die erst in letzter Minute einstellen, verbunden mit den Auswirkungen des Wirtschaftswachstums, das von einem Rückgang der Nachfrage nach Arbeitsplätzen begleitet ist, schafft heute in verschiedenen Berufen Schwierigkeiten, die für die Entwicklung der Unternehmen notwendigen Qualifikationen zu finden. Diese Situation wird nicht nur in Sektoren wie Informatik oder Spitzentechnologie festgestellt, sondern auch in anderen Berufen, in denen qualifiziertes Personal erforderlich ist wie im Baugewerbe, im Fremdenverkehr und in Banken. Im zweiten Modell ist das Unternehmen aufgrund von wirtschaftlichen und organisatorischen Zwängen gegen seinen Willen nicht mehr in der Lage, den ursprünglichen Sozialvertrag einzuhalten und seinen Beschäftigten die Sicherheit

---

4   In einer Untersuchung aus dem Jahre 1998 definiert das Bildungs- und Arbeitsministerium die Beschäftigungsfähigkeit als „die Fähigkeit, sich selbständig auf dem Arbeitsmarkt auf eine Weise zu entwickeln, dass der Betreffende durch die Beschäftigung sein Potential dauerhaft entfalten kann... Die Beschäftigungsfähigkeit hängt von Kenntnissen, Qualifikationen und Verhaltensweisen ab, von der Art, wie man diese nutzt und wie man sie dem Arbeitgeber präsentiert".

des Arbeitsplatzes zu garantieren. Diese müssen ihre Zukunft dann selbst in die Hand nehmen und können sich nicht mehr allein auf die Initiative des Arbeitgebers verlassen.

Ein drittes europäisches Modell scheint somit zu entstehen, das die Beschäftigten und den Arbeitgeber in gemeinsamer Verantwortung und einer Interessengemeinschaft zur Durchführung von Maßnahmen zusammenbindet, die für die Erhaltung und die Entwicklung der Beschäftigungsfähigkeit im Unternehmen notwendig sind.

2.1.3. Die Verantwortung des Arbeitnehmers

Ungeachtet dessen, ob der Arbeitgeber eine soziale Verantwortung über seine rein wirtschaftliche Rolle hinaus anerkennt und seinen Beschäftigten die Mittel zur Erhaltung ihrer Beschäftigungsfähigkeit gibt, bleibt dem Arbeitnehmer auf jeden Fall eine persönliche Verantwortung für die Erhaltung seiner Beschäftigungsfähigkeit. Ohne eigene Initiative riskiert er, sich selbst vom Unternehmen auszuschließen, weil er nicht mehr dessen Erwartungen erfüllt, und sich auf dem Arbeitsmarkt zu isolieren, falls er später eine Arbeit suchen muss. Der Beschäftigte bleibt jedenfalls teilweise Herr seines beruflichen Geschicks.

Überall liegt die Verantwortung für die Beschäftigungsfähigkeit zunächst beim Arbeitnehmer, und allgemein wird akzeptiert, dass die Verantwortung des Arbeitgebers auf die Entwicklung der Fähigkeiten beschränkt ist, die für den Erfolg des Unternehmens notwendig sind. In Finnland zum Beispiel besteht keine Verpflichtung zur Erhaltung der Beschäftigungsfähigkeit im eigentlichen Sinne, auch wenn eine Anzahl von Arbeitgebern, die sich von Mitarbeitern trennen müssen, diesen verschiedene Mittel zur Verfügung stellen, um ihre anderweitige interne Beschäftigung mit Hilfe von Arbeitsvermittlungen oder durch Zuhilfenahme von privaten spezialisierten Organisationen zu erleichtern; dabei kann es sich um Ausbildung, Outplacement, Hilfe bei der Arbeitsuche, Versetzung in andere Unternehmen des Konzerns, usw. handeln.

Man kann jedoch feststellen, dass es zu einem strukturellen Abgleiten in die Beschäftigungsunfähigkeit kommen kann, wenn der

Arbeitnehmer von seinem Arbeitgeber zu stark verantwortlich gemacht wird, zum Beispiel wenn ihnen Projekte übertragen werden,
die einzig den unmittelbaren Erfordernissen des Arbeitergebers dienen. Das ist der Fall, wenn die den Beschäftigten überlassene Wahl
der Ausbildung ausschließlich vom unmittelbaren Gewinnstreben
statt von einem langfristigen Plan bestimmt wird. Ebenso kann eine
Unternehmerstrategie des Laisser-faire dazu führen, dass die fähigsten Beschäftigten bevorzugt behandelt werden gegenüber solchen,
die ein weniger gutes Verständnis des Unternehmens und ihrer Unzulänglichkeiten in Bezug auf die Beschäftigungsfähigkeit haben.

Es kann sogar dazu kommen, dass ein Arbeitnehmer seine eigene Entlassung aufgrund beruflicher Unzulänglichkeiten akzeptiert,
insbesondere bei einem Management, das allein auf Zielsetzungen
ausgerichtet ist. Das ist der Fall in manchen Unternehmen, wo lei-
tende Angestellte selbst ihren beruflichen Werdegang in die Hand
nehmen müssen. Es ist an ihnen, zum Beispiel an der internen
„Arbeitsbörse" des Unternehmens eine Stelle zu finden, die ihren
Fachkenntnissen entspricht, und sich darum zu bewerben. Wenn
der Betreffende ausgewählt wird und dann scheitert, fügt er sich
selbst Schaden zu und wird es schwer haben, eine zweite Chance zu
bekommen. Wenn er für keine Stelle angenommen wird, ist es üb-
lich, dass er selbst das Unternehmen verlässt. In beiden Fällen wird
er selbst dazu gebracht, seine Nichtbeschäftigungsfähigkeit und
mangelnde Eignung für das Unternehmen festzustellen und daraus
Konsequenzen zu ziehen.

Instrumente, die den Beschäftigten ursprünglich zur Verfügung
gestellt wurden, um ihnen zu helfen, ihre Beschäftigungsfähigkeit
einzuschätzen, können auch zu entgegengesetzten Ergebnissen als
den erwarteten führen. Dies ist beispielsweise der Fall, wenn eine
Bestandsaufnahme der Fachkenntnisse gemacht wird, die im Prinzip
dazu bestimmt ist, die Mobilität auf dem Arbeitsmarkt und von einem
Unternehmen zu einem anderen zu fördern. Diese Bestandsaufnahme soll dem Arbeitgeber bei der Einstellung ermöglichen, die gesamten Kenntnisse und Fertigkeiten (Auftreten, Know-how) des Kandidaten
festzustellen und nicht nur die in Zeugnissen und Diplomen ausge-
wiesenen Fähigkeiten. Doch das dabei mögliche willkürliche Element und die Aufzeichnung von negativen Beobachtungen, vor allem

im Falle von Konfliktsituationen, schaffen das Risiko, dass die Beschäftigungsfähigkeit des Betreffenden verringert wird und dessen Bemühungen um eine anderweitige Beschäftigung behindert werden.

2.1.4. Die Verantwortung des Arbeitgebers

Für den französischen Arbeitgeberverband bedeutet „Verantwortlichmachung nicht nur zu befreien, die Initiative zu fördern, aus dem Beschäftigten einen Projektträger zu machen, sondern auch, ihm ungeachtet seines Qualifikationsniveaus ein Recht auf Mitsprache in seiner Arbeitsumwelt zu geben".

Wenn die Arbeitgeber weder die Vollzeitbeschäftigung noch die Sicherheit des Arbeitsplatzes mehr garantieren können, die früher den normalen Sozialvertrag darstellten, können sie dann nicht zumindest die Zusage geben, dass sie ihren Beschäftigten unter allen Umständen die bestmöglichen Mittel zusichern, beschäftigungsfähig zu bleiben, ihre Fähigkeiten sowohl intern als auch im Falle einer unvermeidlich gewordenen Trennung zu erhalten, um ihre Chancen auf einen Arbeitsplatz in einem anderen Unternehmen zu bewahren? Das Unternehmen, das einen Beschäftigten nicht behalten kann, würde ihm dann eine Art „Pass" geben, der ihm eine Einstellung in anderen Unternehmen ermöglichen würde.

Selbst wenn das Unternehmen glaubt, dass die Erhaltung der Beschäftigungsfähigkeit seiner Beschäftigten keine soziale Verpflichtung ist, kann es dennoch dazu gebracht werden, diese im wohlverstandenen Interesse seines wirtschaftlichen Erfolges zu fördern. Denn die Beschäftigungsfähigkeit zu *verwalten* bedeutet auch, dem Unternehmen die Mittel zur Schaffung der Fähigkeiten zu geben, die es ihm ermöglichen, in einer sich verändernden Umwelt wettbewerbsfähig zu bleiben, seine Leistungsfähigkeit zu verbessern und gleichzeitig seinen Beschäftigten indirekt zu erlauben, eine Beschäftigung zu behalten oder wiederzubekommen. Deshalb halten es viele Arbeitgeber nunmehr für wichtig, in die berufliche Entwicklung ihrer Beschäftigten zu investieren und sie in die Funktionsweise und die Ziele des Unternehmens einzubeziehen und ihre Fachkenntnisse zu fördern, um ein langfristiges Wachstum des Unternehmens zu ge-

währleisten. „Die Entwicklung der Wettbewerbsfähigkeit des Unternehmens, u. a. durch die intelligent geführte Förderung der Beschäftigungsfähigkeit des Einzelnen, fördert die Innovation und schafft mehr Gelegenheiten für das Unternehmen. Durch Ausweitung seines Wachstumspotentials schafft das Unternehmen Arbeitsplätze[5]."
Die Entwicklung der Beschäftigungsfähigkeit wird jedoch um so eher Arbeitsplätze schaffen, wenn sie in den Entwicklungsbedarf des Unternehmens integriert ist und sein Wachstum fördert.

Bei der allein auf die Interessen des Einzelnen ausgerichteten Beschäftigungsfähigkeit besteht die Gefahr, dass dieser seine neuen Fähigkeiten in einem anderen Unternehmen anbietet, wo er den Platz eines Beschäftigten einnehmen würde, dessen Beschäftigungsfähigkeit geringer als die seine ist (Phänomen der „Warteschlange").

Auch wenn es gute Gründe geben mag, die den Arbeitgeber veranlassen könnten, sich für die Beschäftigungsfähigkeit zu engagieren, so fehlt es nicht an Beispielen der nachteiligen Auswirkungen, wenn es keine Politik der Beschäftigungsfähigkeit gibt. Ein Beispiel ist, wenn der Beschäftigte keinerlei Ausbildung erhält, die es ihm ermöglichen würde, sich an die technischen Entwicklungen anzupassen, oder in dem Falle, wo er in einem begrenzten Fachbereich gefangen bleibt, den die Entwicklung des Marktes schließlich überflüssig macht. „Wie kann man übersehen, dass die schwache Beschäftigungsfähigkeit mancher Beschäftigter, die von sich umstrukturierenden Großunternehmen nach 30 Jahren guter und treuer Dienste entlassen werden, nur das Ergebnis einer langen Politik der Vernachlässigung ist[6]?"

Viele Unternehmen glauben, dass zur Bewahrung ihrer Wettbewerbsfähigkeit zunächst einmal eine massive Senkung ihrer Kosten erforderlich ist. Die Erhaltung der Beschäftigungsfähigkeit erfordert hingegen eine bedeutende finanzielle Investition, während die Reduzierung des Personals eine sofortige Einsparung mit sich bringt. Begrüßt die Börse nicht häufig die Ankündigung von massiven Umstrukturierungen durch einen starken Anstieg der Aktienkurse? Den-

---

5   Concetta Lanciaux: Personalleiterin des französischen Konzerns LVMH.
6   Bernard Gazier, Universität Paris I und CNRS, 1990: „L'employabilité: brève radiographie d'un concept en mutation". *Sociologie.*

noch ist festzustellen, dass der Personalabbau allein keine Strategie
sein kann und dass die Unternehmen, die bei ihrem Streben nach
Wettbewerbsfähigkeit vor allem die Entwicklung von Fachkenntnissen fördern, ein stärkeres Wachstum erleben als diejenigen, die ihre
Ergebnisse allein durch Einsparungen zu verbessern versuchen.

Schließlich gibt es – wenn auch seltene – Fälle in Bereichen wie
der Informatik oder der Spitzentechnologie, wo die Arbeitgeber zögern, die Beschäftigungsfähigkeit ihrer bestqualifizierten Beschäftigten vor allem durch regelmäßige Weiterbildung zu fördern, weil sie
befürchten, dass diese dann mit ihren Kenntnissen zu anderen Unternehmen abwandern.

2.2. Beschäftigungsfähigkeit: Ein in Unternehmen
noch wenig genutztes Konzept

Der Begriff Beschäftigungsfähigkeit hat in der Unternehmersprache
Eingang gefunden, bleibt jedoch häufig noch informellen Diskussionen vorbehalten, *da in offiziellen Dokumenten und Abkommen
zwischen den Sozialpartnern ausgeschlossen.* Auch wenn „das Wort
Hund noch nie gebissen hat", so löst das Wort Beschäftigungsfähigkeit
weiterhin ein gewisses Misstrauen sowohl bei Arbeitgebern als auch
bei Arbeitnehmern oder deren Vertretern aus, auch wenn es auf
aufrichtiges Interesse stößt.

2.2.1. Die Befürchtungen der Arbeitnehmer

Obwohl die Arbeitnehmer einräumen, dass die Anerkennung ihrer
Fachkenntnisse und die Möglichkeit zu deren Entwicklung von Interesse ist, befürchten sie vor allem, dass die Einführung des Begriffs
Beschäftigungsfähigkeit dazu dient, die Prioritäten für eine Entlassung festzulegen, da der Begriff gleichzeitig auch den der Nichtbeschäftigungsfähigkeit impliziert. Wenn es manchen gelingt, ihre
Beschäftigungsfähigkeit zu fördern, was geschieht dann mit denen,
die diesen Weg nicht einschlagen können oder wollen? Die Beschäftigungsfähigkeit wird dann als potentieller Ausgrenzungsfaktor er-

lebt. Die Beschäftigten machen sich ferner Sorgen in Bezug auf das Risiko willkürlicher Entscheidungen und das Fehlen von objektiven Kriterien bei der Beurteilung der Beschäftigungsfähigkeit durch den Arbeitgeber. Die Beschäftigungsfähigkeit würde eher von persönlichen Qualitäten abhängen als von Wissen und Know-how, und weniger Garantien der Objektivität bieten.

Letztlich würde die Beschäftigungsfähigkeit eines Beschäftigten nur dadurch bewiesen, dass ihm eine dieser Beschäftigungsfähigkeit entsprechende Stelle angeboten würde. Solange die Stelle nicht besetzt ist, ist die Beschäftigungsfähigkeit nicht anerkannt. Für ihre entschiedensten Gegner wäre das Urteil über die Beschäftigungsfähigkeit eines Beschäftigten während der Vertragszeit bestenfalls unnütz und schlimmstenfalls ein Druckmittel, um die tarifvertraglich festgelegten Garantien zu umgehen.

Die Beschäftigten befürchten auch, dass sie nicht mehr gleichberechtigt auftreten können, da manche – aus persönlichen oder beruflichen Gründen – eher in der Lage sind, Möglichkeiten zur Verbesserung ihrer Beschäftigungsfähigkeit zu erkennen. Ebenso befürchten sie, dass die Arbeitgeber versucht sein könnten, vorrangig die Beschäftigungsfähigkeit derjenigen Beschäftigten zu fördern, die die besten Voraussetzungen für ein persönliches Engagement bieten. Anders gesagt die Beschäftigungsfähigkeit einer Person könnte aufgrund der in ihr innewohnenden Fähigkeit beurteilt werden, ihre Beschäftigungsfähigkeit zu entwickeln.

2.2.2. Die Arbeitgeber benutzen den Begriff Kompetenz

Heute setzen sich nur wenige der Unternehmen, die im Bereich der Beschäftigung eine soziale Verantwortung für sich akzeptieren, offen für die Beschäftigungsfähigkeit ein. Selbst von denen, die dies tun, sehen manche darin manchmal nur ein Mittel, um ihr Image in der Öffentlichkeit und bei den staatlichen Behörden zu fördern, indem sie ein Interesse an der Beschäftigungsförderung vorgeben. Andere verwenden den Begriff lediglich, um auf den Beschäftigten die alleinige Verantwortung für seine Anpassung oder Nichtanpassung an die notwendige Flexibilität des Unternehmens abzuwälzen. Umgekehrt bringen Unternehmen, ohne den Begriff ausdrücklich zu benutzen, die Beschäftigungsfähigkeit in Anwendung.

Auch wenn der Begriff Beschäftigungsfähigkeit von Arbeitgebern immer mehr benutzt wird, zieht das Unternehmen häufig den Begriff Kompetenz im Sinne von beruflichen Qualitäten vor, die zur Ausübung einer Tätigkeit erforderlich sind. Unter Kompetenz versteht man die Summe der Verhaltensweisen des Einzelnen (Knowhow und Auftreten), die der Beschäftigte im Rahmen seiner beruflichen Tätigkeit zum Ausdruck bringt. Die Beschäftigungsfähigkeit der Beschäftigten gilt in diesem Fall als eine eventuelle Umsetzung der im Unternehmen entwickelten Kompetenzen auf dem Arbeitsmarkt: Die Beschäftigungsfähigkeit wird ein Nebenprodukt der Kompetenz. Dem Verlust der Beschäftigungsfähigkeit auf dem Arbeitsmarkt, der zu Arbeitslosigkeit und Ausgrenzung führt, ginge der Verlust der Kompetenz im Unternehmen voraus. Umgekehrt würde die Erhaltung der Kompetenz im Unternehmen dem Beschäftigten seine Unabhängigkeit, das heißt eine Verhandlungsstärke im Unternehmen und auf dem Arbeitsmarkt, gewährleisten.

Die jeweiligen Rollen des Arbeitgebers und des Beschäftigten beim Prozess des Aufbaus der Kompetenzen werden somit wie folgt verteilt: Der Beschäftigte ist für den Erwerb und die Erhaltung seiner Kompetenz mitverantwortlich, und der Arbeitgeber erklärt sich bereit, diese zu entwickeln und anzuerkennen. Dem Unternehmen käme die Aufgabe zu, die Fertigkeiten eines jeden festzustellen, zu managen und in Mitverantwortung mit den Beschäftigten die Kompetenz des Einzelnen zu erhalten. Den Sozialpartnern käme die Aufgabe zu, in einem Fachdiplom ausgewiesene Qualifikationen anzukennen; diesem Schema zufolge sollte die erforderliche Koordination zwischen Kompetenz und Qualifikationen mit dem Arbeitgeber ausgehandelt werden. Die Einschätzung der Fertigkeiten gemäß den Erfordernissen des Unternehmens würde es ermöglichen, Entwicklungen stärker den Realitäten anzupassen, als es eine statische Anerkennung auf der Grundlage eines Diploms vermag, das vom innerstaatlichen Bildungssystem über die Grundausbildung oder die berufliche Ausbildung außerhalb des Unternehmens vergeben wird.

In der Tat würden im Rahmen des Begriffs Kompetenz gemeinsame objektive Interessen Arbeitgeber und Arbeitnehmer zusammenbringen, was die Verbesserung der Leistungsfähigkeit des Unternehmens und eine tatsächliche Entwicklung der Beschäftigungsfähigkeit der Beschäftigten ermöglichen würde. Weil die Beschäftigungsfähigkeit jedoch den Rahmen des Unternehmens überschreitet und die Kompetenzen des Arbeitnehmers betrifft, einen Arbeitsplatz zu finden, würde sie sich der direkten Verantwortung des Arbeitgebers entziehen. Die Kompetenz hingegen würde in seinen Verantwortungsbereich fallen, da sie nur am Arbeitsplatz festzustellen sind. Anders gesagt: Die Beschäftigungsfähigkeit hängt letztlich nicht vom Unternehmen ab, sondern von der Situation auf dem Arbeitsmarkt, und in Zeiten der Vollbeschäftigung sind die meisten beschäftigungsfähig. Führt man nicht das Beispiel der Frauen an, die im 1. Weltkrieg plötzlich nicht mehr nichtbeschäftigungsfähig waren, sondern beschäftigungsfähig wurden, weil nur sie zur Verfügung standen, als die Männer an der Front waren? Umgekehrt ist in einem Kontext der Massenarbeitslosigkeit Beschäftigungsfähigkeit nicht mit Beschäftigung gleichzusetzen, sondern sie ist lediglich die Anerkennung einer günstigen Position auf einem begrenzten Arbeitsmarkt. Manche glauben übrigens, dass „der Begriff Beschäftigungsfähigkeit dann verwendet wird, wenn das Prinzip der Vollbeschäftigung als sozioökonomisches Optimum in Frage gestellt wird[7]".

Diese Definition der Kompetenz führt schließlich zu einer Entwertung des Know-how, das traditionell auf den entsprechenden Qualifikationen und Einstufungen beruht, die in Tarifverträgen festgelegt sind, zugunsten des Auftretens, das nur im Unternehmen offenbar wird. Diese Entwicklung zur Individualisierung ist natürlich der von den Unternehmen angestrebten Flexibilität förderlich und führt zu einer Personalisierung der vertraglichen Beziehungen, die, wenn sie ohne Erhaltung oder Schaffung von Sicherheitsgarantien erfolgt, den Status des Beschäftigten im Unternehmen gefährden könnte. So ist festzustellen, dass die Idee von außertariflichen Verträgen seit Anfang der neunziger Jahre überall an Boden gewinnt, und insbesondere dass dazu übergegangen wird, nicht mehr die Tätigkeiten zu bezahlen, sondern die Kompetenzen.

---

7   Didier Stephany, 1996: „L'employabilité des usages d'un mythe". *Entreprise et Personnel*, Oktober.

2.2.3. Modelle zur Förderung der Beschäftigungsfähigkeit

Bei den Unternehmen, die sich um eine Förderung der Beschäftigungsfähigkeit bemühen, unterscheidet man *drei* Modelle.

Zum *ersten* Modell zählen Unternehmen, die sich „dafür entscheiden", das Unternehmen von morgen mit den Beschäftigten von heute aufzubauen, denn diese sind in einem Sektor tätig, wo die Sicherheit des Arbeitsplatzes *de facto* oder *de jure* garantiert ist. Es handelt sich meistens um öffentliche oder halböffentliche Unternehmen in einem Sektor, in dem es keinen oder nur wenig Wettbewerb gibt. Gesetzlich verpflichtet, die Beschäftigten zu behalten, oder in dem Wunsche, eine fortschrittliche Sozialpolitik zu verfolgen, müssen sie ihr Personal intern bei dessen beruflichem Werdegang fördern, um ihre Leistungsfähigkeit und die Qualität ihrer Dienste oder Leistungen beizubehalten. In diesen Unternehmen bedeutet die Förderung der Beschäftigungsfähigkeit, das Personal auf die Tätigkeiten vorzubereiten und die interne Mobilität zu steuern. Die Erhaltung und Entwicklung von Kompetenz erfordert eine rechtzeitige Ausbildung und Anpassung der Beschäftigten, deren Berufe verschwinden oder sich entwickeln müssen. Es geht darum, im Voraus festzustellen, welche neuen Berufe entstehen und welche verschwinden werden, die vorhandenen Kompetenzen und die zu schaffenden einzuschätzen, die notwendigen Ausbildungen zu planen und die leistungsfähigsten Organisationsstrukturen zu schaffen.

Zum *zweiten* Modell gehören Unternehmen mit sehr hohem Personalwechsel, die sehr den raschen Schwankungen des Marktes ausgesetzt sind. Die Unternehmen, die diese nicht voraussehen konnten, stellen den betroffenen Beschäftigten entweder eine Hilfe oder Mittel zur Verfügung, damit sie eine Tätigkeit in einem anderen Unternehmen finden können. In diesem Fall liegt die Verantwortung für die Verbesserung der Beschäftigungsfähigkeit im Wesentlichen beim Beschäftigten selbst. Er kann in den Genuss von Ausbildungsprogrammen, freier Zeit oder Instrumenten für seine Arbeitsuche, Informationen über den Arbeitsmarkt, Begleitmaßnahmen usw. kommen. Es liegt an ihm, die angebotenen Gelegenheiten zu nutzen.

Die Unternehmen, die unter das *dritte* Modell fallen, haben gemeinsam, dass sie sehr flexibel sein müssen, um auf die Auswirkungen der Globalisierung und der technischen Entwicklung angemessen zu reagieren. Angesichts eines starken Wettbewerbs müssen sich ihre Konzeptions-, Fertigungs-, Vertriebs- und Managementmethoden ständig weiterentwickeln. Das Ziel dieser Unternehmen ist es, die Beschäftigten auf die Veränderungen der Arbeitsorganisation langfristig vorzubereiten und ihnen zu ermöglichen, sich entsprechend den Erfordernissen des Unternehmens weiterzuentwickeln. Der berufliche Werdegang des Einzelnen, der im Mittelpunkt der Interessen des Unternehmens steht, vollzieht sich im Rahmen eines Berufsspektrums (transversale berufliche Entwicklung). Man verwaltet keine Stellen mehr, sondern Menschen. Dieses Verfahren soll sicherstellen, dass die Beschäftigungsfähigkeit des Arbeitnehmers ständig angepasst wird, und bildet ein Mittel, um den Ausschluss aus dem Unternehmen zu verhindern. Der Beschäftigte muss eine quasi ökologische Fähigkeit zur Anpassung an sein berufliches Umfeld besitzen, um in einem veränderten Milieu überleben zu können.

Ein 1990 von einer bedeutenden französischen Unternehmensgruppe (Usinor-Sacilor) geschlossenes Abkommen ist ein Beispiel für das Management von Kompetenzen. Die Ausgangsidee ist, dass die berufliche Entwicklung nicht mehr von freien Stellen abhängig sein sollte, sondern von Kompetenzen, die als Anerkennung des praktischen Know-how definiert werden. Dies erforderte eine eingehende Überprüfung von Arbeitsstellen und die Umstrukturierung von Berufsspektren durch eine Zusammenfassung in Beschäftigungsformen, die selbst verschiedene Stellen umfassen. Die Anzahl der Beschäftigungsformen wurde dadurch spürbar verringert. Gleichzeitig wurden Verbindungslinien zwischen bisher hermetisch voneinander getrennten Berufen hergestellt, die jedoch ähnliche Fachkenntnisse erfordern. Diese Managementmethode hat die anderweitige Beschäftigung von Metallarbeitnehmern gefördert, als in der Metallindustrie aufgrund der Marktsituation Umstrukturierungen erforderlich wurden.

3. Das Eingreifen des Gesetzgebers

Nach der Europäischen Kommission haben sich vor allem auch die Medien, Politiker, Forscher, die beruflich mit Beschäftigung und Arbeitslosigkeit befassten Experten den Begriff Beschäftigungsfähigkeit zu Eigen gemacht. Dieser mag zwar noch nicht überall offiziell anerkannt sein – insbesondere ist er nicht gesetzlich definiert und nicht in Gesetzes- und Vertragstexten enthalten –, doch verweisen Recht und Rechtsprechung auf verschiedene Grundaspekte der Beschäftigungsfähigkeit.

Diese Aspekte, mit denen die Arbeitgeber konfrontiert werden können, umfassen in der Regel die Einstellungsbedingungen, die berufliche Weiterbildung, die anderweitige Beschäftigung und die Anpassung der Beschäftigten an die Entwicklung des Arbeitsmarktes.

3.1. Die Einstellungs- und Entlassungsbedingungen

Durch Festlegung von mehr oder weniger restriktiven Bedingungen des Rechtes des Arbeitgebers auf Einstellung und Entlassung nimmt der Gesetzgeber Einfluss auf den Arbeitsmarkt, indem er das Verhältnis Flexibilität/Beschäftigungsfähigkeit umgestaltet. Da die Beschäftigungsfähigkeit einer Person durch ihre Einstellung oder ihre Entlassung festgestellt worden ist (manche Autoren sprechen von „Attraktivität" des Arbeitnehmers in den Augen der potentiellen Arbeitgeber), gehört alles, was ihren Zugang zum Unternehmen oder ihren Verbleib in diesem fördert, zum Faktor Beschäftigungsfähigkeit.

Manche Staaten haben ihre Beschäftigungs- und Sozialschutzsysteme so organisiert, dass den Unternehmen eine Flexibilität ermöglicht und gleichzeitig den Arbeitnehmern und den Arbeitsuchenden der größtmögliche Sozialschutz gewährt wird. Eine zu starre Gesetzgebung oder ein unzureichendes Niveau des Sozialschutzes können negative Auswirkungen auf die Beschäftigung haben, denn das eine hält den Arbeitgeber davon ab, Personen einzustellen, und das andere verurteilt die Arbeitsuchenden zu Isolierung und Ausgrenzung.

Wie rigoros die Schutznormen gegen individuelle Entlassungen (ohne Verschulden des Beschäftigten) sind, wird häufig an drei Kriterien gemessen: Den Entlassungsverfahren, den Kündigungsfristen und den Abfindungen bei Entlassungen, der Definition von missbräuchlichen Entlassungen und den Strafmaßnahmen, die in einem solchen Falle angewandt werden. Am schärfsten sind die Bestimmungen über Entlassungen in den Niederlanden, wo der Arbeitsverwaltung alle Entlassungen zur Prüfung vorgelegt werden müssen. Im Allgemeinen besteht in den Ländern der Europäischen Union eine Kündigungsfrist, doch nicht alle Gesetzgebungen sehen Abfindungen vor, zum Beispiel in Finnland, Belgien, den Niederlanden, Deutschland und Schweden; vor allem in den beiden letzteren können die Tarifverträge Klauseln über Abfindungen enthalten. Bestimmte Gesetzgebungen machen die Zahlung von Abfindungen von der Betriebszugehörigkeitsdauer abhängig (Österreich, Dänemark, Irland, Vereinigtes Königreich). Diese Bedingungen, die Kategorien von Arbeitnehmern betreffen, deren Chancen auf einen neuen Arbeitsplatz gering sind, verstärken dadurch ihre Beschäftigungsfähigkeit im Unternehmen.

Die Situation der Beschäftigten in den Mitgliedstaaten der Europäischen Union im Falle einer Entlassung aus wirtschaftlichen Gründen nähert sich insbesondere aufgrund des Drängens der Kommission an. Das ist zum Beispiel der Fall bei „Verlagerungen von Unternehmen, Betrieben oder Betriebsteilen". Im Anschluss an die europäische Richtlinie von 1977 (1998 geändert), die die Beibehaltung der Rechte von Arbeitnehmern verankert und die Arbeitgeber, die ein anderes Unternehmen kaufen oder übernehmen, zur Übernahme aller Beschäftigten verpflichtet, haben sich die innerstaatlichen Rechtsprechungen den Entscheidungen des Gerichtshofes der Europäischen Gemeinschaften angeschlossen, und die Länder, die diese Verpflichtung noch nicht anerkannten, haben diese Garantie in ihre eigene Gesetzgebung aufgenommen.

Ebenfalls auf Anstoß einer europäischen Richtlinie, die 25 Jahre alt ist (1975), sind alle Mitgliedstaaten verpflichtet, jede Massenentlassung den staatlichen Behörden mitzuteilen und die Personalvertreter zu konsultieren; allerdings ist die Durchführung dieser Verpflichtung je nach Land sehr unterschiedlich, insbesondere bezüglich der Rolle der Personalvertreter bei der endgültigen Entscheidung.

In Bezug auf Massenentlassungen sind die Gesetzgebungen trotz allem immer noch weit voneinander entfernt. Die Anzahl der Entlassungen, bei denen die spezifischen Regelungen angewandt werden, schwankt zwischen 10 und 50. Die Bestimmungen sehen dann Wartezeiten vor Beginn der Kündigungsfrist oder zusätzliche Benachrichtigungen (des Betriebsrates oder der Arbeitsmarktbehörde) vor, die zusätzlich zu denen gelten, die für individuelle Entlassungen obligatorisch sind. Im Übrigen ergänzen bestimmte Maßnahmen wie Sozialpläne (siehe unten) und spezifische Abfindungen in manchen Fällen die Regelung. Diesbezüglich ist festzustellen, dass die skandinavischen Länder (Dänemark, Finnland, Schweden) sowie Irland und das Vereinigte Königreich im Gegensatz zu den anderen Staaten der Europäischen Union keine solchen Maßnahmen vorsehen.

Global sind die Länder Südeuropas (Griechenland, Italien, Portugal, Spanien) sowie Frankreich und Deutschland die Länder, die im Bereich des Beschäftigungsschutzes die strengsten Bestimmungen haben, während Dänemark, Irland und das Vereinigte Königreich die flexibelsten Gesetzgebungen haben[8].

Das Niveau des Beschäftigungsschutzes kann von einem hohen oder einem niedrigen Niveau des Sozialschutzes begleitet sein. Schematisch lassen sich die Länder der Europäischen Union in vier große Kategorien aufteilen[9]:

- Staaten wie Dänemark oder Österreich mit einem niedrigen Niveau des Beschäftigungsschutzes und einem hohen Niveau des Sozialschutzes;
- Staaten wie Italien mit einem hohen Niveau des Beschäftigungsschutzes und einem niedrigen Niveau des Sozialschutzes;
- Staaten mit einem niedrigen Niveau des Beschäftigungsschutzes und einem niedrigen Niveau des Sozialschutzes, zum Beispiel das Vereinigte Königreich und Irland;
- Staaten wie Deutschland, Frankreich und die Niederlande mit einem hohen Niveau des Beschäftigungsschutzes und einem hohen Niveau des Sozialschutzes.

8   Siehe *Beschäftigungsaussichten* der OECD, Juni 1999, S. 49 ff.
9   IAA gemäß der Untersuchung der IAA-*Überprüfungen der Beschäftigungspolitik der Länder*.

Es ist jedoch zu präzisieren, dass die Auswirkung des Verhältnisses Niveau des Beschäftigungsschutzes/Niveau des Sozialschutzes auf die Beschäftigungsfähigkeit der Arbeitnehmer auch von Begleitmaßnahmen zur Eingliederung oder anderweitigen Beschäftigung von Personen und von der innerstaatlichen Beschäftigungspolitik eines jeden Staates abhängt[10]. In Staaten mit niedrigem Beschäftigungsschutz wie dem Vereinigten Königreich sind die Arbeitgeber nicht gesetzlich verpflichtet, den Personen, denen gekündigt worden ist, bei der Suche nach einem neuen Arbeitsplatz zu helfen. Es gibt jedoch Bestimmungen, die die anderweitige Beschäftigung von Personen fördern, die nicht in dem Unternehmen bleiben können. So sieht das englische Recht für den Arbeitgeber eine Verpflichtung vor, dass sich Beschäftigte, denen gekündigt worden ist und die mindestens zwei Jahre im Unternehmen gearbeitet haben, während der Arbeitszeit die Zeit nehmen dürfen, um sich einen anderen Arbeitsplatz zu suchen (Vorstellungsgespräch, Fahrt, Tests, usw.), und gleichzeitig ihr volles Arbeitseinkommen weiterzubeziehen. Die Zeit der Abwesenheit muss „angemessen" sein, ohne dass das Gesetz ihre Dauer festlegt. Der Arbeitgeber, der dem Beschäftigten diese Abwesenheit oder die Weiterbezahlung für die Zeit seiner Abwesenheit verweigert, kann gerichtlich belangt werden, jedoch zu nicht mehr als zwei Fünftel des Wochenlohns verurteilt werden.

3.2. Die berufliche Weiterbildung

Die berufliche Weiterbildung ist immer noch das erste Mittel zur Förderung der Beschäftigungsfähigkeit. In allen Ländern haben die Unternehmen viel Ermessensspielraum, um die Modalitäten für den Zugang zu einer von ihnen finanzierten Ausbildung festzulegen. Sie sind die Hauptfinanzquelle für die Ausbildung ihres Personals, auch wenn sich der Staat und die Betreffenden an den Ausbildungskosten beteiligen. In Frankreich müssen die Arbeitgeber 1,5% der Lohn- und Gehaltssumme für die Ausbildung bereitstellen. Der Gesetzgeber stellt eine Liste von Bildungsmaßnahmen zusammen, die in den

10 Siehe *Beschäftigungsaussichten* der OECD, Juni 1999, S. 49 ff.

Geltungsbereich des Gesetzes über die Weiterbildung fallen. Dazu gehören insbesondere Maßnahmen zur Anpassung, zur Beförderung, zur Bewahrung, zum Erwerb, zur Erhaltung oder zur Vervollkommnung der Kenntnisse, ferner die Bilanz der Fähigkeiten, die es dem Arbeitnehmer erlauben, seine Fähigkeiten und Eignungen festzustellen und die beruflichen Entwicklungen innerhalb oder außerhalb des Unternehmens sowie die Mittel zur Erreichung der angestrebten Ziele zu definieren, insbesondere im Bereich der Ausbildung. Die Ausbildung kann vom Unternehmen oder von einem außenstehenden Organ erteilt werden, mit dem das Unternehmen einen Vertrag abschließt.

Ein Teil des Beitrags der Unternehmen zur Ausbildung wird in Form eines „Bildungsurlaubs" geleistet, der es dem Arbeitnehmer ermöglicht, eine Ausbildung zu erhalten, um „auf ein höheres Qualifikationsniveau zu gelangen, um die Tätigkeit oder den Beruf wechseln zu können, und um stärker am kulturellen und gesellschaftlichen Leben teilhaben zu können". In diesem Fall ist die Zustimmung des Arbeitgebers zum Inhalt der Ausbildung nicht erforderlich, denn diese Möglichkeit ist dazu bestimmt, die persönlichen Erwartungen des Beschäftigten zu erfüllen, seien sie beruflicher Art oder nicht. Diese Art der Ausbildung, auch wenn sie nicht vom Bedarf des Unternehmens bestimmt ist, kann dennoch die Beschäftigungsfähigkeit des Arbeitnehmers fördern, der insofern davon profitiert, als er seinen Wissenshorizont und seine Fähigkeiten auf andere Bereiche erweitert als diejenigen, wo er in der Regel seine Erwerbstätigkeit durchführt.

Das finanzielle Engagement der Arbeitgeber für die Ausbildung, sei es nun freiwillig oder gesetzlich vorgeschrieben, ist in der Regel beträchtlich. In Frankreich geben die Unternehmen für die Weiterbildung den gleichen Betrag aus wie der Staat. Über 80% dienen der Ausbildung der Beschäftigten und die verbleibenden 20% der Finanzierung von Verträgen, die alternierend eine Tätigkeit am Arbeitsplatz und eine berufliche Ausbildung vorsehen, und von Lehrverträgen. Hinter diesem Engagement verbirgt sich jedoch auch Ungleichbehandlung: Von der beruflichen Fortbildung profitieren vor allem die leitenden Angestellten, die Inhaber von unbefristeten Verträgen und Männer und weniger die Geringerqualifizierten, die

Inhaber von befristeten Verträgen und Frauen. Sie wird mehr von
Beschäftigten in Großunternehmen genutzt als von denen in Kleinunternehmen, die manchmal lieber die gesetzlich vorgeschriebene
Weiterbildungsabgabe zahlen, als die Fortbildung ihrer eigenen Beschäftigten zu finanzieren.

Die Ausbildung zur Eingliederung und die Ausbildung für eine
anderweitige Beschäftigung von Arbeitsuchenden wird im allgemeinen direkt vom Staat (Grundausbildung, Eingliederungshilfe) oder
von der Arbeitslosenversicherung übernommen (man spricht dann
von aktiven Maßnahmen, die Arbeitslosenleistungen und die Finanzierung von Vorruhestandsleistungen ergänzen), auch wenn die Arbeitgeber häufig in verschiedenen paritätischen Ausbildungsgremien
sitzen. Es muss eine Verbindung zwischen den verschiedenen Ausbildungsformen (Grundausbildung, Fortbildung, persönliche Ausbildung, Ausbildung zur Wiedereingliederung) innerhalb und außerhalb des Unternehmens hergestellt werden, um die Kohärenz, die
Kontinuität und die Wirksamkeit der Entwicklung der Beschäftigungsfähigkeit über die Wechselfälle des beruflichen Werdegangs eines
jeden Menschen hinaus sicherzustellen. Diese globalisierte Konzeption der Ausbildung, die manchen Autoren zufolge in den Rahmen
einer Beschäftigungsfähigkeitsversicherung fallen könnte, würde eine
ständige Verbindung zwischen den verschiedenen Akteuren – Arbeitgebern, Arbeitnehmern, Staat und Regionen – im Rahmen angepasster
Strukturen erfordern. Ein solches Vorgehen würde jedoch eine Ausweitung der sozialen Rolle des Unternehmens bei allen seinen wirtschaftlichen Tätigkeiten bedeuten.

Spanien hat eine Zwangsabgabe für die berufliche Weiterbildung
eingeführt, doch in den meisten anderen Ländern der Europäischen
Union (Belgien, Dänemark, Irland, Österreich, Schweden, Vereinigtes Königreich usw.) gibt es keine Gesetzgebung, die den Arbeitgeber zur Finanzierung einer beruflichen Fortbildung verpflichtet,
da dies häufig tarifvertraglich geregelt wird. In Deutschland ist eine
Umschulung auf Kosten des Unternehmens mit dem Ziel vorgesehen, die beruflichen Qualifikationen auf den neuesten Stand zu bringen und sie den technischen und organisatorischen Entwicklungen
anzupassen. Über 200 Tarifverträge enthalten Bestimmungen über
die berufliche Weiterbildung. Sie können auch zum Ziel haben, das

Personal zu qualifizieren, um Entlassungen zu vermeiden oder eine anderweitige Beschäftigung außerhalb des Unternehmens zu ermöglichen. 8 der 11 Bundesländer in der alten Bundesrepublik haben Gesetze verabschiedet, die einen vom Arbeitgeber bezahlten vier- bis fünftägigen Bildungsurlaub zulassen. Für 80% der deutschen Arbeitnehmer gelten Tarifverträge, die Fortbildungsklauseln enthalten.

In den Niederlanden, wo kein Gesetz die Unternehmen zur Finanzierung einer beruflichen Weiterbildung zwingt, enthalten zahlreiche Tarifverträge auf Branchen- oder Unternehmensebene Fortbildungsförderungsmaßnahmen, begleitet von einer Minimalverpflichtung, die 1,25% der Lohn- und Gehaltssumme nicht übersteigt.

Rund 60% der Unternehmen in der Europäischen Union, die über 10 Personen beschäftigen, sehen eine berufliche Weiterbildung vor[11]. Die höchsten Prozentsätze für die berufliche Weiterbildung bei Unternehmen dieser Größe sind in Dänemark (86,8%), in Deutschland (85,3%), im Vereinigten Königreich (81,6%), in Irland (76,8%) und in Frankreich (62%) festzustellen, die niedrigsten in Portugal (13,1%). Die Großunternehmen bieten mehr berufliche Fortbildung an, nämlich 98% aller Unternehmen, die über 1.000 Personen beschäftigen, gegenüber 52% derer, die 10 bis 49 Personen beschäftigen. In Deutschland allerdings ist die Ausbildungsrate in den Groß- und Kleinunternehmen fast die gleiche, und in Dänemark ist die Zugangsrate zur Ausbildung in Klein- und Mittelbetrieben sogar noch höher als in Großunternehmen, vor allem aufgrund eines starken Eingreifens des Staates und der Sozialpartner.

Das gilt vor allem für Banken und Versicherungen, die Sektoren Elektrizität, Gas und Wasser, Finanzunternehmen und Autowerkstätten; in den traditionellen Sektoren wie Textilindustrie, Bergbau, Verkehr, Baugewerbe, usw. ist die berufliche Fortbildung hingegen weniger entwickelt. In Irland (43%), im Vereinigten Königreich (39%), in Frankreich (36%) und in Dänemark (34%) ist die Zahl der Beschäftigten, die an Fortbildungsmaßnahmen teilnehmen, am größten. In den Ländern Südeuropas (Italien, Spanien, Griechenland und

---

11 Untersuchung von Eurostat aus dem Jahre 1996 über die Unternehmen, die in den 12 ersten Mitgliedstaaten über 10 Personen beschäftigen.

Portugal), wo die Fortbildung weniger gut organisiert ist, sind die wenigsten Stundenzahlen für die Fortbildung pro Beschäftigtem zu verzeichnen. Allgemein sind die Erfahrungen der Unternehmen im Fortbildungsbereich eng mit den innerstaatlichen Besonderheiten des Arbeitsmarktes und der Bildungssysteme verbunden. Im Vereinigten Königreich zum Beispiel, wo das Bildungssystem wenig berufliche Fortbildung vorsieht, werden Neueingestellte direkt an einem Arbeitsplatz eingesetzt und erlernen dort ihren Beruf. Die Teilnahme an einer beruflichen Weiterbildung ist bei Männern geringer als bei Frauen, die allgemein weniger qualifiziert sind und deren Beschäftigungsfähigkeit geringer ist.

3.2.1. Die Verpflichtung zu einer Wiedereingliederung im Rahmen eines Sozialplans

Allgemein sieht die Gesetzgebung im Falle von Massenentlassungen Konsultationen und Verhandlungen vor, um andere Lösungen als Entlassungen und Mittel zur Linderung ihrer Auswirkungen in Form von Begleitmaßnahmen zu finden (Hilfe bei Wiedereingliederung, Finanzhilfen, usw.). Diese Verhandlungen werden mit den Vertretern der Arbeitnehmer (Betriebsräten, Gewerkschaften) und in manchen Fällen den Arbeitsmarktbehörden geführt wie in Italien, um die Auswahlkriterien festzulegen. Es handelt sich auch hier darum, Maßnahmen durchzuführen, die die Verbesserung der Beschäftigungsfähigkeit innerhalb und außerhalb des Unternehmens fördern. Falls es kein Abkommen gibt, können die Arbeitsbehörden ihre eigenen Bedingungen auferlegen wie in Griechenland oder ihre Zustimmung verweigern wie in Spanien.

In mehreren Ländern (Deutschland, Österreich, Niederlande, Frankreich) ist die Aufstellung eines Sozialplans im Falle von Massenentlassungen obligatorisch. Dies bedeutet für das Unternehmen und die Vertreter des Personals und manchmal die zuständigen öffentlichen Behörden die Verpflichtung, gemeinsam Zusatzabkommen abzuschließen, die im Einzelnen die Maßnahmen beschreiben, die in Bezug auf die (interne oder externe) Versetzung, die Umschulung und die Abfindungsbestimmungen zu treffen sind.

In Deutschland sind die Betriebsräte befugt, Abkommen mit verbindlichem Charakter abzuschließen. Die Bestimmungen dieser Sozialpläne können Aspekte umfassen wie die Umschulung, die vorrangige Berücksichtigung bei Wiedereinstellungen, die progressive Verkürzung der Arbeitszeit, das Recht, an einem anderen Arbeitsplatz innerhalb des Unternehmens eingesetzt zu werden. Das Gesetz sieht darüber hinaus vor, dass staatliche Subventionen für die Unternehmen, die einen Sozialplan aushandeln, von den Maßnahmen abhängig gemacht werden, die den Beschäftigten, denen gekündigt worden ist, angeboten werden. Manche Bestimmungen zielen darauf ab, die Kategorien von Arbeitnehmern zu schützen, für die sich eine Wiedereingliederung als schwierig erweist. Das Kündigungsschutzgesetz verpflichtet die Unternehmen im Übrigen dazu, das Alter der Beschäftigten bei der Ausarbeitung von Sozialplänen zu berücksichtigen.

In Österreich und den Niederlanden muss ein Sozialplan in Unternehmen mit über 20 Beschäftigten aufgestellt werden, wobei Lösungen zur Vermeidung von Entlassungen zu finden oder Maßnahmen zu treffen sind, die eine Wiedereingliederung der entlassenen Arbeitnehmer erleichtern (Ausbildung, Finanzhilfe, Unterstützung bei der Arbeitsuche, usw.).

Die französische Gesetzgebung sieht vor, dass im Falle von Massenentlassungen aus wirtschaftlichen Gründen (Unternehmen mit mindestens 50 Beschäftigten und Entlassungen von mindestens 10 Personen in einer Zeitspanne von 30 Tagen) der Arbeitgeber einen Sozialplan aufstellen muss, um Entlassungen zu vermeiden oder deren Anzahl zu beschränken und um eine Wiedereingliederung des Personals zu erleichtern, dessen Entlassung nicht vermieden werden konnte. Das Gesetz vom 27. Januar 1993 sieht vor, dass der Sozialplan ein besonderes Kapitel mit der Bezeichnung Wiedereingliederungsplan enthalten muss, der insbesondere Maßnahmen für eine interne oder externe Wiedereingliederung umfasst.

Vor jeder Entlassung hat der Arbeitgeber die Pflicht, alle anderweitigen Beschäftigungsmöglichkeiten der Beschäftigten im Unternehmen festzustellen. „Die Entlassung eines Beschäftigten aus wirtschaftlichen Gründen ist nur dann zulässig, wenn eine anderweitige Beschäftigung des Betreffenden im Unternehmen unmöglich ist" (Entscheidung des Obersten Gerichtshofes vom 1. April 1992). Der Arbeitgeber muss „im Falle der Abschaffung oder der Umwandlung des Arbeitsplatzes den betreffenden Arbeitnehmern andere verfügbare Arbeitsplätze der gleichen Kategorie oder, falls es keine solchen gibt, einer niedrigeren Kategorie anbieten, auch wenn das eine erhebliche Änderung des Arbeitsvertrages bedeutet" (Entscheidung des Obersten Gerichtshofes vom 8. April 1992). Die Verpflichtung der Wiedereingliederung muss Teil der umfassenderen Verpflichtung sein, die Anpassungsfähigkeit der Beschäftigten zu verbessern, um ihre Mobilität zu anderen Aufgaben zu ermöglichen, sobald ihr Arbeitsplatz gefährdet ist. Die Gelegenheiten müssen in dem Betrieb gesucht werden, in dem die Stelle abgeschafft wurde, im Unternehmen oder innerhalb des Konzerns, zu dem der Arbeitgeber gehört, auch im Ausland. Die Gerichte sind der Auffassung, dass der Arbeitgeber in diesem Falle eine Ergebnisverpflichtung hat.

Die Verpflichtung der Wiedereingliederung wurde auf alle Entlassungen aus wirtschaftlichen Gründen ohne Einschränkungen ausgedehnt. Wenn ein Beschäftigter innerhalb des Unternehmens oder des Konzerns nicht anderweitig beschäftigt werden kann, muss der Arbeitgeber alles tun, um eine externe Wiedereingliederung zu fördern, und angeben, auf welche Weise er dem Beschäftigten bei der Arbeitsuche helfen will. Man spricht dann von der Mittelverpflichtung.

Im Übrigen und außerhalb der Situationen, die einen Sozialplan erfordern, muss das Unternehmen dem Beschäftigten die Mittel geben, seine Beschäftigungsfähigkeit aufzubauen, indem er all deren Aspekte fördert. Der Arbeitgeber hat „die Pflicht, die Anpassung des Beschäftigten an die Veränderungen seiner Tätigkeiten sicherzustellen" (Oberstes Sozialgericht am 25/02/92).

Der Arbeitgeber hat somit die Verpflichtung, die Beschäftigungsfähigkeit des Beschäftigten im Unternehmen zu erhalten. Gibt es eine ebensolche Verpflichtung zur Erhaltung der Beschäftigungsfähigkeit für die Beschäftigten? Allgemein wird die Auffassung vertreten, dass die Beschäftigten dazu angehalten sind, ein bestimmtes Niveau der Fähigkeiten aufrechtzuerhalten. Der Arbeitgeber kann einen Beschäftigten wegen Unfähigkeit, Nichteignung oder beruflicher Unzulänglichkeit entlassen. Die französische Rechtsprechung geht davon aus, dass ein Beschäftigter eine Ausbildung nur dann ablehnen kann, wenn dadurch sein Arbeitsvertrag geändert würde. Er muss eine Ausbildung über neue Verfahrensweisen, neue Instrumente, neue Arbeitsprozesse akzeptieren, die zur Durchführung seiner Tätigkeiten notwendig sind. In dieser Verpflichtung, die mit den Erfordernissen des Unternehmens verbunden ist, kommt die Verantwortung des Arbeitgebers für die Anpassung seiner Beschäftigten zum Ausdruck. Bis heute ist die Verpflichtung zur Aufrechterhaltung dieser Fähigkeiten nicht auf die Erhaltung der externen Beschäftigungsfähigkeit ausgeweitet worden, das heißt die Fähigkeit, eine andere Beschäftigung als die jetzige zu finden, was im Interesse und im Verantwortungsbereich des Beschäftigten liegt. Das Gesetz oder die Rechtsprechung erkennen, wenn nicht die Beschäftigungsfähigkeit als solche, so doch zumindest deren Grundelemente an, und es ist an dem Unternehmen, seine Kräfte zu mobilisieren, Mittel bereitzustellen und die Gelegenheit zu ergreifen, die der Entwicklung der Beschäftigungsfähigkeit seiner Beschäftigten förderlich sind.

4. Die Förderung der Beschäftigungsfähigkeit

4.1. Die entscheidenden Zeitpunkte zur Förderung der Beschäftigungsfähigkeit

Heute werden die meisten Maßnahmen zur Erhaltung und Entwicklung der Beschäftigungsfähigkeit (Wiedereingliederungspläne, Umschulung, Bilanz der Fähigkeiten, usw.) im Rahmen eines Sozialplans durchgeführt, das heißt als à posteriori eingesetztes Mittel, um einen bereits eingetretenen Schaden zu beheben, und nicht als Präventivmaßnahme, bevor ein Problem auftritt. Die Beschäftigungsfähigkeit muss, um ihre Regulierungsaufgabe zu erfüllen, vorausschauend und langfristig aufgebaut werden, auch für Personen, für die à priori keine Risiken bestehen. In dieser Hinsicht gibt es wichtige Zeitpunkte für die Ergreifung von Maßnahmen zur Vermeidung von Notsituationen, deren Behandlung, wenn sie erst einmal eingetreten sind, zwangsläufig zu Misserfolg führt. Der Arbeitgeber entscheidet sich

deshalb für Präventivmaßnahmen, um die Erhaltung der Beschäftigungsfähigkeit seiner Beschäftigten und insbesondere der Älteren
unter ihnen zu gewährleisten.

4.1.1. Die Einstellung und die wichtigsten Abschnitte
im Leben eines Arbeitnehmers

Die Einstellung bietet dem Arbeitgeber die erste Gelegenheit zur
Anerkennung der vorhandenen oder potentiellen Beschäftigungsfähigkeit des Arbeitnehmers. Durch diese Maßnahme geht er davon
aus, dass dieser unverzüglich beschäftigungsfähig ist. Die meisten
Unternehmen legen in diesem Stadium eher Wert auf Fachkenntnisse, die in einem Diplom (von der Universität oder einer Fachschule)
bestätigt werden, als Auftreten (was insbesondere mit dem Verhalten des Einzelnen verbunden ist). Der Arbeitgeber, der bei der Einstellung allein über die Fähigkeiten der Bewerber zu urteilen hat,
nimmt eine Auswahl vor und lehnt in der Regel die Bewerber ab,
die Kategorien angehören, deren Beschäftigungsfähigkeit à priori
am ungünstigsten ist: Ältere Arbeitslose, Langzeitarbeitslose, Jugendliche ohne Qualifikation. Seine Entscheidung kann jedoch von äußeren Erwägungen beeinflusst sein wie zum Beispiel der Möglichkeit,
für bestimmte Kategorien von Arbeitsuchenden eine staatliche Beihilfe zu bekommen, oder dem Wunsch, das soziale Image des Unternehmens zu fördern. Auch außenstehende Akteure, seien es solche
im privaten oder im öffentlichen Sektor, können dem Arbeitgeber
bei seiner Suche nach Arbeitskräften helfen. So hat der Autoherstel-
ler Peugeot die französische Arbeitsverwaltung (ANPE) ersucht, eine
Vorauswahl für Neueinstellungen in einer Fabrik vorzunehmen, die
Autos ausschließlich nach Japan exportiert. Die Unternehmensleitung
von Peugeot hatte die Anweisung gegeben, von der Auswahl Frauen,
Jugendliche, Personen über 47 Jahre und Langzeitarbeitslose auszuschließen. Die ANPE hat Peugeot daraufhin um Angaben gebeten,
welche „Fähigkeiten" das Unternehmen von seinen künftigen Beschäftigten verlangte. Die angeführten Kriterien waren Fähigkeit zur Team-
arbeit, Arbeit unter Druck und Arbeit nach strengen Normen. Die
ANPE konnte das Unternehmen überreden, seine Auswahlkriterien

zu ändern, so dass dieses schließlich doch 13% Frauen, 11% Personen über 47 Jahre, 41% Jugendliche und 29% Langzeitarbeitslose einstellte.

Die Einstellung ist auch ein entscheidender Augenblick für die Zukunftsplanung. Manche Personen werden trotz einer geringen Beschäftigungsfähigkeit eingestellt, weil die Arbeitgeber der Meinung sind, dass eine zusätzliche Ausbildung oder eine praktische Förderung ihrer Fähigkeiten am Arbeitsplatz ihnen ermöglicht, in einem annehmbaren Zeitraum eine zufriedenstellende Beschäftigungsfähigkeit zu erhalten. Je mehr der Arbeitgeber eine langfristige Einstellungspolitik entwickelt, um so mehr Bedeutung wird er dem Auftreten des Bewerbers beimessen, das für die Anpassung an das Unternehmen von wesentlicher Bedeutung ist. Schon bei der Einstellung ist es wünschenswert, die mittelfristige Entwicklung des Arbeitnehmers vorauszusehen, um seine Beschäftigungsfähigkeit mit der Zeit aufzubauen und so spätere Fehlschläge zu vermeiden.

Nach der Einstellung gibt es zwei weitere wichtige Zeitpunkte, um die Beschäftigungsfähigkeit der Beschäftigten anzuregen und eventuelle Hindernisse im Voraus zu vermeiden. Das Ende der Probezeit, das die Einstellungsphase abschließt, bietet die Gelegenheit zu einer Überprüfung der geplanten Entwicklung der Beschäftigten unter Berücksichtigung der in den ersten Monaten der Zusammenarbeit gewonnenen Erkenntnisse. Im Verlaufe des Berufslebens bilden auch andere wichtige Zeiten (2 Jahre nach Beginn des Arbeitslebens für junge Diplomierte, bei der Hälfte des Berufslebens im Alter von etwa 40 Jahren und bei Eintritt in den letzten Teil des Berufslebens im Alter von etwa 50 Jahren) günstige Stadien für eine Überprüfung der Situation des Einzelnen, wobei die gewonnene Erfahrung, Fähigkeiten, Motivationen und Projekte eines jeden berücksichtigt werden. Der Beschäftigte muss sich insbesondere in diesen wichtigen Augenblicken Fragen zum Zeitpunkt seiner letzten Ausbildung, zur Auswertung seiner Arbeit durch seine Vorgesetzten, zur „Übertragbarkeit" seiner Fähigkeiten, zu seinen nicht genutzten Möglichkeiten stellen und das Unternehmen muss ihm die Mittel liefern, diese Selbstauswertung vorzunehmen und seinen künftigen Bedarf in Bezug auf Fähigkeiten und neue Berufe kennen zu lernen.

4.1.2. Die Erhaltung der Beschäftigungsfähigkeit
        der älteren Arbeitnehmer

Das Unternehmen muss im Bereich der Wettbewerbsfähigkeit und
der Produktivität mit einer älter werdenden Belegschaft ständige
Fortschritte machen. Im Verlauf der nächsten 20 Jahre wird die Zahl
der 20- bis 29-Jährigen Europäer um 20% zurückgehen. Die Zahl der
Arbeitnehmer zwischen 50 und 64 Jahren wird um 25% zunehmen,
und die Zahl der über 64-Jährigen ebenfalls um 25%[12]. Das Unternehmen muss somit lernen, die Beschäftigungsfähigkeit der älteren
Arbeitnehmer zu fördern, und das um so mehr, als der Rückgriff auf
den Vorruhestand, der in den Jahren 1980/1990 vielfach benutzt
wurde, um die Probleme der Umstrukturierung und der Rezession
zu lösen, zurückzugehen scheint, insbesondere aufgrund der hohen
Kosten und der geringen Auswirkungen auf die Schaffung von Arbeitsplätzen. Auch um des finanziellen Gleichgewichts der Rentensysteme willen geht die Tendenz eher zu einer Verlängerung des
Arbeitslebens der Beschäftigten als zur Senkung des Rentenalters.
„Die Arbeitgeber müssen innovative Beschäftigungsstrategien ausarbeiten, um sich einem Arbeitsmarktumfeld zu stellen, das völlig anders ist als das ihnen bisher bekannte[13]." Die Entwicklung des Unternehmens mit seinen älteren Beschäftigten ergibt sich nicht nur aus
demographischen Veränderungen oder dem Bemühen um finanziell ausgeglichene Renten- oder Vorruhestandssysteme, sondern auch
aus Aspekten der Wettbewerbsfähigkeit und Leistungsfähigkeit. Der
1999 von der Europäischen Kommission herausgegebene „Gemeinsame Beschäftigungsbericht" unterstreicht die Notwendigkeit, die
älteren Arbeitnehmer umzuschulen und ihre Fähigkeiten zu verbessern, um ihre Beschäftigungsfähigkeit zu erhöhen und so den Mangel an qualifizierten Arbeitskräften zu vermeiden, der aufgrund des
Alterns der Erwerbsbevölkerung entsteht. Das vorzeitige Ausschei-

---

12 Die Erwerbsquote der Personen im Alter von 60 bis 64 Jahren lag 1997 zwischen 10,8%
    (Luxemburg) und 54% (Schweden) (Eurostat).
13 Anders Scharp, der Vorsitzende des Schwedischen Arbeitgeberverbandes (SAF), der mit
    der Europäischen Kommission die Konferenz über „Die Alterung der europäischen Ar-
    beitnehmerschaft" (Stockholm, September 1999) veranstaltet hat.

den der älteren Arbeitnehmer aus dem Arbeitsleben kann den Verlust von Know-how und Erfahrung mit sich bringen, was der Wettbewerbsfähigkeit des Unternehmens schadet. Auch wenn es noch nicht viele Beispiele dafür gibt, beginnen manche Unternehmen doch, für die Beschäftigung älterer Arbeitnehmer einzutreten: Erweiterung und Optimierung des Anwerbungspotentials, Verhinderung des Mangels an qualifizierten Arbeitskräften, Zufriedenheit der älteren Kundschaft, die von den Arbeitnehmern ihrer Generation besser verstanden wird, eine ausgewogene Belegschaft in Bezug auf Jugend und Reife, berufliche Stabilität, Leistungsfähigkeit und durchschnittliche Kosten, die denen der Beschäftigten anderer Altersstufen entsprechen[14].

Auch wenn die Beschäftigung von älteren Arbeitnehmern den Erfordernissen des Unternehmens entspricht, so muss diese dennoch von spezifischen Maßnahmen zur Erhaltung ihrer Beschäftigungsfähigkeit begleitet sein, um sie dazu anzuregen, ihr Arbeitsleben zu verlängern, und ihnen Mittel vorzuschlagen, um an der Verbesserung der Leistungsfähigkeit des Unternehmens teilzunehmen. Ein integriertes Management der älteren Arbeitnehmer umfasst die Verhütung von Problemen, die mit dem Alter verbunden sind, und korrektive Maßnahmen, um den altersbedingten Leistungsabfall auszugleichen, vor allem durch Ausbildung zu allen Stadien des Arbeitslebens und Anpassung der Arbeitsplätze, der Arbeitszeiten und des Arbeitsumfelds. Man kann hier das Beispiel des dänischen Unternehmens DLG zitieren, das 2.000 Personen beschäftigt und nicht genug qualifizierte Beschäftigte finden konnte: Die meisten Beschäftigten gingen im Alter von 60 Jahren in den Vorruhestand (das offizielle Rentenalter liegt bei 65 Jahren), und immer weniger qualifizierte jüngere Arbeitskräfte bewarben sich um eine Arbeitsstelle. DLG hat dann eine „Politik für ältere Arbeitnehmer" eingeführt, die diesen nach Erreichen des 60. Lebensjahres eine Erwerbstätigkeit er-

---

14 „Wenn alle mit der Beschäftigung verbundenen Kosten, auch die Bildungskosten, berücksichtigt werden, unterscheiden sich die durchschnittlichen Nettokosten der verschiedenen Altersstufen sehr wenig" (Professor A. Walker, Universität Sheffield, Vereinigtes Königreich, Vorsitzender des Observatoriums für ältere Menschen in der Europäischen Kommission).

möglichte, die, gemäß folgender Regelungen sowohl den betreffenden Arbeitnehmern als auch dem Unternehmen passten:

- jährliches Gespräch ab 55 Jahre zur Vorbereitung auf den Ruhestand, wobei insbesondere die Anpassung des Arbeitsvertrages verhandelt werden kann;
- ab 58 Jahre Gespräch mit externen Beratern, finanziert vom Arbeitgeber, um die Entscheidung zwischen Ruhestand und Weiterbeschäftigung zu erörtern;
- drei Monate vor dem 60. Geburtstag Unterzeichnung eines „Vertrages für ältere Arbeitnehmer", wobei die Absichten des Beschäftigten und die Bedingungen für eine Fortsetzung seiner Tätigkeiten im Unternehmen festgelegt werden;
- Vorschlag einer „Beschäftigung für ältere Arbeitnehmer", die von einer Ausbildung begleitet sein kann; wobei es um neue Aufgaben, Versetzungen, eine Verkürzung der Arbeitszeit, usw. gehen kann. In der Regel zahlt das Unternehmen weiterhin den Arbeitgeberbeitrag zu den Ruhestandsbezügen auf der Grundlage des vorigen Arbeitseinkommens, doch die Bezüge des Arbeitnehmers werden entsprechend seinen neuen Arbeitszeiten und dem Inhalt seiner neuen Tätigkeit neu festgelegt.

4.2. Die Hebel zur Förderung der Beschäftigungsfähigkeit

Der Arbeitgeber verfügt über verschiedene Hebel, die er in Bewegung setzen kann, um die Beschäftigungsfähigkeit seines Personals zu fördern. Diese können sich auf den Beschäftigten oder auf das Unternehmen selbst auswirken. Die Beschäftigungsfähigkeit des Arbeitnehmers hängt von seiner Erfahrung und seinen Fähigkeiten, seiner Bereitschaft zur Teilnahme an vorbeugenden Maßnahmen, seinen Möglichkeiten zu selbständigem Handeln, der Spannweite seines Gesichtsfeldes zur Ausrichtung seiner Wahl ab. Das Unternehmen kann, um die Beschäftigungsfähigkeit seiner Beschäftigten zu fördern, die Kommunikation über seine Projekte und seine Erfordernisse im Bereich Berufe entwickeln, seine Arbeitsorganisation auf die Anerkennung der Fachkenntnisse ausrichten, die Ausbildung, die Nutzung und die Anerkennung der erworbenen Fachkenntnisse fördern, am Management des beruflichen Werdegangs teilnehmen und Anstöße für die interne und externe Mobilität geben. Das Unternehmen, das sich in einer Politik der Beschäftigungsfähigkeit engagiert, stellt im Voraus die Vektoren der Beschäftigungsfähigkeit und die angestrebten Handlungsziele fest.

4.2.1. Die angestrebten Handlungsziele

Die ersten Handlungsziele haben vor allem mit der Person des Beschäftigten selbst zu tun[15]. Dabei kann es um Unzulänglichkeiten bei der Grundausbildung oder der im Rahmen der Fortbildung erworbenen Ausbildung gehen, darum, dass es an Mobilitätsbereitschaft und an einer Öffnung nach außen fehlt, dass die Fachkenntnisse veraltet sind, dass Orientierungspunkte für die Leistungsfähigkeit und fachübergreifende Fähigkeiten fehlen, dass berufliche Beziehungen fehlen und die Berufserfahrung nicht genügend diversifiziert ist.

Andere negative Faktoren sind direkter mit dem Unternehmen verbunden. Sie können vor allem auf ein nicht marktgerechtes Einstufungs- oder Entlohnungssystem, einen Mangel an Voraussicht bei der Anwerbung, das Fehlen von Kommunikation über die Strategie und das Fehlen einer Mobilitätspolitik, einer Begleitung des Berufsweges des Einzelnen, einer strategischen Ausbildungspolitik, auf eine Arbeitsorganisation, die wenig auf die Entwicklung der Fähigkeiten ausgerichtet ist, auf einen Mangel an einer allgemeinen Vorstellung von den mittelfristigen Erfordernissen an Fähigkeiten zurückzuführen sein.

Schließlich hängen Handlungsziele stärker vom Markt ab, zum Beispiel von der Undurchsichtigkeit des wirtschaftlichen Kontextes, dem Unvermögen, Veränderungen vorauszusehen, der Starrheit der Vertragsformen, einem mangelhaften Management der vorhandenen Ressourcen, usw.

Vom Ausmaß, in dem alle diese Aspekte als Verbesserungsziele im Entwicklungsplan des Unternehmens berücksichtigt werden, hängt

---

15 *Développement et emploi*, Dossier Nr. 11, 1997.

dessen Fähigkeit ab, die Herausforderung der Erhaltung der Beschäftigungsfähigkeit der Beschäftigten anzunehmen und sich die Mittel
für seinen wirtschaftlichen Erfolg zu geben.

4.2.2. Eine klare Vorstellung vom erwarteten Niveau der Beschäftigungsfähigkeit

Die Entwicklung der Beschäftigungsfähigkeit der Arbeitnehmer muss
in allen Fällen auf einer klaren Vorstellung ihres Bedarfs an persönlicher Entwicklung und den Entwicklungsaussichten des Unternehmens und seines Umfeldes gegründet sein.

Für den Arbeitnehmer bildet das Wissen über seine Fähigkeiten
einen ersten Aspekt dieser Vorstellung. Die Initiative zur Auswertung
der Fähigkeiten fällt in den meisten Fällen dem Arbeitgeber zu, erfordert aber auch ein freiwilliges Engagement des Einzelnen. Abgesehen von der Bilanz der Fähigkeiten, die in Frankreich insbesondere
in den Anwendungsbereich der Rechtsvorschriften über die berufliche Bildung fällt, haben die Unternehmen verschiedene Auswer-
tungsinstrumente entwickelt: die Ergebnisse der Berufsberatung, eine
Bestandsaufnahme, aus der hervorgeht, was der Beschäftigte weiß
oder tun kann, die Fähigkeitsreferenzen, die die Kluft zwischen den
Erfordernissen einer Stelle, einer Beschäftigung oder eines Berufs
und den tatsächlichen Fähigkeiten des Beschäftigten zu einem bestimmten Zeitpunkt aufzeigen, usw. Die mit Hilfe dieser Instrumente vorgenommenen Einschätzungen sind eine Form der Anerkennung
der Fähigkeiten des Beschäftigten innerhalb des Unternehmens, jedoch keine Bestätigung seiner Beschäftigungsfähigkeit außerhalb des
Unternehmens. Dennoch ist eine Verbindung zwischen den beiden
möglich. Der internationale Konzern Vivendi zum Beispiel hat sich
an ein öffentliches Organ zur beruflichen Bildung in Frankreich
(AFPA) mit der Bitte gewandt, als außenstehendes Organ die am
wenigsten qualifizierten Beschäftigten des Unternehmens zu bewerten. Das zwischen den beiden geschlossene Abkommen sieht vor,
dass das AFPA als sachverständiges Organ die beruflichen Fähigkeiten dieser Beschäftigten bewertet und für deren individuelle Ausbildung sorgt, die ihnen den Erwerb eines nationalen Diploms ermög-

licht, das ihnen gegebenenfalls die Möglichkeit bietet, dieses innerhalb oder außerhalb des Unternehmens in die Verhandlungen einzu-
bringen.

Der Beschäftigte, der das Niveau seiner Kompetenzen kennt, muss
sich darüber hinaus der Entwicklung der Beschäftigungslage innerhalb und außerhalb des Unternehmens zur Genüge bewusst sein,
um Schritte zur Verbesserung seiner Beschäftigungsfähigkeit zu unternehmen. Auch wenn ein Unternehmen keine Garantie für einen
vorgegebenen beruflichen Werdegang mehr anbieten kann, so kann
es den Beschäftigten doch Orientierungspunkte über seine Strategie
und den Spieleinsatz, die Entwicklung seines künftigen Bedarfs an
Berufen, die Möglichkeit der Mobilität und die Möglichkeit des Zugangs zur Ausbildung geben. Der Beschäftigte muss das organisato-
rische und wirtschaftliche Umfeld verstehen können, in dem er arbeitet, um sich darin einordnen und entwickeln zu können. Dazu
kann das Unternehmen Beratungsstrukturen für die Ausarbeitung
von Berufsplänen schaffen, freie Stunden gutschreiben lassen zur
Durchführung der Projekte, Arbeitsbörsen oder paritätische Obser-
vatorien über die Entwicklung der Beschäftigung und der Berufe
organisieren, Informationen über Übergangsmöglichkeiten zwischen
den Berufen liefern (Transversalität), eine qualifizierende Organisation schaffen, die es den Beschäftigten ermöglicht, ihre Fähigkeiten
zu prüfen und anerkennen zu lassen.

Interne und externe Vorstellung vom erwarteten Niveau der Beschäftigungsfähigkeit werden von den Unternehmen nicht gleich
behandelt. Zwar stellt man häufig bestimmte Elemente auf dem internen Markt des Unternehmens fest, doch der Beschäftigte verfügt
sehr selten über Mittel zur Kenntnis des externen Marktes. Es gibt
jedoch Möglichkeiten, insbesondere zwischen den Großunternehmen und ihren Lieferanten oder ihren Zulieferern (vertreten von
Klein- und Mittelbetrieben), um letzteren zu helfen, die Beschäftigungsfähigkeit ihrer Beschäftigten zu entwickeln. So hat der Automobilhersteller Renault ein vom Bildungsministerium anerkanntes
Ausbildungsprogramm für die Vermittlung von fachübergreifenden
Kenntnissen in den Bereichen Automobile, Kunststoffe, Glaserei,
Landwirtschaft und Ernährung eingerichtet, alle Tätigkeiten, die von
Renault vorgenommen werden. Wenn das Unternehmen nicht alle

von ihm ausgebildeten Jugendlichen einstellen kann, vermittelt es ihnen doch einen gemeinsamen Grundbestand an Fertigkeiten, die sie in anderen Unternehmen in seinem Bereich geltend machen können. Auch die Arbeitgebergruppen für Eingliederung und Qualifikation (GEIQ) organisieren Programme für Geringqualifizierte, um ein Bündel an Fachkenntnissen für einen bestimmten Beschäftigungsbereich zu schaffen.

Der internationale Konzern Vivendi hat sich zum Ziel gesetzt, innerhalb des Konzerns zwei Drittel der Jugendlichen einzustellen, denen es einen Vertrag mit dualer Berufsausbildung anbietet, und die Einstellung des übrigen Drittels in Unternehmen zu fördern, die für den Konzern Unternehmen arbeiten.

Der französische Automobilhersteller Peugeot hat mit einer Zeitarbeitsfirma 16 Monate laufende Verträge abgeschlossen, um Jugendlichen unter 25 Jahren die komplexesten Fertigungsberufe zu lehren, die lange Lehrzeiten erfordern. In den ersten vier Monaten der Ausbildung, die der Regionalrat finanziert, werden Jugendliche, die sich in Schwierigkeiten befinden, wieder in ein Arbeitsumfeld gebracht. Nach Abschluss der Ausbildung erhalten die Jugendlichen ein anerkanntes Zeugnis, das sie an jedem Standort des Unternehmens sofort beschäftigungsfähig macht.

Für den Automobilhersteller besteht der Vorteil darin, dass eine Reserve von qualifizierten und mobilen Arbeitnehmern für Stellen geschaffen wird, die von traditionellen Zeitarbeitern im Falle eines stärkeren Arbeitsanfalls nicht eingenommen werden könnten. Dieses Experiment könnte jedoch in Frage gestellt sein, denn diese Verträge sind anscheinend nicht mit dem französischen Recht vereinbar, das Leiharbeitsverträge nur für den Ersatz eines abwesenden Beschäftigten oder bei einer vorübergehenden Zunahme des Arbeitsanfalls zulässt. Dieses Hindernis unterstreicht, dass die Entwicklung der Beschäftigungsfähigkeit in manchen Fällen eine Gesetzesänderung erforderlich machen könnte. Der Gesetzgeber muss angesichts der Veränderungen auf dem Arbeitsmarkt den Schutz des Arbeitsplatzes mit der Flexibilität des Arbeitsvertrages in Einklang bringen, wenn eine solche Flexibilität das Angebot an Arbeitsplätzen fördern kann.

Ein anderes Beispiel: Die belgische Arbeitsverwaltung gewährt jungen nichtqualifizierten Frauen unter 25 Jahren, die beim Berufseinstieg Schwierigkeiten haben, eine Ausbildung von 10 Monaten, um sie in die Arbeitswelt einzuführen und ihnen Fachkenntnisse als Sekretärinnen zu vermitteln. Nach Abschluss dieser Ausbildung müssen die Frauen ein unbezahltes Praktikum in einem Unternehmen absolvieren. Ein Netz sozialer Kohäsion, in dem rund hundert Großunternehmen (darunter Ahlers, Cockerill Sambre, Glaverbel, Interlarbor, Belgian Shell, Société générale de Belgique) zusammengeschlossen sind, das 1998 zur Bekämpfung von Arbeitslosigkeit und Ausgrenzung geschaffene BENSC, schlägt denen Praktika vor, die alleine keine gefunden haben.

Durch dieses Praktikum soll mit Hilfe von spezialisierten Verbänden zunächst einmal ein bestimmtes Fehlverhalten (Auftreten) geändert werden, das ein Hindernis für die Beschäftigungsfähigkeit bildet. Die Praktikantin erhält dann eine Fortbildung für einen Zeitraum, der je nach den festgelegten Zielen variieren kann. Das BENSC will Personen, die sich in Schwierigkeiten befinden, bei der Arbeitsuche helfen.

4.3. Maßnahmen, die die Beschäftigungsfähigkeit in den drei Stadien des Arbeitsvertrages fördern

Die Beschäftigungsfähigkeit eines Arbeitnehmers wird zum Zeitpunkt der Einstellung, während der Erfüllung seines Arbeitsvertrages und im Fall der Gefahr von Massenentlassungen auf die Probe gestellt. Zu jedem dieser Stadien können unter Einbeziehung der Unternehmen Maßnahmen getroffen werden, um die Chancen des Beschäftigten auf eine Beschäftigungsfähigkeit zu erhöhen, die den Erwartungen des Arbeitgebers entspricht.

4.3.1. Maßnahmen zur Förderung der Beschäftigungsfähigkeit zum Zeitpunkt der Einstellung

Die Maßnahmen, die die Beschäftigungsfähigkeit zum Zeitpunkt der Einstellung fördern sollen, bleiben im Allgemeinen den staatlichen Behörden und der Arbeitslosenversicherung überlassen. Das Unternehmen hat jedoch daran Anteil, denn letztlich stellt der Arbeitgeber die Beschäftigungsfähigkeit des Arbeitnehmers fest, indem er die Entscheidung trifft, ob er den Betreffenden einstellt oder nicht. Das Unternehmen kann auch an Maßnahmen beteiligt werden, die von staatlichen Behörden oder Arbeitslosenversicherungssystemen getroffen werden und die darauf abzielen, die Beschäftigungsfähigkeit der Arbeitsuchenden zu verbessern.

So sehen die meisten Staaten der Europäischen Union spezifische Maßnahmen zur Bekämpfung der Jugendarbeitslosigkeit vor, um die Beschäftigungsfähigkeit dieser Personengruppen zu verbessern.

Im Vereinigten Königreich nimmt das Programm des *New Deal*, das darauf abzielt, den am wenigsten beschäftigungsfähigen Jugendlichen im Alter von 18 bis 24 Jahren eine bessere Qualifikation zu vermitteln, die Mitarbeit der Arbeitgeber in mehrerer Hinsicht in Anspruch. Erstens wird das gesamte Programm durch eine Sondersteuer finanziert, die bei rund dreißig privatisierten, ehemals öffentlichen Monopolen erhoben wird. Sodann besteht eine der dem ausgewählten Jugendlichen angebotene Möglichkeit darin, mindestens sechs Monate lang in einem Unternehmen angestellt zu werden und gleichzeitig eine berufliche Ausbildung zu erhalten. Der Arbeitgeber erhält eine Beihilfe von rund £ 60 sowie eine Ausbildungsbeihilfe in Höhe von £ 750. Bei einer Teilzeitarbeit ist die Beihilfe etwas geringer. Nachdem ihm das Arbeitsamt Personen vorgeschlagen hat, deren Qualifikation dem vom Arbeitgeber geforderten Niveau an Kenntnissen entspricht, hat dieser völlig freie Entscheidung bei der Auswahl des Kandidaten. Die Arbeitgeber, die am *New Deal* teilnehmen, müssen mit dem Arbeitsamt einen Vertrag abschließen, in dem sie sich zu einer Ausbildung verpflichten, die zu einer anerkannten Qualifikation führt; sie verpflichten sich, außer bei besonders gerechtfertigten Umständen, den Jugendlichen über die sechs Monate hinaus zu behalten, das Programm nicht dazu zu benutzen, um einen bereits Beschäftigten durch einen Jugendlichen zu ersetzen, einen Lohn in einer Höhe zu zahlen, die mindestens der Beihilfe und wenn möglich der gewöhnlichen Bezahlung für die Stelle oder eine gleichwertige Stelle entspricht. Die Ausbildung kann innerhalb oder außerhalb des Unternehmens stattfinden und muss zu einer anerkannten Qualifikation führen. Ziel ist es, alle Teilnehmer auf das Mindestniveau NVQ2 (National Vocational Qualifications) zu heben; dieses Programm stuft auf fünf Niveaus die Fähigkeit von Personen ein, eine bestimmte Anzahl von Aufgaben gemäß den in einer bestimmten beruflichen Situation anerkannten Kriterien zu erfüllen. Dieses System der Anerkennung der Ausbildung verleiht dieser einen umfassenden Geltungsbereich. Die NVQ bestätigen berufliches Know-how unabhängig von den Voraussetzungen einer Lehre auf der Grundlage von leicht übertragbaren Merkmalen. Seit Juni 1998 wurde das Programm des *New Deal* auf Arbeitsuchende ausgeweitet, die seit mehr als zwei Jahren arbeitslos sind. In diesem Fall erhält der Arbeitgeber eine wöchentliche Beihilfe von rund £ 75 für einen Vollzeitbeschäftigten und £ 50 für einen Teilzeitbeschäftigten; zu besonderen Anstrengungen im Ausbildungsbereich ist er nicht verpflichtet. Im Zeitraum 1998/1999 nahmen 45.000 Arbeitgeber am *New Deal* teil.

In Deutschland wird ebenfalls eine Politik der beruflichen Erstausbildung verfolgt, bei der die Arbeitgeber eng am Prozess der Anerkennung der Qualifikation durch eine duale Berufsausbildung beteiligt werden. Das duale System bildet über zwei Drittel einer Altersgruppe aus. Es gibt 380 anerkannte Lehrberufe. Die Ausbildung erfolgt im Unternehmen oder in Berufsschulen. Die Lehrlinge haben den Status eines Beschäftigten und Anspruch auf Lehrgeld, das von den Unternehmen gezahlt wird, wie es in Tarifverträgen festgelegt ist. Die Teilnahme der Unternehmen an der Berufsausbildung ist wichtig, wenn das Interesse in den letzten Jahren auch etwas zurückgegangen ist. Rund ein Drittel der Unternehmen mit fünf bis neun Beschäftigten, die Hälfte der Unternehmen mit 10 bis 49 Beschäftigten, zwei Drittel der Unternehmen mit 50 bis 499 Beschäftigten und fast alle Großunternehmen gehören dem System an. Dass das Interesse zurückgeht, hängt mit einer geringeren Lehrstellennachfrage zusammen, insbesondere aufgrund der verstärkten Bemühungen um Kostensenkungen, einer Spezialisierung und der beruflichen Praktiken in Kleinbetrieben, die nicht immer der Ausbildung entsprechen, dem Fehlen von Lehrberufen in den neuen Wirtschaftszweigen wie den Medien, und einer Nachfrage nach Jugendlichen, die von anderen Bildungswegen kommen, welche besser den neuen

Erwartungen der Unternehmen entsprechen, sowie einer unterdurch-
schnittlichen Beteiligung in den neuen Bundesländern.

In Belgien hat der „Erstbeschäftigungsvertrag" (CPE – Plan Rosetta),
der am 1. April 2000 an die Stelle der Verträge zur ersten Berufserfahrung und der Jugendpraktika getreten ist, zum Ziel, jedem Jugendlichen innerhalb von sechs Monaten nach Schulabgang den Zugang
zum Arbeitsmarkt zu ermöglichen.

Jugendlichen soll entweder eine Beschäftigung oder eine Beschäftigung in Verbindung mit einer Ausbildung oder eine Lehrstelle angeboten werden. Zu diesem Zweck hat die Regierung beschlossen,
dass Unternehmen mit über 50 Beschäftigten mindestens 3 % Jugendliche unter 25 Jahren einstellen müssen. Im Übrigen legt die Regierung allen Unternehmen ungeachtet ihrer Größe nahe, im Rahmen
dieses Vertrags Jugendliche einzustellen. Als Gegenleistung wird den
Unternehmen eine Kürzung der Sozialbeiträge gewährt, wenn sie
Jugendliche ohne höheren Schulabschluss einstellen.

Der Arbeitsvertrag kann für Vollzeit- oder Teilzeittätigkeit, befris-
tet (12 Monate) oder unbefristet sein (lediglich die ersten 12 Monate
dieses Vertrages können als CPE gelten). Der Jugendliche hat Anspruch auf die normale Vergütung eines Arbeitnehmers, der die gleichen Tätigkeiten ausübt.

Nach Abschluss des CPE kann der Jugendliche weiterhin in den
Genuss von Beschäftigungsförderungsmaßnahmen kommen, wobei
die Arbeitslosigkeitsdauer oder die Meldung als Arbeitsuchende bewiesen werden muss (im Rahmen des Einstellungsplans oder des
Programms der beruflichen Eingliederung).

Die Maßnahmen zugunsten der Entwicklung der Beschäftigungsfähigkeit der Jugendlichen oder anderer Kategorien von Arbeitslosen
können ihnen meistens nur ein klein wenig die Türe des Unternehmens durch einen befristeten Vertrag oder eine Zeitarbeit öffnen.

Zum Zeitpunkt der Einstellung stellt das Angebot eines befristeten Vertrages oder eines unbefristeten Vertrages die Anerkennung
der tatsächlichen Beschäftigungsfähigkeit des Arbeitnehmers in einen zeitlichen Rahmen hinein. Bei einem befristeten Vertrag ist die
Beschäftigungsfähigkeit des Arbeitnehmers im Voraus genau bestimmt, während die Unterschrift unter einen unbefristeten Vertrag à
priori keine zeitliche Begrenzung der durch die Einstellung anerkann-

ten Beschäftigungsfähigkeit festlegt. Die innerstaatlichen Gesetzgebungen, die für befristete Verträge bestimmte Bedingungen vorschreiben und diese dadurch begrenzen, leisten de facto ebenfalls einen Beitrag zur Beschäftigungsfähigkeit. In Finnland sind befristete Verträge durch das Arbeitsvertragsgesetz beschränkt auf den Ersatz für einen erkrankten oder in der Ausbildung befindlichen Beschäftigten, Praktika in Unternehmen, vorübergehenden überstarken Arbeitsanfall oder bestimmte Beschäftigungsformen wie Saisonarbeit.

Das Gesetz in den Niederlanden[16] sieht vor, dass der befristete Vertrag nach seiner dritten Verlängerung automatisch zu einem unbefristeten Vertrag „aufgewertet" wird.

Diesbezüglich hat die Europäische Union am 28. Juni 1999 eine Richtlinie angenommen, die eine Umwandlung des von den europäischen Sozialpartnern (UNICE, CEEP, EGB) abgeschlossenen Rahmenvertrages über die befristete Arbeitsdauer vorsieht. Diese Richtlinie, in der insbesondere gefordert wird, dass die Arbeitgeber die Beschäftigten mit befristetem Vertrag über freie Stellen informieren, damit diese die gleichen Chancen wie die anderen Arbeitnehmer auf feste Einstellungen bekommen, zielt auf die Förderung der Ausweitung der Beschäftigungsfähigkeit dieser Kategorie von Beschäftigten ab.

Im gleichen Sinne führt der Vertrag über die Stabilität der Beschäftigung, der von den Sozialpartnern 1997 in Spanien unterzeichnet wurde[17], und dessen Ziel die Verringerung der Instabilität des Arbeitsmarktes durch eine Veränderung des Verhältnisses von befristeter und unbefristeter Beschäftigung ist, zur Verstärkung der Beschäftigungsfähigkeit der Beschäftigten im Unternehmen. Dieser Vertrag sieht zwei Maßnahmen vor.

Zum einen Maßnahmen, die unbefristete Verträge für Arbeitgeber attraktiver machen:

• Klärung der Gründe, die eine Entlassung aus wirtschaftlichen Gründen rechtfertigen;
• Kürzung der Abfindungen bei Entlassungen für eine neue Art von unbefristetem Vertrag für Personen, die schwer einzuglie-

---

16 Die Änderungen des *Bürgerlichen Gesetzbuches* sind am 1. 1. 1999 in Kraft getreten.
17 Gesetz vom 26. 12. 1997.

dern oder wiedereinzugliedern sind (Langzeitarbeitslose, ältere Arbeitslose, Arbeitslose unter 30 Jahren, Behinderte);

- Kürzung der Beiträge zur sozialen Sicherheit um 40% in den ersten beiden Jahren des Vertrags im Falle der Einstellung von Personen, die schwer einzugliedern oder wiedereinzugliedern sind. Bei einer unbefristeten Einstellung von Arbeitslosen über 45 Jahre werden Arbeitgeberbeiträge für die Laufzeit des Vertrages zusätzlich um 50% gekürzt. Für die Einstellung einer behinderten Person wird eine Kürzung dieser Beiträge um 70 bis 90% je nach Alter der Person gewährt. Ferner sind Kürzungen von 60% der Beiträge für die unbefristete Einstellung von arbeitslosen Frauen in unterrepräsentierten Berufen oder Tätigkeiten vorgesehen;
- steuerliche Anreize für die Einstellung dieser Personengruppen.

Zum anderen sieht das Abkommen Maßnahmen vor, die den Rückgriff auf befristete Langzeitverträge einschränken. So wurden die Zeitverträge zur Förderung der Beschäftigung (12 Monate) und zur Lancierung neuer Tätigkeiten (mit einer durchschnittlichen Dauer von 7 Monaten) abgeschafft, wenn es sich um eine Tätigkeit handelte, die selbst nicht eingeschränkt war.

Im Übrigen wurden die Kürzung der Arbeitgeberbeiträge und die Gewährung von Steueranreizen, die den oben angegebenen entsprechen, gesetzlich für die Fälle festgelegt, in denen befristete Verträge in unbefristete Verträge umgewandelt wurden, einschließlich Lehrverträge, Ausbildungsverträge oder Verträge über Praktika, die die gesetzliche Mindestdauer erreicht haben.

Die Gesamtbilanz dieser Maßnahmen scheint positiv zu sein, selbst wenn man das starke Wachstum der spanischen Wirtschaft seit ihrer Einführung berücksichtigt, denn das Wachstum der Beschäftigung nimmt seither im gleichen Rhythmus zu wie das Wachstum des BIP. Diese Bilanz umfasst:

- eine spürbare Zunahme der unbefristeten Verträge;
- eine Verringerung der Entlassungen;
- eine bedeutende Anzahl von Umwandlungen von befristeten Verträgen in unbefristete Verträge, vor allem für Beschäftigte, die seit langem in den Unternehmen arbeiten;

- ein geringerer Anteil der befristeten Verträge (diese machen rund 90 % der im Monat abgeschlossenen Verträge aus), auch wenn ihre Anzahl weiter steigt;
- eine Senkung der Durchschnittsdauer von befristeten Verträgen, was vor allem auf die Abschaffung von befristeten Langzeitverträgen zurückzuführen ist.

Diese Gesetzgebung fördert eindeutig die Beschäftigungsfähigkeit, da sie die „Attraktivität des Arbeitnehmers in den Augen des Arbeitgebers" dadurch erhöht, dass inbesondere finanzielle Anreize für die Einstellung geboten werden. Ferner ist festzustellen, dass diese Erhöhung der Beschäftigungsfähigkeit des Arbeitnehmers in diesem Fall nicht zu einer Verbesserung seiner beruflichen Fertigkeiten führt. Die Ambivalenz des Begriffs Beschäftigungsfähigkeit erlaubt es, ihn entweder für die Fähigkeiten zu verwenden, die von einer Person selbst entwickelt wurden und die ihre Einstellung ermöglicht haben, oder à posteriori festzustellen, dass die Person beschäftigungsfähig war, da sie ja eingestellt wurde.

Wenn der Beschäftigte erst einmal eingestellt ist, muss er seine Beschäftigungsfähigkeit erhalten, um seine Beschäftigung zu behalten.

4.3.2. Maßnahmen, die die Beschäftigungsfähigkeit während des Arbeitsvertrages fördern

Die Palette der Instrumente und der Prozesse zur Förderung der Beschäftigungsfähigkeit ist groß: Ausbildung, Mobilitätsbeihilfen, Management des beruflichen Werdegangs, Bilanz der Fachkenntnisse außerhalb des Unternehmens, Auswertung der Fachkenntnisse, usw. Neben diesen „klassischen" Mitteln wurden einige neue Maßnahmen ergriffen.

In Portugal bietet die Maßnahme der „alternierenden Beschäftigung – Ausbildung" den Arbeitnehmern die Möglichkeit zur Weiterbildung (1 bis 12 Monate) und Arbeitslosen den Erwerb einer Berufserfahrung, indem diese die an Ausbildungsprogrammen teilnehmenden Arbeitnehmer während der Ausbildungszeit ersetzen. Diese Ausbildungsprogramme müssen von direktem Interesse für das Unternehmen sein und den Arbeitnehmer für eine Tätigkeit im

Unternehmen qualifizieren. Das Institut für Beschäftigung und berufliche Ausbildung leistet Unterstützung in Form einer Beteiligung an der Vergütung des Ersatzpersonals in Höhe des gesetzlichen Mindestlohns, der Übernahme der Arbeitgeberbeiträge und der finanziellen Beteiligung an einer eventuellen Ausbildung des Ersatzpersonals.

In Dänemark gibt es auch Urlaubsprogramme, die dazu bestimmt sind, die Arbeitsplatzrotation zu fördern. Die Bildungurlaube sind für Arbeitslose, Arbeitnehmer und selbständig Erwerbstätige bestimmt, die Anspruch auf Arbeitslosenleistungen haben und in den letzten fünf Jahren mindestens drei Jahre lang eine Beschäftigung hatten. Für die Zeit des Bildungsurlaubs wird ein Urlaubsgeld gezahlt, das bis zu 100% des Höchstsatzes der Arbeitslosenleistungen betragen kann. Der Elternurlaub kann Beschäftigten, Arbeitslosen und selbständig Erwerbstätigen für aufeinanderfolgende Zeiträume gewährt werden und 13 bis 52 Wochen (für jedes Kind) betragen. Die Arbeitslosen müssen die Voraussetzungen für die Gewährung der Arbeitslosenleistungen oder der Sozialhilfe erfüllen. Während des Urlaubs wird eine Summe in Höhe von 60% des Höchstsatzes der Arbeitslosenleistung gezahlt. Ein Sabbaturlaub ungeachtet der Gründe kann Beschäftigten von über 25 Jahren für eine Dauer von 13 bis 52 Wochen gewährt werden. Der Beschäftigte muss die Voraussetzungen für Leistungen aus der Arbeitslosenversicherung erfüllen und für drei der letzten fünf Jahre eine Beschäftigung nachweisen können. Der Arbeitgeber muss die freie Stelle mit einem Arbeitslosen besetzen, der seit mindestens einem Jahr als arbeitslos gemeldet ist. Die Summe für den Langzeiturlaub (sabbatical) beläuft sich auf 60% des Höchstsatzes der Arbeitslosenleistung.

In Belgien verpflichtet eine andere Maßnahme die Arbeitgeber, auf berufsübergreifender Ebene entweder in den vom Bundesarbeitsministerium eingerichteten Beschäftigungsfonds einen Beitrag von 0,10% der Lohn- und Gehaltssumme für die Förderung der Beschäftigung von „Risikogruppen" einzuzahlen oder mittels eines Tarifvertrages auf Sektor- oder Unternehmensebene gleichwertige Initiativen zur Förderung der Beschäftigung von „Risikogruppen" zu ergreifen. Die Unternehmen ziehen es im allgemeinen vor, diese Mittel für die Ausbildung in dem Sektor zu verwenden, statt sie in einen Fonds einzuzahlen, dessen Ziele (Finanzierung von Begleit-

maßnahmen) ihnen weniger nahe liegen. Die Sozialpartner definieren im Tarifvertrag, was sie unter Risikogruppen verstehen. Die Art
der Eingriffe wird im Vertrag festgelegt. Sie können die Form von
individuellen oder von einem Ausbildungszentrum organisierten
Ausbildungsinitiativen, einer Einstellungsbeihilfe, von Umschulungs-
initiativen, usw. annehmen. Auch die Maßnahme zur „Unterbrechung
des Berufslebens" ist ein Beispiel für die Förderung der Beschäftigungsfähigkeit während der Erfüllung des Arbeitsvertrages. Die Unternehmen müssen akzeptieren, dass bis zu 3% ihrer Beschäftigten ihr
Berufsleben unterbrechen (über diese 3% hinaus haben die Beschäftigten die Möglichkeit, ihr Berufsleben zu unterbrechen, aber nur
mit Zustimmung ihres Arbeitgebers). In diesem Fall ersetzt ein Arbeitsloser den Beschäftigten, der aus persönlichen Gründen oder
um einer Ausbildung willen beschließt, seine berufliche Tätigkeit zu
unterbrechen. Dieser Beschäftigte erhält eine Leistung, die von der
Arbeitslosenversicherung gezahlt wird. 1995 haben 50.000 Personen
von diesem Programm Gebrauch gemacht, das die Verbesserung der
Beschäftigungsfähigkeit des Arbeitslosen durch eine Ausbildung oder
durch eine Berufserfahrung im Betrieb sowie die des Beschäftigten
ermöglicht, der so Zeit für eine Fortbildung hat.

Trotz aller Bemühungen des Arbeitgebers und des Beschäftigten
um die Erhaltung der Beschäftigungsfähigkeit des letzteren ist eine
Entlassung nicht immer zu vermeiden, vor allem für Unternehmen,
die sich in großen wirtschaftlichen Schwierigkeiten befinden.

4.3.3. Maßnahmen, die die Beschäftigungsfähigkeit
bei Massenentlassungen fördern

Wenn der Arbeitgeber keine andere Wahl mehr hat, als sich von
einem Teil seines Personals zu trennen – unabhängig davon, ob er
den Beschäftigten rechtzeitig genügende Mittel zur Erhaltung ihrer
Beschäftigungsfähigkeit gegeben hat –, kann er dennoch verschiedene Instrumente einsetzen, um die Wiedereingliederung seiner
Mitarbeiter zu erleichtern. Diese Maßnahmen bilden dann eindeutig
eine letzte Förderung der Beschäftigungsfähigkeit, da sie darauf abzielen, dass diese von einem neuen Arbeitgeber anerkannt wird.

Unternehmen des gleichen Konzerns können so ein System der internen Wiedereingliederung ihrer Beschäftigten organisieren. Die Arbeitsplatzangebote dieser Unternehmen sind zentralisiert, Maßnahmen zur Ausbildung und Anpassung sind programmiert, und vorrangig werden Beschäftigte der Unternehmensgruppe eingestellt. Die intern organisierte Mobilität innerhalb von Unternehmen des gleichen Konzerns oder im Rahmen eines Netzwerks von Unternehmen, die Arbeitsplätze unter den gleichen Arbeitnehmern aufteilen, zielt darauf ab, die Arbeitsbeziehungen zu fördern, statt die wirtschaftlichen Probleme durch Entlassungen zu lösen. Den Arbeitgebergruppen (*Groupements d'employeurs*, GE) in Frankreich gehören Unternehmen an, deren Bedarf an Arbeitskräften einander ergänzt. Die GE werben Personal an und stellen es den Mitgliedsunternehmen zur Verfügung, wenn sich deren Tätigkeiten verstärken oder wenn deren Mittel es ihnen nicht erlauben, manche Fachkenntnisse allein für sich in Anspruch zu nehmen. Die Beschäftigten erhalten dann feste Verträge, aber mit geteilter Arbeitszeit. Manche GE bieten Arbeitslosen Verträge im Wechsel an. In manchen Fällen kommt es jedoch zu Missbräuchen, wenn Unternehmen die GE für „Externalisierungstätigkeiten" benutzen – ein Unternehmen entlässt eigenes Personal, das es dann von einem GE mit einem befristeten Vertrag einstellen lässt, und dieses stellt das Personal dann dem Unternehmen zur Verfügung.

Die Aktionen können auch aus Begleitmaßnahmen bestehen, die die Wiedereingliederung des Arbeitnehmers außerhalb des Unternehmens fördern. Das Unternehmen, das Massenentlassungen vornehmen muss, richtet einen Stab für eine externe Wiedereingliederung ein oder wendet sich an eine außenstehende Beratungsagentur, die mit den Interessierten einen Plan ausarbeitet und sie bei der Durchführung dieses Plans begleitet. Diese Maßnahme, die darauf hinausläuft, das Management der Entlassungen an externe Stellen zu vergeben, wird im allgemeinen mit dem Beschäftigten im Rahmen einer Kündigung (Outplacement-Maßnahmen) ergriffen. In manchen Fällen verhilft das Unternehmen dem Beschäftigten zu einer selbständigen Erwerbstätigkeit. Renault zum Beispiel vergibt Kredite an ausscheidende Beschäftigte, die eine Vertriebsstelle der Marke übernehmen wollen und gute Erfolgsaussichten haben.

Es geht dann darum, dass dem Beschäftigten so rasch wie möglich wieder zu einer Arbeit verholfen wird und eine unmittelbare Verbindung zwischen der Entlassung und einer internen oder externen Wiedereingliederung geschaffen wird. Maßnahmen wie Umschulungsverträge in Frankreich zielen darauf ab, die Wiedereingliederung ins Berufsleben des Beschäftigten, der von einer Entlassung aus wirtschaftlichen Gründen betroffen ist, dadurch zu beschleunigen, dass ihm eine auf ihn zugeschnittene Begleitung zur Aufstellung und Durchführung seines Wiedereingliederungsplans, die Möglichkeit einer Ausbildung bis zu 300 Stunden und ein garantiertes Einkommen für die Dauer von sechs Monaten angeboten wird. Diese Maßnahme wird vom Staat und durch eine Beteiligung des Arbeitgebers finanziert. Wenn der Beschäftigte nach Beendigung des Vertrages keine anderweitige Beschäftigung findet, wird er von der Arbeitslosenversicherung übernommen. Im Übrigen hat der Arbeitnehmer, der aus wirtschaftlichen Gründen entlassen wurde oder einen Umschulungsvertrag abgeschlossen hat, ein Jahr lang vom Zeitpunkt der Beendigung seines Vertrages an Anspruch auf vorrangige Wiedereinstellung, wenn er innerhalb von vier Monaten ab diesem Zeitpunkt den Wunsch dazu äußert. In diesem Fall informiert ihn der Arbeitgeber über jede freie Stelle, die seinen Qualifikationen entspricht. Dennoch muss die Stelle auch extern angeboten werden, da der Arbeitgeber freie Stellen nicht intern anzubieten braucht.

In Schweden wurden „Sicherheitsfonds" geschaffen, um Beschäftigten den Verbleib im Unternehmen zu ermöglichen, wobei Bildungsmaßnahmen finanziert werden. Ein regionales „Arbeitsmarktbüro" richtet ein Stellensuchzentrum in den Unternehmen ein, die Massenentlassungen ankündigen, und verbindet es mit dem nationalen Datenverarbeitungssystem von freien Stellen.

Manche Tarifverträge in Belgien definieren als „Risikogruppen", die in den Genuss von spezifischen Beschäftigungsförderungsmaßnahmen kommen sollten, „Personen, deren Beschäftigung ungeachtet ihres Bildungsniveaus ohne zusätzliche Ausbildung in diesem Sektor gefährdet ist". Andere Verträge betrachten Personen von über 50 Jahren als Risikogruppe, die von Massenentlassungen oder einer Umstrukturierung bedroht sind oder mit neuen Technologien konfrontiert sind, und geringqualifizierte Arbeitnehmer.

Die Hilfen für eine anderweitige Beschäftigung können zum Zeitpunkt der Beendigung des Arbeitsvertrages auch in einen Sozialplan aufgenommen werden.

In Deutschland müssen im Falle eines Konkurses oder von Massenentlassungen der Arbeitgeber und der Betriebsrat einen Plan ausarbeiten, der Maßnahmen umfasst, um die Entlassungen soweit wie möglich einzuschränken, der den Entlassenen eine finanzielle Abfindung gewährt und der Begleitmaßnahmen wie Beratung, verschiedene Hilfen, Ausbildung, usw. vorschlägt. Die Beschäftigten, deren Arbeitsplatz durch eine Umstrukturierung oder eine Schließung des Unternehmens bedroht ist, können in den Genuss von individuellen Maßnahmen kommen, die für eine anderweitige Beschäftigung notwendig sind, wie berufliche Weiterbildung. Diese individuellen Leistungen können durch „Hilfe für Maßnahmen im Rahmen des Sozialplans" ersetzt werden im Falle, wo Ersatzleistungen für den Verlust des Gehalts an mehr als die Hälfte der betroffenen Arbeitnehmer zu zahlen sind. Die Arbeitgeber und die Betriebsräte haben dadurch einen Anreiz, die Mittel der Sozialpläne an Maßnahmen zu binden, die positive Auswirkungen auf die Beschäftigung haben, zum Beispiel die Umschulung in Berufe mit guten Beschäftigungsaussichten oder Qualifikationsmaßnahmen statt Abfindungen. Das ist nur möglich, wenn ohne sie vermutlich individuelle Beschäftigungsförderungsmaßnahmen getroffen werden müssen. Die Beihilfe wird nicht gewährt, wenn sie vor allem dem Interesse des Unternehmens dienen und insbesondere dazu benutzt würde, um Arbeitnehmer zu qualifizieren, die von der Schließung einer Fertigungsbranche betroffen sind, und sie in einem anderen Produktionsbereich des gleichen Unternehmens zu beschäftigen. Die Hilfe für Maßnahmen im Rahmen des Sozialplans kann nicht gewährt werden, wenn die betreffenden Beschäftigten die individuelle Möglichkeit haben, zwischen einer Abfindung und Eingliederungsmaßnahmen zu wählen, auch wenn Bestimmungen möglich sind, die für manche eine Abfindung und für andere Eingliederungsmaßnahmen vorsehen. Der Höchstbetrag für diese Hilfe wird dadurch berechnet, dass die Zahl der Begünstigten mit den durchschnittlichen Nettoarbeitslosenleistungen multipliziert wird, die sie bei der Umsetzung dieser Maßnahme erhalten würden.

5. Schlussfolgerungen

Kompetenzen und Beschäftigungsfähigkeit sind zwei zusammenge-
hörende Begriffe, die sowohl ähnlich als auch unterschiedlich sind.
Beide zielen darauf ab, die Leistungsfähigkeit von Unternehmen zu
verbessern und gleichzeitig den Beschäftigten die Möglichkeit zu
geben, ihr Wissenskapital zu erhalten und zu verbessern, damit sie
nicht vom Arbeitsmarkt abgeschnitten werden.

Zwar lassen sich die Fähigkeiten eines Beschäftigten am Arbeitsplatz im Unternehmen aufbauen und feststellen und nicht direkt
und völlig auf einen anderen Kontext übertragen, doch die Beschäftigungsfähigkeitsmaßnahmen zielen langfristig darauf ab, günstige
Bedingungen für eine eventuelle Veränderung der beruflichen Tätigkeiten oder die Einstellung in einem anderen Unternehmen zu
schaffen. Zwar findet die Anerkennung der Kompetenzen als Erstes im Unternehmen Ausdruck, doch gehört die Anerkennung der
Beschäftigungsfähigkeit noch stärker in den Bereich des Arbeitsmarktes. Die Kriterien der Beschäftigungsfähigkeit sind somit viel-
fältig und variabel, denn sie hängen nicht nur von den Eigenschaften des Einzelnen (Alter, Geschlecht, Qualifikation, Verfügbarkeit,
usw.) ab, sondern auch vom sozioökonomischen Kontext (Wachs-
tumsrate, Arbeitslosenrate, Krise in einem Sektor oder einer Region,
usw.).

Die Politik der Beschäftigungsfähigkeit hat zum Ziel, die Fähigkeiten des Einzelnen an die Entwicklung des Marktes anzupassen,
damit er zum richtigen Zeitpunkt bestmöglich darauf reagieren kann.
Sie beruht auf der Idee, dass die Arbeitsbeziehung im Unternehmen
vorübergehender Art ist und dass sich der Beschäftigte deshalb auf
eine eventuelle Umschulung oder eine anderweitige Beschäftigung
vorbereiten muss.

Manche Arbeitgeber lehnen die Politik der Beschäftigungsfähigkeit
ab, entweder weil sie glauben, dass allein der Markt die Beschäftigungsfähigkeit bestimmen kann und dass sie darauf keinen Einfluss
haben, oder weil sich der Anwendungsbereich der Beschäftigungsfähigkeit außerhalb des Unternehmens befindet und dies deshalb
allein Aufgabe des Beschäftigten ist. Viele Arbeitgeber sind der Auffassung, dass die Beschäftigungsfähigkeit allein von der Entwick-

lung der Kompetenzen abhängt und dass der Beschäftigte, der seine Kompetenzen erhält, gute Chancen hat, seine Beschäftigung zu behalten oder eine Beschäftigung außerhalb des Unternehmens zu finden. Eine dritte Kategorie von Arbeitgebern hält Beschäftigungsförderungsmaßnahmen für eine Strategie, die man als Win-Win-Situation bezeichnen könnte. Das Unternehmen sichert sich durch angemessene Ausbildung und eine seinen Erfordernissen angepasste Organisation die unmittelbar verfügbaren Kompetenzen seiner Beschäftigten und die Mittel zu deren Entwicklung. Der Beschäftigte findet Sicherheit, indem er den Erfordernissen des Unternehmens gerecht wird oder sich auf eine berufliche Umschulung (durch eine zu einem Diplom führende Ausbildung, durch die Entwicklung vielfältiger Kompetenzen, die sowohl intern als auch extern genutzt werden können) vorbereitet, damit er nicht dazu verurteilt ist, wieder am unteren Ende der Leiter anzufangen. Die Förderung der Beschäftigungsfähigkeit ist für diese Unternehmen kein Akt reiner Philanthropie, sondern der Ausdruck eines Willens, die wohlverstandenen gegenseitigen Interessen zu fördern: Sie erlaubt es dem Unternehmen, seine künftige Entwicklung vorzubereiten, indem es an den Kompetenzen der Beschäftigten arbeitet, und sie entspricht den Wünschen der Beschäftigten, indem es ihnen hilft, ihre Kenntnisse und ihr Know-how zu erweitern.

Die Beschäftigungsfähigkeit ist eine Partie, die zu zweit gespielt wird, denn der Einsatz ist doppelt: Die Erweiterung der Kompetenzen durch die Förderung der Innovation und Leistungsfähigkeit des Unternehmens führt auch zur Verbesserung seiner Wettbewerbsfähigkeit, und dadurch, dass den Beschäftigten die Mittel geboten werden, sich ständig an die Marktentwicklung anzupassen, gibt sie ihnen die Mittel, die Kontinuität ihres beruflichen Werdegangs innerhalb und außerhalb des Unternehmens zu schaffen.

Man sieht so, dass sich die Beschäftigten, je nachdem ob ihr Arbeitgeber an der Förderung der Beschäftigungsfähigkeit teilnimmt, angesichts der Auswirkungen des Arbeitsmarktes und der zunehmenden Unsicherheit der Arbeitsplätze im Nachteil befinden. Ungleichheit besteht auch zwischen den Beschäftigten von Unternehmen, die die Beschäftigungsfähigkeit nur in Krisenzeiten praktizieren, und Beschäftigten von Unternehmen, die vorausschauen und Maßnahmen ergreifen, bevor es zu Krisensituationen kommt. Schließlich gibt es auch Ungleichheit innerhalb eines Unternehmens. Eine unterschiedliche Behandlung kann aber auch zwischen Beschäftigten eines gleichen Unternehmens aufgrund ihrer Kompetenzen in Bezug auf das Führen ihres beruflichen Werdegangs bestehen, wobei manche akzeptieren müssen, dass sie nur für einen begrenzten Zeitraum dort sind. Die Beschäftigten bleiben somit auf die Initiative ihres Arbeitgebers angewiesen. Diese Abhängigkeit wird noch dadurch verstärkt, dass die Rolle des Gesetzgebers beschränkt bleibt, da seine Eingriffe im allgemeinen nicht darauf abzielen, direkt die Mechanismen zu fördern, die die Beschäftigungsfähigkeit und die Mobilität von Personen außerhalb des Unternehmens garantieren können. Erst bei der Gefahr von Massenentlassungen (Sozialplänen) oder eines Konkurses berücksichtigen manche Gesetzgebungen die Ziele der Beschäftigungsfähigkeit. Das Gesetz verpflichtet den Arbeitgeber in keinem Land dazu, die Beschäftigungsfähigkeit der Beschäftigten während der Dauer ihres Arbeitsvertrages zu erhalten.

Um den zunehmenden Unterbrechungen des Berufslebens in Verbindung mit Flexibilitätszwängen, die sich aus dem wirtschaftlichen Wettbewerb ergeben, entgegenzuwirken, und um Arbeitslosigkeit und Ausgrenzung zu verhindern, muss die allgemeine Verbreitung von Beschäftigungsfähigkeitsmaßnahmen im Unternehmen künftig ein sozialer Einsatz für die Zukunft werden.

Die soziale Auswirkung der Beschäftigungsfähigkeit beschränkt sich jedoch nicht auf die Bekämpfung der Arbeitslosigkeit. Sie erstreckt sich auch auf den Rahmen und den Prozess des Aufbaus der Beschäftigungsfähigkeit.

Die Fähigkeiten, eine Beschäftigung zu finden oder wiederzufinden, werden im ganzen Leben im Unternehmen und außerhalb erworben. Der Staat und verschiedene Sozialeinrichtungen, wie die Arbeitslosenversicherung, beteiligen sich an der Finanzierung von Maßnahmen, die die Entwicklung dieser Fähigkeit fördern, und fungieren als Regulierer des Arbeitsmarktes.

Schulbildung, berufliche Ausbildung, unentgeltliche Arbeit, selbständige Erwerbstätigkeit, Hausarbeit (Erziehung der Kinder, Hilfe für Eltern) sind ebenfalls Formen von nützlicher sozialer Arbeit, die

zur Bildung eines „beruflichen Status" des Einzelnen beitragen[18].
Die Realität dieses beruflichen Status wird durch die Existenz sozialer Rechte bestätigt, die ihm eigen sind und die zu einem Teil im
Unternehmen ausgeübt werden: Sonderurlaub (Erziehung, Ausbildung, *Sabbatical*), Arbeitsplatzwechsel, gemeinnützige Arbeiten, Zeitkonten, Teilzeitarbeit, usw. Die Umsetzung dieser Rechte, die zu
Beginn eine persönliche Entscheidung des Beschäftigten voraussetzt,
verstärkt um so mehr die Beschäftigungsfähigkeit ihrer Begünstigten, wenn sie im Rahmen eines beruflichen Plans stattfindet.

Die Unternehmen, die eine Politik der Beschäftigungsfähigkeit
durchführen, haben dann die besondere Verantwortung, ihre Beschäftigten dazu anzuregen, ihre sozialen Rechte zu diesem Zweck zu
nutzen, und ihnen zu helfen, ihre Aktionsprogramme zusammenzustellen.

So bleibt schließlich dem Staat und dem Gesetzgeber die Aufgabe, für die Kohärenz des ganzen Systems zu sorgen, damit die Beschäftigungsfähigkeit das unbestrittene Instrument der beruflichen
Kontinuität wird.

---

18 Bericht für die Europäische Kommission unter der Leitung von A. Supiot, 1999: „Au-delà
de l'emploi, transformation du travail et devenir du droit de travail".

Kapitel IV

Auf dem Wege zu einem europäischen Modell der Beschäftigungsfähigkeitsversicherung? – Interaktion zwischen Europa und den Mitgliedstaaten

ISABELLE CHABBERT UND NICOLE KERSCHEN[1]

1. Einleitung

Die Idee einer Beschäftigungsfähigkeitsversicherung ist in der Europäischen Gemeinschaft zu einem historischen Augenblick beim Aufbau des europäischen Sozialmodells aufgetaucht. 1997 lancierte die Kommission der Europäischen Gemeinschaft eine Debatte über die Zukunft des Sozialschutzes in Europa. In einer Mitteilung mit dem Titel „Modernisierung und Verbesserung des Sozialschutzes in der Europäischen Union"[2] erinnerte sie daran, dass die Aufrechterhaltung eines hohen Beschäftigungsniveaus und eines hohen Maßes an Sozialschutz Teil der grundlegenden Ziele der Europäischen Gemeinschaft bildete[3] und dass der Sozialschutz einen spezifischen Aspekt des europäischen Sozialmodells darstellte. Der Sozialschutz musste modernisiert und verbessert werden, um ihn für die Beschäftigung effektiver zu machen. Die Umgestaltung der Arbeitslosenversicherung in eine Beschäftigungsfähigkeitsversicherung war einer der Vorschläge, die von der Kommission aus diesem Anlass unterbreitet wurden. Was sollte diese Umgestaltung bedeuten?

Die Kommission ging von einer doppelten Feststellung aus: Dem veralteten Zustand der ursprünglichen Arbeitslosenversicherungs-

---

1 Universität Paris X, Frankreich.
2 Mitteilung der Kommission der Europäischen Gemeinschaft vom 12. März 1997. „Modernisierung und Verbesserung des Sozialschutzes in der Europäischen Union", KOM (97) 102 Endfassung.
3 Artikel 2 des Unionsvertrages.

systeme und der Tatsache, dass die in manchen Mitgliedstaaten vorgenommenen Reformen der Situation auf dem Arbeitsmarkt nicht angemessen waren. Zum einen war die Kommission der Auffassung, dass die Arbeitslosenversicherungssysteme ursprünglich konzipiert waren, um solchen Personen Lohnersatzleistungen zu gewähren, die vorübergehend ohne Beschäftigung waren und einen neuen Arbeitsplatz zu bekommen hofften, der gleiche oder ähnliche Kompetenzen erforderte. Heute benötigen Arbeitslose nicht nur finanzielle Beihilfen, sondern die Entwicklung des Arbeitsmarktes erfordert von ihnen auch den Erwerb neuer Fähigkeiten. Zum anderen kritisierte sie offen die von manchen Mitgliedsländern unter finanziellem Zwang vorgenommenen Reformen der Arbeitslosenversicherungssysteme. Diese Veränderungen, die die Tendenz hatten, den Versicherungscharakter der Arbeitslosenleistungen zu verstärken, wirkten sich dahingehend aus, dass sie die Ansprüche der Arbeitslosen verringerten, ohne ihnen eine Rückkehr auf den Arbeitsmarkt zu ermöglichen. Im Gegenteil: Sie leisteten dem Verlust der beruflichen Fähigkeiten und der sozialen Ausgrenzung Vorschub.

Die Kommission hat deshalb vorgeschlagen, die Systeme des Sozialschutzes dadurch zu revidieren, dass aktiven Maßnahmen der Vorrang gegeben wird, welche Menschen den Erwerb von Fähigkeiten und Qualifikationen ermöglichen, die ihre Eingliederung oder Wiedereingliederung in den Arbeitsmarkt im Rahmen eines Sozialschutzes fördern, der Armut und soziale Ausgrenzung verhindert.

Was ist aus diesem Vorschlag seit 1997 geworden? Wie hat Europa, das im Bereich des Sozialschutzes keine eigentlichen Kompetenzen besitzt – jeder Mitgliedstaat bleibt für die Organisation und die Finanzierung seines Sozialschutzsystems selbst verantwortlich –, die Staaten dazu gebracht, ihr System zu überprüfen? Welche Rolle spielt bei diesem Prozess die neue koordinierte Beschäftigungsstrategie?

Diese Fragestellung erfordert aber auch, dass wir uns mit den einzelstaatlichen Modellen der *Umgestaltung* der Arbeitslosenversicherung befassen. Welches sind die Unterschiede zwischen den bestehenden Modellen? Welcher Konsens ergibt sich angesichts dieser Unterschiede auf Gemeinschaftsebene? Anders gesagt: Welches sind die ersten Elemente eines europäischen Modells der *Beschäftigungsfähigkeitsversicherung?*

Wir sind von der *Hypothese* ausgegangen, dass eine starke Wechselwirkung zwischen der Gemeinschaftsebene und den einzelstaatlichen Modellen besteht. Manche Modelle haben die Reflexion auf europäischer Ebene angeregt. Die europäische Strategie wiederum hat Auswirkungen auf die einzelstaatlichen Modelle und gestaltet sie folglich um. Nach und nach zeichnet sich ein europäisches Sozialmodell ab, das auf einem bestimmten Ansatz zur Beschäftigung und zum Sozialschutz und zur Verbindung zwischen diesen beiden Bereichen gegründet ist.

2. Europa und die Beschäftigungsfähigkeitsversicherung: Am Schnittpunkt zwischen Beschäftigung und Sozialschutz

Die Beschäftigungsfähigkeitsversicherung ist das Ergebnis – auf Gemeinschaftsebene – des historischen Aufbaus der Beziehung zwischen Beschäftigung und Sozialschutz. In dieser Eigenschaft ist sie untrennbar mit der nach und nach entstandenen europäischen Beschäftigungsstrategie sowie dem politischen Projekt verbunden, welches dem europäischen Sozialmodell zugrunde liegt.

Wir stellen zunächst – ausgehend von einigen herausragenden Augenblicken des Aufbaus des sozialen Europas – Fragen nach der Art, in der Europa an die Beziehung zwischen Beschäftigung und Sozialschutz herangegangen ist[4]:

* Anfang der neunziger Jahre mit der Ausarbeitung des Grünbuches über „Die europäische Sozialpolitik"[5], nachstehend als *Grünbuch* bezeichnet, und des Weißbuches über „Wachstum, Wettbewerbs-

---

4   Unser Beitrag ist im Rahmen dieses Bandes sehr bescheiden. Wir beginnen ein Forschungsprogramm über „Die Beschäftigungsfähigkeit als Faktor der Umgestaltung der Beschäftigung in Europa. Drei bedeutsame Beispiele: Dänemark, Niederlande und Vereinigtes Königreich", finanziert vom französischen Forschungsministerium. In diesem Rahmen untersuchen wir den Aufbau des europäischen Sozialmodells anhand der beiden Bereiche Beschäftigung und Sozialschutz.

5   KOM (93) 551 GD V.

fähigkeit, Beschäftigung"[6], nachstehend als *Weißbuch* bezeichnet;

- dem Schlüsseljahr 1997 mit der Herausgabe der Mitteilung der Kommission über „Modernisierung und Verbesserung des Sozialschutzes in der Europäischen Union" (bereits zitiert), dem Vertrag von Amsterdam und dem Beschäftigungsgipfel von Luxemburg,

bevor wir im Einzelnen auf die konkrete Ausgestaltung der Beschäftigungsfähigkeitsversicherung anhand der Leitlinien im Rahmen der koordinierten Beschäftigungsstrategie eingehen.

2.1. *Das Aufkommen des Themas Beschäftigungsfähigkeitsversicherung auf Gemeinschaftsebene*

Bereits im Juli 1992 legte eine Empfehlung des Europäischen Rates die europäische Vorgehensweise zur Anpassung der Sozialschutzsysteme an die Entwicklung der Bedürfnisse und insbesondere die Umgestaltung des Arbeitsmarktes fest[7]. Sie beruht auf der gemeinsamen Festlegung spezifischer Ziele, auf „der Konvergenz der Politiken und der Zielsetzungen". Die wirtschaftliche und soziale Integration aller arbeitsfähigen Personen zählt zu diesen Zielsetzungen.

Seit dieser Zeit erscheinen Beschäftigung und Sozialschutz als untrennbar miteinander verbunden. Das *Weißbuch* stellt den Sozialschutz als eine der sechs Säulen der innerstaatlichen Beschäftigungssysteme dar[8], und das *Grünbuch* behandelt die Themen der Beschäftigung und der Rolle des Wohlfahrtstaates sowohl parallel als auch in Wechselbeziehung.

Seither haben sich die Verbindungen zwischen der Beschäftigung und dem Sozialschutz auf Gemeinschaftsebene jedoch weiterentwickelt. In weniger als zehn Jahren ist man von einem kritischen Ansatz, bei dem die negativen Auswirkungen des Sozialschutzes auf

---

6   KOM (93) 700, Dezember 1993.
7   Empfehlung des Rates vom 27. Juli 1992 bezüglich der Konvergenz der Ziele und Politiken des Sozialschutzes (92/442/CEE).
8   Neben dem Bildungsbereich, der Arbeitsgesetzgebung, den Arbeitsverträgen, den Tarifverhandlungssystemen und den Bestimmungen zum Management der Unternehmen.

die Beschäftigung verurteilt wurden, zu einem konstruktiveren Ansatz übergegangen, der eine Neuausrichtung des Sozialschutzes befürwortet, um diesen in einer ersten Phase der Umgestaltungen in einen „Beschäftigungsmarkt der Gemeinschaft" „in den Dienst der Beschäftigung zu stellen"[9].

2.1.1. Der Sozialschutz gegenüber der Beschäftigung

Der kritische Ansatz war bis 1995 weit verbreitet. So wurden im Kapitel „Umsetzung des Wachstums in Beschäftigung" im *Weißbuch* drei Aspekte des Sozialschutzes besonders kritisiert: Die Tatsache, dass der Sozialschutz vor allem denen nutzt, die bereits eine Arbeit haben, während er ein Hindernis für die Einstellung von Arbeitslosen darstellt; sein belastender Charakter in Bezug auf Zwangsabgaben; der ungenügende Arbeitsanreiz, der mit ihm verbunden ist. Zu diesem Zeitpunkt sind die Auffassungen der Kommission in Brüssel zu diesem Thema denen der OECD recht ähnlich[10]. Der Sozialschutz wird vor allem aus der Kostenperspektive gesehen. So wird die Verringerung der Arbeitslosenleistungen als eine Maßnahme dargestellt, die es ermöglicht, die „externe Flexibilität" zu verbessern.

Doch seither ergeben sich aufgrund der Reduzierung des Wohlfahrtsstaates Vorbehalte, die wie folgt geäußert werden: Einerseits sind der Kürzung der Arbeitslosenleistungen Grenzen gesetzt, über die hinaus es zu Armut kommen würde, andererseits muss diese Anpassung der Leistungen an aktive Eingliederungsmaßnahmen gekoppelt werden. Gleichzeitig wird der Sozialschutz deutlich als ein unerlässlicher Bestandteil des europäischen Sozialmodells bekräftigt. Im *Grünbuch* wird daran erinnert, dass praktisch die gesamte Bevölkerung ein hohes Sozialschutzniveau wünscht, das sozialen Zusammenhalt und Solidarität bedeutet.

---

9 Dieser Ausdruck steht im *Weißbuch*.
10 La stratégie de l'OCDE pour l'emploi: „Valoriser le travail. Fiscalité, prestations sociales, emploi et chômage".

Die ersten Aktivierungsversuche

Seit dieser Zeit stellt sich die Frage nach einer neue Rolle für den Wohlfahrtstaat. Das *Grünbuch* gibt Anstöße für einen neuen Ansatz bei der Beziehung zwischen Beschäftigung und Sozialschutz, der heute voll zur Entfaltung kommt. Dieser Revolution wird das Adjektiv „aktiv" beigegeben. Die Arbeit und der Sozialschutz müssen neu ausgerichtet werden, so dass eine möglichst große Zahl von Menschen eine aktive Rolle in der Gesellschaft spielen kann. Ziel einer Sozialpolitik ist es, den Einzelnen zu helfen, ihre Geschicke selbst in die Hand zu nehmen und soweit wie möglich eine nützliche Rolle in der Gesellschaft zu spielen. Dafür muss es eine aktivere Politik geben. Ausgehend von diesen Anfängen ist dann ein ehrgeiziges politisches Projekt entstanden.

Die Ausarbeitung der europäischen Vorgehensweise

Schon im *Weißbuch* wird vorgeschlagen, dass die Gemeinschaft anhand des Transfers von Beispielen für gute Praxis und Erfahrungen eine gemeinsame Gesamtstrategie aufstellt. Auf der Tagung des Europäischen Rates in Essen im Jahre 1994 wurde diese Methode verfeinert. Bei dieser Gelegenheit wurden das „multilaterale Überwachungsverfahren" beschlossen und fünf Aktionsbereiche festgelegt, auf die sich innerstaatliche Maßnahmen im Beschäftigungsbereich konzentrieren sollen[11]. Dazu zählt auch der Übergang von einer passiven Politik des Arbeitsmarktes zu einer aktiven. In diesem Rahmen werden den Mitgliedstaaten Empfehlungen über entsprechende Lösungen unterbreitet, die in den fünf Aktionsbereichen erwogen werden können. Ausgehend von diesen Empfehlungen müssen die Mitgliedstaaten mehrjährige nationale Aktionspläne für die Beschäftigung aufstellen. Anschließend werden die durchgeführten Beschäftigungspolitiken bewertet, und in einem Jahresbericht werden die auf dem Arbeitsmarkt erzielten Fortschritte festgehalten. Diese Strategie soll eine aktive Subsidiarität fördern. Die koordinierte Beschäfti-

---

11 In diese Bereiche fallen insbesondere: Die Senkung der indirekten Lohnkosten, der Übergang von einer passiven Arbeitsmarktpolitik zu einer aktiven Politik, die Verstärkung der Maßnahmen zugunsten von Gruppen, die von der Arbeitslosigkeit besonders stark betroffen sind (Jugendliche, Frauen, ältere Arbeitnehmer, Langzeitarbeitslose).

gungsstrategie, die vom Vertrag von Amsterdam geschaffen und auf dem Beschäftigungsgipfel in Luxemburg lanciert wurde, bildet den Höhepunkt dieses neuen Vorgehens im Beschäftigungsbereich.

2.1.2. Der Sozialschutz im Dienst der Beschäftigung

Mit den Tagungen des Europäischen Ministerrats von Madrid im Dezember 1995 und von Dublin im Dezember 1996 ändert sich der Ansatz zur Beschäftigung und zum Sozialschutz. Die Idee einer Verstärkung des Sozialschutzes in einem aktiveren Sinne macht sich bemerkbar. So werden in der Erklärung von Dublin über die Beschäftigung folgende Maßnahmen gefordert:

- „sicherstellen, dass die Systeme des Sozialschutzes den Arbeitsuchenden klare Anreize dazu geben, eine Erwerbstätigkeit aufzunehmen oder an anderen beschäftigungsfördernden Aktivitäten teilzunehmen, und dass sie die Arbeitgeber anregen, mehr Personal einzustellen;
- die Systeme des Sozialschutzes weiterentwickeln, damit sich diese nicht darauf beschränken, Arbeitslosen ein Ersatzeinkommen anzubieten, sondern sie auch aktiv zur Teilnahme am Erwerbsleben ermutigen, um die Wiedereingliederung besser zu fördern und die Abhängigkeit zu verringern".

Der Begriff „Beschäftigungsfähigkeit" ist auch in der „Erklärung von Dublin über die Beschäftigung" enthalten. Er wird im Zusammenhang mit anfälligen Gruppen und der Idee der Aus- und Fortbildung gebraucht.

1997 – ein entscheidender Wendepunkt

Dieser Wendepunkt ergibt sich bei drei bedeutenden Ereignissen.

Im März 1997 stellte die Kommission in ihrer Mitteilung eine klare und offensichtliche Verbindung zwischen Beschäftigung und Sozialschutz her. Die Systeme des Sozialschutzes müssen modernisiert werden, um sie im Rahmen einer aktiven Beschäftigungspolitik beschäftigungsfreundlicher zu gestalten. Zu diesem Zweck legte die Kommission die folgenden Ziele fest:

- die Steuersysteme und die Systeme der Sozialleistungen beschäftigungsfreundlicher zu gestalten;
- die Arbeitslosenversicherung in eine Beschäftigungsfähigkeitsversicherung umgestalten;
- die Finanzierung des Sozialschutzes neu durchdenken;
- flexible Mechanismen des Übergangs zum Ruhestand schaffen;
- den Sozialschutz in den Dienst der Eingliederung stellen.

Alle diese Themen finden sich in der koordinierten Beschäftigungsstrategie wieder. Die Verwendung des Begriffs Beschäftigungsfähigkeit durch die Kommission in ihrer Mitteilung vom März 1997 über die Modernisierung des Sozialschutzes erscheint „nicht zufällig". Die Verwendung des Begriffs Beschäftigungsfähigkeitsversicherung lässt sich so interpretieren, dass die Arbeitslosenversicherung in den Dienst der Beschäftigung gestellt wird.

Im Juni 1997 schreibt der Vertrag von Amsterdam die Förderung eines hohen Beschäftigungsniveaus als eines der Ziele der Union fest (Art. 2) und führt in den Unionsvertrag einen neuen Titel über Beschäftigung ein (Titel VIII, Art. 125 und ff.). Die Gemeinschaft wird im Rahmen der koordinierten Beschäftigungsstrategie beauftragt, eine qualifizierte, ausgebildete und anpassungsfähige Arbeitnehmerschaft sowie Arbeitsmärkte zu fördern, die rasch auf die Veränderungen in der Volkswirtschaft zu reagieren in der Lage sind. Die Betonung liegt auf der Beschäftigungsfähigkeit der Arbeitnehmerschaft.

Im November 1997, einige Tage vor der Sondertagung des Europäischen Rates über Beschäftigungsfragen, die früher als geplant die koordinierte Beschäftigungsstrategie auf den Weg brachte, veranstaltete Luxemburg, das die Präsidentschaft innehatte, im Geiste der Mitteilung der Kommission eine Konferenz über die „Modernisierung und Verbesserung des Sozialschutzes in Europa". Bei den Eröffnungsansprachen wurde der Sozialschutz wie ein Beitrag zur koordinierten Beschäftigungsstrategie behandelt. Der Ministerpräsident Luxemburgs[12] drückte das folgendermaßen aus:

---

12 Eröffnungsansprache, 1997, Kolloquium von Mondorf über „Die Modernisierung und Verbesserung des Sozialschutzes" (10. bis 12. November 1997). *Bulletin luxemburgeois des questions sociales*, Band 4, S. 4).

„Es erscheint undenkbar, von der Beschäftigung, ihren zahlreichen Aspekten, ihren vielfältigen Herausforderungen, den zahlreichen Fragen, die das Thema aufwirft, zu reden, ohne sie in den Rahmen zu stellen, der sie umgeben muss, in eine Reflexion ... über die Zukunft des europäischen Sozialmodells und insbesondere seines Sozialschutzes" ... „Ich glaube, dass die Arbeitslosenversicherung als relevant im umfassenderen Sinne der Sicherheit und des Sozialschutzes gesehen werden sollte..., wir müssen sie aus der Sichtweise her sehen, dass Europa von einer im Wesentlichen passiven Beschäftigungspolitik zu einer immer aktiveren übergehen muss."

Doch diese Verbindung wird auch umgekehrt angesprochen:

„Wenn wir unsere Erwerbsquoten in Europa nicht erhöhen, werden wir bei der Finanzierung unserer Systeme der sozialen Sicherheit die größten Schwierigkeiten erleben." Der Sozialschutz steht nicht nur im Dienst der Beschäftigung, sondern die Beschäftigung muss ihrerseits im Dienste des Sozialschutzes stehen. Um in Europa ein hohes Niveau des Sozialschutzes aufrechtzuerhalten, muss es auch eine hohe Erwerbsquote geben.

2.1.3. Eingliederung der Arbeitslosenversicherung in die koordinierte Beschäftigungsstrategie

Im Rahmen der koordinierten Beschäftigungsstrategie wurde die Arbeitslosenversicherung mobilisiert. Diese Strategie bildet einen schwerfälligen und politisch einschränkenden Prozess. Jedes Jahr werden auf Gemeinschaftsebene mit qualifizierter Mehrheit beschäftigungspolitische Leitlinien aufgestellt, die Mitgliedstaaten im Rahmen eines nationalen Aktionsplans für die Beschäftigung umsetzen müssen. Die fünfzehn Pläne werden dann bewertet, und an die Staaten werden Empfehlungen ausgesprochen. Dieses Verfahren wird durch einen Jahresbeschäftigungsbericht ergänzt.

Beim Beschäftigungsgipfel in Luxemburg wurde die Beschäftigungsfähigkeit als „erste Säule" der europäischen Beschäftigungsstrategie aufgestellt. Die Beschäftigungsfähigkeit, im Französischen als „Fähigkeit zur beruflichen Eingliederung" bezeichnet, wird definiert als „die Eignung, eine Erwerbstätigkeit auszuüben; das umfasst sowohl die Notwendigkeit angemessener Qualifikationen als auch die Anreize zur Arbeitsuche und die Möglichkeiten, einen Arbeitsplatz zu finden"[13].

13 Kommission der Europäischen Gemeinschaft, „Die beschäftigungspolitischen Leitlinien für 1998", KOM (97) 497/2.

So hat die von der Kommission in ihrer Mitteilung vom März 1997 befürwortete Beschäftigungsfähigkeitsversicherung in den Beschäftigungsbereich Einzug gehalten. Doch hat sie den Bereich des Sozialschutzes deshalb verlassen? Es scheint so, denn weder die Arbeitslosenversicherung noch die Beschäftigungsfähigkeitsversicherung sind mehr in der neuen Mitteilung der Kommission von 1999 enthalten, die eine konzertierte Strategie beim Sozialschutz vorschlägt, die sich direkt von der europäischen Beschäftigungsstrategie leiten lässt[14].

2.2. Die konkrete Ausgestaltung der Beschäftigungsfähigkeitsversicherung anhand der Leitlinien

Durch den Kontakt mit der Beschäftigung wurde die Beschäftigungsfähigkeitsversicherung ausgestaltet. Die den Staaten anhand der Leitlinien vorgegebenen Ziele in Bezug auf die Beschäftigungsfähigkeit haben sich seit 1997 weiterentwickelt: Die Leitlinien der Gemeinschaft, die von den Mitgliedstaaten umzusetzen sind, haben vier Schwerpunkte:

- die Mitgliedstaaten müssen Jugendliche und arbeitslose Erwachsene aktivieren (L1 und 2);
- die Staaten müssen von passiven zu aktiven Maßnahmen übergehen (L3);
- die Staaten müssen die Steuer- und Leistungssysteme neu ausrichten (L4a);
- die Staaten müssen eine Politik zugunsten einer Verlängerung des Erwerbslebens entwickeln (L4b);

Diese Schwerpunkte entsprechen teilweise den Leitlinien der Säule 1 der koordinierten Beschäftigungsstrategie mit dem Titel „Verbesserung der Fähigkeit zur beruflichen Eingliederung".

---

14 Das Schicksal der Arbeitslosenversicherung wird in Bezug zur Entwicklung der staatlichen Arbeitsämter erörtert, wie auf dem europäischen Seminar deutlich aufgezeigt wurde, das die UNEDIC, das Verwaltungsorgan der Arbeitslosenversicherung in Frankreich, über das Thema „Arbeitslosenversicherung und Beschäftigungsfähigkeit: Welche Lektionen sind aus den europäischen Erfahrungen für die Modernisierung des Sozialschutzes zu ziehen?" am 23. und 24. April 1998 in Paris veranstaltet hat.

2.2.1. Aktivierung der Jugendlichen
und der arbeitslosen Erwachsenen (L1 und 2)

Im Rahmen einer Strategie zur Vermeidung der Arbeitslosigkeit müssen die Staaten zwei Zielgruppen einen „Neuanfang"[15] anbieten: Jugendlichen und arbeitslosen Erwachsenen.

Dabei wird ein etwas unterschiedlicher Ansatz befürwortet: Den Jugendlichen werden eine Reihe von Maßnahmen (Ausbildung, Umschulung, Berufserfahrung, ein Arbeitsplatz) oder „eine andere die Beschäftigungsfähigkeit fördernde Maßnahme" vorgeschlagen, während für die arbeitslosen Erwachsenen außer diesen Maßnahmen eine Berufsberatung als eine angemessene Maßnahme betrachtet werden kann. Diese Forderungen werfen Fragen auf. Welches sind die „anderen Maßnahmen", die von den Einrichtungen der Gemeinschaft befürwortet werden?

Für die arbeitslosen Erwachsenen sollen die Mitgliedstaaten sich bemühen, ein Gleichgewicht zwischen Maßnahmen zur Vorbeugung und zur Förderung zu finden. Was ist mit diesen Begriffen genau gemeint?

In den Vorschlag der Leitlinien für 2000 hat die Kommission eine Klärung aufgenommen: Der „Neuanfang", der Jugendlichen und arbeitslosen Erwachsenen angeboten wird, muss ihnen „eine wirksame Eingliederung in den Arbeitsmarkt" zusichern. Es handelt sich nicht mehr darum, eine Maßnahme anzubieten, die einfach nur eine berufliche Eingliederung ermöglicht, sondern darum, mit den Personen auf der Grundlage einer beruflichen Eingliederung einen Weg aufzubauen, der auf ihre wirksame Eingliederung in die Arbeitswelt abzielt.

Darüber hinaus zieht die Kommission die Sozialpartner in die Verbesserung der Beschäftigungsfähigkeit der Jugendlichen und der

---

15 Um der Entwicklung der Jugend- und Langzeitarbeitslosigkeit zu begegnen, arbeiten die Mitgliedstaaten vorbeugende, auf die Verbesserung der Beschäftigungsfähigkeit ausgerichtete Strategien auf der Grundlage einer frühzeitigen Ermittlung der individuellen Bedürfnisse aus (...) Die Mitgliedstaaten ermöglichen allen Jugendlichen einen Neuanfang in Form einer Ausbildung, einer Umschulung, einer Berufserfahrung, eines Arbeitsplatzes oder einer anderen die Beschäftigungsfähigkeit fördernden Maßnahme, ehe sie sechs Monate lang arbeitslos sind, und den arbeitslosen Erwachsenen durch eines der vorgenannten Mittel oder genereller durch individuelle Betreuung in Form von Berufsberatung, ehe sie zwölf Monate arbeitslos sind (L1 und 2).

arbeitslosen Erwachsenen ein und fördert somit einen dreigliedrigen Ansatz[16].

2.2.2. Übergang von passiven zu aktiven Maßnahmen (L3)

Die Mitgliedstaaten müssen mehr Personen als bisher eine aktive Maßnahme anbieten, d. h. eine Ausbildung oder ähnliche Maßnahmen[17]. In dieser Leitlinie geht es um die Aktivierung von öffentlichen Mitteln. Als Ziel wird ein Anteil von mindestens 20 % vorgegeben. Diese Leitlinie ist die einzige, die ein quantitatives Ziel festlegt. Dieser Aspekt hat etliche Veränderungen erlebt, vor allem bei der Abfassung der Leitlinien für 1999.

Bei der Annahme dieser neuen Leitlinien für 1999 durch den Rat im Februar 1999 wurde die Leitlinie 3 in zwei Teile aufgeteilt. Künftig wird eine Unterscheidung getroffen zwischen einerseits aktiven Maßnahmen – die bereits in den von Leitlinien für 1998 (L3) enthalten waren und unverändert bleiben, einschließlich der Zielvorgabe von 20 % – und andererseits der Neuausrichtung der Steuer- und Leistungssysteme, die eine neue Leitlinie wird. Diese neue Leitlinie ist sehr inhaltsreich und umfasst zwei Unterteilungen.

2.2.3. Neuausrichtung der Steuer- und Leistungssysteme (L4a)

Die Mitgliedstaaten müssen nicht nur ihr Leistungssystem reformieren, um Arbeitslose zur Aufnahme einer Erwerbstätigkeit anzure-

---

16 Die Sozialpartner werden nachdrücklich aufgefordert, auf ihrer jeweiligen Zuständigkeits- und Aktionsebene bald Vereinbarungen zu treffen, um zusätzliche Möglichkeiten für Ausbildung, Berufserfahrung, Praktika oder sonstige Maßnahmen zu schaffen, die geeignet sind, die Möglichkeiten der beruflichen Eingliederung jugendlicher Arbeitsloser und erwachsener Arbeitsloser zu verbessern und den Eintritt in den Arbeitsmarkt zu fördern (Modifizierung von L5).

17 Jeder Mitgliedstaat bemüht sich, die Zahl der Personen spürbar zu erhöhen, die in den Genuss aktiver Maßnahmen zur Förderung ihrer Beschäftigungsfähigkeit kommen. Zwecks Erhöhung des Prozentsatzes der Arbeitslosen, denen eine Ausbildung oder eine entsprechende Maßnahme angeboten wird, legt er dabei insbesondere nach Maßgabe seiner Ausgangssituation als Zielvorgabe fest, eine schrittweise Annäherung an den Durchschnitt der drei erfolgreichsten Mitgliedstaaten, mindestens aber einen Anteil von 20 % zu erreichen (L3).

gen, und zwar durch eine Kürzung der Leistungen oder eine Verschärfung der Strafmaßnahmen, sondern auch Hindernisse aus dem Weg räumen, die einer Wiederaufnahme einer Erwerbstätigkeit oder dem Beginn einer Ausbildung im Wege stehen, und die Arbeit finanziell attraktiver machen. Diese Reformen müssen jedoch über das System der Arbeitslosenleistungen hinausgehen und auch andere Mechanismen des sozialen Transfers und folglich über Arbeitslose hinaus die Nichterwerbstätigen einbeziehen[18].

Diese Leitlinie betrifft genau genommen nicht die aktiven Maßnahmen, hat jedoch zum Ziel, die aktiven Maßnahmen der Leitlinie 3 zu verstärken. Man findet hier einen anderen Vorschlag, der von der Kommission in ihrer Mitteilung über den Sozialschutz vom März 1997 aufgenommen ist, nämlich „eine beschäftigungsfreundlichere Gestaltung der Steuersysteme und der Systeme der Sozialleistungen" (Punkt 2.1.1.).

2.2.4. Politik zugunsten einer Verlängerung des Erwerbslebens (L4b)

Diese Leitlinie bildet einen Wendepunkt in der Politik für ältere Arbeitnehmer[19]. Es handelt sich letztlich darum, die Systeme des Vorruhestands oder der Frühpensionierung zu beenden und einen Verbleib der Personen in der Beschäftigung zu fördern, wobei Aktivierungsmaßnahmen für ältere Arbeitnehmer eingeführt werden[20]. Diese Leitlinie geht über die von der Kommission in ihrer Mitteilung

18 Jeder Mitgliedstaat wird seine Steuer- und Leistungssysteme überprüfen und gegebenenfalls neu ausrichten und Arbeitslosen und anderen Nichterwerbstätigen Anreize bieten, sich um Arbeit oder Maßnahmen zur Verbesserung ihrer Beschäftigungsfähigkeit zu bemühen und entsprechende Angebote wahrzunehmen, und für die Arbeitgeber Anreize bieten, damit sie mehr Arbeitsplätze schaffen (L4a).

19 Außerdem ist es wichtig, im Zusammenhang mit einer Politik zugunsten einer Verlängerung des Arbeitslebens unter anderem Maßnahmen zur Aufrechterhaltung der Arbeitsfähigkeit und zur Förderung des lebenslangen Lernens sowie andere flexible Arbeitsregelungen zu entwickeln, um auch älteren Arbeitnehmern die aktive Teilnahme am Arbeitsleben zu ermöglichen (L4b).

20 Mitteilung der Kommission vom 21. Mai 1999, „Auf dem Wege zu einem Europa für alle Altersstufen. Wohlstand und Solidarität zwischen den Generationen fördern". KOM (1999) 221 Endfassung; Dokument der Präsidentschaft zur Diskussion über „Die Beschäftigungsfähigkeit der älteren Arbeitnehmer und ihre Situation auf dem Arbeitsmarkt" (informelle Sitzung der Arbeitsminister vom Juli 1999 in Finnland).

vom März 1997 formulierten Vorschläge über den Sozialschutz bezüglich der Durchführung von „flexiblen Maßnahmen für den Übergang in den Ruhestand" hinaus (Punkt 2.2.4.).

Zum Schluss ist festzustellen, dass die Beschäftigungsfähigkeitsversicherung durch die Eingliederung in die koordinierte Beschäftigungsstrategie einen umfassenderen Geltungsbereich erhalten hat:

- Der Bereich „Aktivierung von Personen" wurde neu ausgerichtet, um eine wirksame Integration der Jugendlichen und der arbeitslosen Erwachsenen in die Arbeitswelt über den Weg einer beruflichen Eingliederung zu ermöglichen. So wird versucht, über Programme hinauszugehen, die nur ein Hin- und Her zwischen der Ausbildung und mehr oder weniger prekären Beschäftigungen bieten. Dies muss dreigliedrig umgesetzt werden, wobei der Staat und die Sozialpartner zusammenarbeiten.

- Der Bereich „aktive Maßnahmen" wurde durch eine Diversifizierung seines Inhalts auf die eigentlichen aktiven Maßnahmen wie die Aktivierung der Arbeitslosenfonds und die verschiedenen Anreize zur Wiederaufnahme einer Erwerbstätigkeit verfeinert. Sie betreffen sowohl die Systeme der Arbeitslosenleistungen als auch die anderen Sozialleistungen, sowie die Umsetzung einer Politik des Verbleibs der älteren Arbeitnehmer im Arbeitsleben.

3. Innerstaatliche Modelle der *Umgestaltung* der Arbeitslosenversicherung

Es ist im Rahmen dieses Beitrags nicht möglich, alle Modelle in den 15 Mitgliedstaaten der Europäischen Union darzulegen[21]. Wir haben uns entschieden, uns das nordische Modell der „Aktivierung von Personen" und das britische „Welfare-to-work"-Modell näher anzusehen, die à priori als alternative Modelle der Umgestaltung der Arbeitslosenversicherung in Europa erscheinen.

---

21 Insbesondere mit Blick auf Fortschritte unserer Forschungsarbeiten in diesem Bereich; vgl. das bereits genannte „Forschungsprojekt".

Bei unserer Darlegung dieser Modelle haben wir uns der Unterscheidungen bedient, die skandinavische Forscher bei der Beschäftigungspolitik vornehmen[22]. Diesen Forschern zufolge haben die Aktivierungspolitiken kurz-, mittel- oder langfristig zum Ziel, Zielgruppen, die finanziell vom Wohlfahrtsstaat abhängig sind oder Gefahr laufen, auf Dauer vom Arbeitsmarkt ausgeschlossen zu werden, dem Arbeitsmarkt oder jeglicher sonstiger Aktivität mittels verschiedener Maßnahmen (Ausbildung, Lehrgänge, finanzielle Maßnahmen, usw.) zuzuführen. Die Politik zur Aktivierung von Personen unterscheidet sich von einer aktiven Beschäftigungspolitik[23], einer Politik zur Aktivierung der für die Beschäftigungsförderung bestimmten öffentlichen Mittel, was ein umfassenderes Konzept ist, das Eingriffe sowohl beim Angebot von Arbeitsplätzen (Beihilfen und finanzielle Hilfe für Unternehmen) als auch bei der Nachfrage nach Arbeitsplätzen (Ausbildung und Verbesserung der Qualifikationen der Arbeitslosen) umfasst. In der Praxis verbindet sich die Politik der Aktivierung von Personen mit einem Ansatz des „Arbeitsanreizes" in dem Sinne, dass eine Verbindung zwischen dem vom Sozialschutz garantierten Einkommensniveau und den Mindestlöhnen hergestellt wird. Um eine Person zur Aufnahme einer Erwerbstätigkeit zu motivieren, muss die Höhe und/oder Dauer der Arbeitslosenleistungen angepasst werden. Eine Politik der Aktivierung von Personen kann aber auch je nach Fall einem Ansatz zur „workfare" nahekommen, die eine berufliche Tätigkeit als Voraussetzung für Ansprüche auf Sozialleistungen erfordert. Ein auf „workfare" gegründetes System übt Druck auf Personen aus und verringert in der Praxis ihre Wahlmöglichkeiten.

Diese verschiedenen Ansätze finden sich mit Nuancen und in verschiedenen Verbindungen in den untersuchten Modellen wieder.

---

22 Dropping, Jon Anders; Hvinden, Bjorn; Vik, Kirsten, 1999, „Aktivierungspolitik in den nordischen Ländern", in Kautto, Mikko (Hrsg.), *Nordic Social Policy. Changing Welfare States*. Routledge, London und New York, S. 133.

23 Im Gegensatz zu einer passiven Beschäftigungspolitik, die vorrangig Arbeitslosenleistungen vergibt.

3.1. Das skandinavische Modell zur Aktivierung von Personen

Das skandinavische Modell beruht auf einem Gleichgewicht zwischen einerseits den Rechten und Pflichten des Einzelnen – Recht auf Beschäftigung, und Pflicht, beschäftigt zu bleiben – und andererseits den Verpflichtungen der staatlichen Arbeitsämter in Bezug auf Arbeitslosenleistungen und Arbeitsplatzangebote.

Dieses Modell wird am Beispiel Dänemark erläutert.

3.1.1. Aktivierung von Personen und Recht auf Beschäftigung

In Dänemark gibt es seit den sechziger Jahren eine Art „Sozialvertrag", der allen Personen im erwerbsfähigen Alter eine Beschäftigung garantiert, die ihnen wirtschaftliche Unabhängigkeit und die Deckung ihres Bedarfs ermöglicht. Bei Arbeitslosigkeit garantiert eine freiwillige beitragsfinanzierte Arbeitslosenversicherung[24] ein Ersatzeinkommen in Höhe von 90 % des letzten Arbeitseinkommens für eine Höchstdauer von 4 Jahren (1994 von 7 auf 5 Jahre und 1999 von 5 auf 4 Jahre herabgesetzt). Es gibt einen engen Zusammenhang zwischen der aktiven Beschäftigungspolitik und der Arbeitslosenleistung.

Seit der Reform des Arbeitsmarktes im Jahre 1994, die 1995 neu ausgerichtet wurde, gehören die Verhütung der Langzeitarbeitslosigkeit und die Aktivierung der Arbeitslosen zu den vorrangigen Aufgaben der dänischen Politik. Die aktiven Maßnahmen werden auf lokaler Ebene beschlossen und durchgeführt und berücksichtigen die besondere Situation des lokalen Arbeitsmarktes. Sie werden nur angewandt, wenn der Arbeitslose echte Schwierigkeiten hat, wieder eine Erwerbstätigkeit zu finden, anders gesagt, wenn eine Langzeitarbeitslosigkeit droht.

Die Leistungen werden in zwei Zeitabschnitte eingeteilt:

• In den beiden ersten Jahren der Arbeitslosigkeit sind die Arbeitsämter verpflichtet, nur denjenigen Arbeitslosen aktive Maßnahmen anzubieten, bei denen eine Bewertung eine starke Gefahr

---

24 75 % der Arbeitnehmer sind gegen das Arbeitslosigkeitsrisiko versichert, die übrigen 25 % erhalten staatliche Beihilfe.

der Langzeitarbeitslosigkeit ergeben hat. Diese Arbeitslosen müssen aktive Maßnahmen in Form eines „Aktionsplans" akzeptieren, der zwischen dem Arbeitsamt und dem Arbeitslosen ausgehandelt und durch einen offiziellen Vertrag festgeschrieben wird. Im Falle von Meinungsunterschieden entscheidet in letzter Instanz das Arbeitsamt. Die anderen Arbeitslosen können die Einbeziehung in aktive Maßnahmen beantragen, doch das Arbeitsamt hat ihnen gegenüber keine Verpflichtungen;

- in den folgenden drei Jahren sind die aktiven Maßnahmen, die im Wesentlichen die Form von Aus- und Fortbildung annehmen, für alle Arbeitslosen verbindlich.

Ab Ende 2000 haben alle Arbeitslosen Anspruch auf und die Pflicht zur Annahme von Aktivierungsmaßnahmen, bevor sie 12 Monate lang arbeitslos sind.

Im Übrigen kann seit der Reform von 1994 keine aktive Maßnahme mehr die Dauer der Leistung verlängern und keine neuen Ansprüche im Bereich der Arbeitslosenversicherung eröffnen.

3.1.2. Aktivierung der Jugendlichen und „workfare"

Für die Jugendlichen wurden besondere Maßnahmen getroffen. Bis April 1995 konnten Jugendliche unter 25 Jahren unter bestimmten Bedingungen Arbeitslosenleistungen erhalten. Seither muss jeder junge Arbeitslose eine Arbeit oder eine Ausbildung annehmen, die vom Arbeitsamt angeboten wird. Wer eine Schulausbildung noch nicht abgeschlossen hat, dem wird zunächst eine Zusatzausbildung von mindestens 18 Monaten angeboten. Das Einkommen, das den Jugendlichen während der Ausbildung gezahlt wird, kann je nach Fall einem Stipendium oder einer Arbeitslosenleistung entsprechen. Es bildet die Gegenleistung für das von ihnen gezeigte Bemühen um berufliche Eingliederung.

In diesem sehr stark integrierten System verfügt der Arbeitslose über eine echte Einkommensgarantie sowie Ansprüche auf Einbeziehung in aktive Maßnahmen zur Verbesserung seiner Beschäftigungsfähigkeit und einer effektiven Rückkehr auf den Arbeitsmarkt unter besten Bedingungen. Über die Gewährung von aktiven Maßnahmen entscheidet jedoch stets das Arbeitsamt, und diese Maßnahmen müssen dem Bedarf des Einzelnen entsprechen. Im Übrigen wird auf die jungen Arbeitslosen starker Druck ausgeübt, so dass diese nur dann Mittel oder Leistungen erhalten, wenn sie aktive Maßnahmen akzeptieren. In diesem Fall handelt es sich um „workfare", da die Zahlung einer Sozialleistung von einem aktiven Verhalten auf dem Arbeitsmarkt abhängig gemacht wird.

Schließlich hat die dänische Regierung eine bedeutende Debatte im Rahmen ihres Programms mit der Bezeichnung „Dänemark bis zum Jahr 2000" eröffnet, das mehrere Ziele verfolgt, nämlich eine Erhöhung der Beschäftigung und der Erwerbsquote[25], eine Senkung der Arbeitslosigkeit[26] und eine Senkung der Anzahl der Personen, die von sozialen Transfers abhängig sind.

Bei dieser Debatte ging es zum einen um Maßnahmen, die abhängig Erwerbstätige ermutigen sollten, länger im Erwerbsleben zu bleiben, und zum anderen um die Verbesserung ihrer Situation auf dem Arbeitsmarkt. In diesem Rahmen wurde das von der Arbeitslosenversicherung finanzierte System des freiwilligen Vorruhestands geändert und der Zugang erschwert. Zum anderen ging es bei der Debatte auch um die echten Möglichkeiten der Verringerung der Anzahl von Personen, die in den Genuss von Sozialtransfers kommen, und die Rolle der Kommunen bei der Aktivierung der Leistungsempfänger.

3.2. Das britische „Welfare-to-work"-Modell

Bei diesem Modell bilden die aktiven Maßnahmen eine *conditio sine qua non* für den Bezug von Arbeitslosenleistungen. Das britische System besteht aus zwei Stufen: Einer Politik des Arbeitsanreizes und einer Politik zur Aktivierung der Arbeitslosen. Letztere ist von geringer Bedeutung und wird stark von „workfare" geprägt.

---

25 Schaffung von 200.000 Arbeitsplätzen zwischen 1998 und 2005; Anstieg der Erwerbsquote von 77,8 % im Jahre 1997 auf 81 % im Jahre 2005.
26 Verringerung der Arbeitslosigkeit um 5 % und Beibehaltung einer niedrigen Arbeitslosigkeit.

3.2.1. Die Beihilfe für Arbeitsuchende (erste Stufe)

Die erste Stufe bildet die Beihilfe für Arbeitsuchende, „job seeker allowance", die vom britischen Aktionsplan für die Beschäftigung als aktive Maßnahme („active benefit regime" PAN 1999, S. 6) bezeichnet wird. Es handelt sich um eine Pauschalbeihilfe, die aus zwei Teilen besteht: Einem Versicherungsteil, der für eine Dauer von 6 Monaten gezahlt wird, und einem Mindesteinkommensteil, der Personen gezahlt wird, die nicht die Anspruchsvoraussetzungen des ersten Teils erfüllen. Letztere erhalten bei Bedarf eine unbefristete Beihilfe, solange Mittel zur Verfügung stehen. Das System der „job seeker allowance" erfasst somit zwei Personengruppen[27]. Um in den Genuss dieser Leistung zu kommen, müssen die Betreffenden nachweisen, dass sie sich aktiv um einen Arbeitsplatz bemühen.

Diese auf eine Rückkehr zum Arbeitsmarkt ausgerichtete Maßnahme wird von Eingriffen des Arbeitsamtes ergänzt, das bei der Arbeitsuche Rat erteilt und Hilfe gewährt, und umfasst ferner Berufsberatung für junge Arbeitslose in den ersten sechs Monaten der Arbeitslosigkeit und für arbeitslose Erwachsene in den ersten 24 Monaten der Arbeitslosigkeit.

Für diese Unterstützung wird ein straffer zeitlicher Rahmen festgelegt. Mit zunehmender Dauer der Arbeitslosigkeit werden die Auflagen für die Arbeitsuchenden strenger. Schon beim ersten Gespräch mit einem Personalberater unterzeichnen die Arbeitslosen einen Vertrag über Arbeitsuche, „job seeker agreement", der ihr Profil, die angestrebte Erwerbstätigkeit, die zu ergreifenden Maßnahmen und das örtliche Beschäftigungsumfeld enthält. In diesem Vertrag werden die Rechte und Pflichten des Arbeitslosen festgehalten. Wenn sich die Parteien nicht auf den Inhalt des Vertrages einigen können, trifft ein unabhängiger Vermittler die Entscheidung. Die Arbeit-

---

27 Über das JSA hinaus gibt es Einkommenbeihilfe („income support") im Rahmen der Sozialhilfe. Diese wird Personen von mindestens 16 Jahren gewährt, deren Einkommen (Arbeitseinkommen und Ersparnisse) sehr gering sind. Es handelt sich um allein stehende Eltern, Behinderte, chronisch Kranke und Rentner. Seit 1998 werden die ersten beiden Kategorien in den *New Deal* einbezogen.

suchenden müssen sich alle zwei Wochen für ein Gespräch zum Arbeitsamt („job center") begeben. Nach 13 Wochen Arbeitslosigkeit müssen die Arbeitsuchenden eine größere Palette von Tätigkeiten annehmen, und nach 6 Monaten wird ihr Vertrag nach unten revidiert (insbesondere Lohnvorstellungen). Das Konzept einer zumutbaren Beschäftigung gibt es in Großbritannien nicht, und die Arbeitsuchenden müssen beweisen, dass für ihre Ablehnung einer angebotenen Arbeitsstelle gute Gründe bestehen[28]. Falls es keine solchen gibt, werden ihnen Leistungen für die Dauer von 26 Wochen vorenthalten, was der gesamten Leistungsdauer entspricht.

Dieses Modell ist deshalb völlig auf die Rückkehr auf den Arbeitsmarkt ausgerichtet und bildet für die Arbeitslosen einen starken Anreiz, eine Beschäftigung gleich welcher Art anzunehmen. Aufgrund dieser Eigenschaft sprechen manche Autoren vom britischen System als einem „liberalen System, das eine Niedriglohnpolitik praktiziert"[29]. Als Beweis wird angeführt, dass die britische Regierung bei der Aufnahme einer schlecht bezahlten Erwerbstätigkeit eine finanzielle Beihilfe zahlt. So bildet der „working families tax credit", der im Oktober 1999 an die Stelle des „family credit" getreten ist, eine dauerhafte finanzielle Beihilfe für Niedriglohnhaushalte, die mindestens ein unterhaltsabhängiges Kind zu versorgen haben. Diese Beihilfe wird demjenigen der beiden Ehepartner gewährt, der mindestens 16 Stunden in der Woche erwerbstätig ist. Im Übrigen scheint die Einführung eines staatlichen Mindestlohns, „national minimum wage" (PAN 1999, S. 13) durch Tony Blair die Gegeben-

---

28 Das ist ein unabhängiger Staatsbediensteter, der prüft, ob der Ablehnungsgrund des Arbeitslosen stichhaltig ist. Er muss die Gründe berücksichtigen, die in Bestimmung 72 des „Job seeker allowance Act" von 1995 angeführt sind. Diese Gründe sind in einer nicht beschränkten Liste zu finden: Gesundheitsprobleme, die die angebotene Stelle dem Arbeitslosen bereiten könnte, Tätigkeit, die besonderen körperlichen und geistigen Stress verursachen kann, religiöse Überzeugungen oder Einwände aus Gewissensgründen, soziale Pflichten des Arbeitsuchenden (z. B. eine Familienpflicht, die die Annahme der Arbeit nicht angemessen erscheinen lässt), Fahrzeit, Ausgaben des Arbeitsuchenden (wenn diese angesichts des angebotenen Arbeitseinkommens unangemessen hoch sind). Ferner müssen alle anderen Gründe berücksichtigt werden, die der Arbeitsuchende in seinem Vertrag über die Arbeitsuche anführt.

29 Chassard, Yves, 1998," Assistance sociale et emploi: les leçons de l'expérience britannique". Droit social, Nr. 3. S. 269.

heiten kaum zu verändern, außer für manche Kategorien von geringqualifizierten Frauen[30].

Diese erste Stufe des britischen Systems beruht auf der Vorstellung, dass der Arbeitsmarkt den Strom der Arbeitsuchenden in den
ersten Monaten der Arbeitslosigkeit aufnehmen muss. Folglich hat
das Ziel der Verbesserung der Fähigkeiten und der Qualifikationen
der Arbeitslosen in dieser Politik keinen Raum. Es geht vor allem um
eine Politik der Rückkehr zu einer Erwerbstätigkeit („back to work
policy"). Dennoch muss nuanciert werden: Bestimmte benachteiligte Bevölkerungsgruppen haben sofort auf spezifische Maßnahmen
des New Deal Anspruch (vgl. unten).

3.2.2. Die Programme des New Deal (zweite Stufe)

Die zweite Stufe besteht aus der Aktivierung der Arbeitslosen durch
die Programme des New Deal, deren Ziel es ist, dass Zielgruppen –
Jugendliche, Langzeitarbeitslose und bestimmte benachteiligte Bevölkerungsgruppen – auf den Arbeitsmarkt oder zu einer anderen
Tätigkeit kommen, sei es direkt oder durch verschiedene Programme. Diese Aktivierung steht erst an zweiter Stelle und nimmt nur
einen wenig bedeutenden Platz ein.

Konkret gilt der „New Deal für Jugendliche" für Personen im Alter
von 18 bis 24 Jahren, die seit über 6 Monaten arbeitslos sind. Zunächst gibt es eine intensive Periode von 4 Monaten, genannt „New
Deal Gateway", in der die Jugendlichen von Beratern begleitet werden und Informationen und eine Berufsberatung erhalten. Wenn sie
nach Ablauf dieser Zeit noch nicht arbeitsbereit sind oder keinen
Arbeitsplatz gefunden haben, werden ihnen mehrere Optionen angeboten: Entweder für 6 Monate ein subventionierter Arbeitsplatz
im Privatsektor oder die Möglichkeit einer selbständigen Erwerbstätigkeit oder für 6 Monate eine Arbeit in einem Verband oder im
Umweltbereich oder eine Vollzeitausbildung von höchstens einem

---

30　Der Betrag wurde auf einem niedrigen Niveau festgelegt (£ 3,60 pro Stunde für Arbeitnehmer); das Mindesteinkommen für Jugendliche im Alter von 18 bis 21 Jahren und für
Personen, die an Ausbildungsprogrammen teilnehmen, wurde auf einem noch niedrigeren Niveau festgelegt.

Jahr, die zu einer Erwerbstätigkeit führen soll. Im „New Deal für die über 25-Jährigen" wird den seit über zwei Jahren arbeitslosen Erwachsenen für 6 Monate ein subventionierter Arbeitsplatz im Privatsektor angeboten. Wer keine Qualifikationen hat, kann ein Jahr lang bei weiterem Bezug von Arbeitslosenleistungen vollzeitlich studieren. Diese Programme erfordern eine Investition des Einzelnen und der Unternehmen[31].

Lehnt der Arbeitsuchende eine dieser Optionen ab, werden seine Leistungen zwei Wochen lang ausgesetzt (sogar vier Wochen bei weiterer Weigerung). Diese Verpflichtung kommt der „workfare" gleich, die als Voraussetzung für Ansprüche auf Sozialleistungen eine berufliche Tätigkeit erfordert. Im britischen *New Deal* wird dieses Erfordernis noch erweitert, denn es zielt nicht nur auf eine berufliche Tätigkeit ab, sondern jede andere vom Arbeitsamt vorgesehene aktive Maßnahme. Die Geldleistungen werden verringert, wenn die Empfänger einen ihnen angebotenen Arbeitsplatz nicht annehmen oder sich nicht einer Ausbildung unterziehen wollen. Im Gegensatz zur ersten Stufe handelt es sich beim New Deal jedoch nicht um eine mehr oder weniger obligatorische Rückkehr auf den Arbeitsmarkt. Andere aktive Maßnahmen wie eine Berufsausbildung oder eine weitere Ausbildung sind vorgesehen. Die unmittelbare Rückkehr an einen Arbeitsplatz ist somit nicht das vorrangige Ziel. In diesem Stadium geht es vor allem darum, die Beschäftigungsfähigkeit der Arbeitsuchenden zu verbessern.

Ausweitung des „New Deal" auf benachteiligte Kategorien

Diese Bestimmungen wurden 1998 vom britischen beschäftigungspolitischen Aktionsplan auf nichterwerbstätige Personen ausgeweitet, von denen bisher keine aktive Arbeitsuche verlangt wurde, nämlich

---

31 Die am New Deal teilnehmenden Arbeitgeber müssen mit dem Arbeitsamt einen Vertrag abschließen, in dem sie eine Ausbildung garantieren, die zu einer anerkannten Qualifikation führt. Sie müssen sich ferner verpflichten – außer bei gerechtfertigten besonderen Umständen –, den Jugendlichen über die 6 Monate hinaus zu beschäftigen und das Programm nicht dazu zu nutzen, um einen bereits Beschäftigten durch einen Jugendlichen zu ersetzen, und einen Lohn zu garantieren, der mindestens der von dem Betreffenden bezogenen Beihilfe und wenn möglich der Bezahlung der Stelle oder einer gleichwertigen Stelle entspricht.

allein stehende Elternteile („lone parents") und Behinderte („disabled persons"). Diesen wurden spezifische, vom *New Deal* für Jugendliche und für Langzeitarbeitslose inspirierte Maßnahmen angeboten, damit sie eine Erwerbstätigkeit oder eine Ausbildung aufnehmen. Sie können diese Maßnahmen unverzüglich in Anspruch nehmen. Der nationale beschäftigungspolitische Aktionsplan für 1999 hat diese Ausweitung in zwei Richtungen weiterverfolgt. Als „benachteiligt" eingestufte Kategorien – ehemalige Strafgefangene, Geringqualifizierte, ehemalige Militärangehörige, Opfer von Massenentlassungen – können unverzüglich, das heißt ohne Aufschub und ohne Durchlauf der ersten Stufe, die Programme des *New Deal* oder spezifische Maßnahmen in Anspruch nehmen. Diese Kategorien, zu denen Arbeitslose und Nichterwerbstätige zählen, wurden als Risikogruppen eingestuft, das heißt als Gruppen, die mit der Zeit von Langzeitarbeitslosigkeit bedroht sind und besondere Unterstützung benötigen. Die Ehepartner oder Lebensgefährten von Arbeitslosen („partners") und ältere Arbeitnehmer („older workers") können aktive Maßnahmen in Anspruch nehmen, letztere erst nach 6 Monaten Arbeitslosigkeit.

Diese Politik wird durch ein Experimentierprogramm mit der Bezeichnung „single work focused gateway" ergänzt. Dieses richtet sich an die gesamte Bevölkerung im erwerbsfähigen Alter. Es schlägt Personen Unterstützung bei der Untersuchung verschiedener Möglichkeiten zur Rückkehr an einen Arbeitsplatz vor, um materielle Probleme (wie Kinderbetreuung) und finanzielle Probleme (Beratung über die Inanspruchnahme welcher Leistungen) zu lösen. Seit April 2000 erhalten Personen, für die diese Bestimmung gilt, keine Leistungen mehr, wenn sie sich nicht zur Teilnahme an diesem Programm melden. Sein Ziel ist es, sie wirtschaftlich unabhängig zu machen. Darüber hinaus bringt dieses System eine Aufteilung zwischen arbeitsfähigen und nicht erwerbsfähigen, zwischen beschäftigungsfähigen und anderen Personen mit sich. Diese Auswahl führt zu einer neuen Definition der Gruppen, die schließlich Hilfe und Sozialmaßnahmen benötigen.

Angesichts dieser verschiedenen Aspekte erscheint die britische Arbeitslosenversicherung als ein Instrument des Staates, um das Verhalten der Menschen massiv zu beeinflussen, jedoch mit einem posi-

tiven Ziel: Die wirtschaftliche Unabhängigkeit. Es handelt sich um
eine liberale Sicht „à la Beveridge" des Arbeitsmarktes, eines flexiblen Arbeitsmarktes, auf den der Staat keinen direkten Einfluss hat.
Schon zu Beginn des 20. Jahrhunderts benutzte Beveridge die Arbeitslosenversicherung als ein Instrument, um das britische Sozialsystem
umzugestalten, was ermöglichte, die Arbeitslosen von den Mittel-
losen zu trennen und einen stabilen Arbeitsmarkt zu schaffen, in dem
den Arbeitnehmern als Gegenleistung für Beiträge in Verbindung mit
einem gewissen Verhalten auf dem Arbeitsmarkt ein sozialer Schutz
gewährleistet wurde[32]. Die Regierung von Tony Blair setzt diese sehr
britische Tradition fort. Die „job seeker allowance" und der *New
Deal* bilden Instrumente zur Umgestaltung des Arbeitsmarktes und
im weiteren Sinne des britischen Sozialsystems. Das „Welfare-to-work"-
Modell bietet Personen eine Reihe von Gelegenheiten – Beschäftigung,
Berufsausbildung oder sonstige Ausbildung –, die sie annehmen
müssen. Sie haben somit die Pflicht, eine Erwerbstätigkeit aufzunehmen oder sich zumindest beschäftigungsfähig zu machen.

Von welchem Modell lässt sich das soziale Europa heute leiten?

4. Erste Elemente eines europäischen Modells

Zum Ausgang unserer zweischneidigen Darlegung – Gemeinschaftsebene und innerstaatliche Modelle – erscheint ein europäisches Sozialmodell mit noch verschwommenen Konturen, von dem man jedoch
einige hervorstechende Merkmale erkennt.

Das Schlüsselwort ist Aktivierung. Traditionell greift die Arbeitslosenversicherung in Form einer Arbeitslosenleistung oder eines
Lohnersatzeinkommens ein, wenn jemand seinen Arbeitsplatz verloren hat. Das Ziel der Beschäftigungsfähigkeitsversicherung ist es,
über die Leistung hinaus eine Rückkehr auf den Arbeitsmarkt vorzuschlagen. Sie ist Teil eines politischen Projekts auf der Grundlage
der Teilnahme am Erwerbsleben einer möglichst großen Zahl von

---

32 Beveridge, William, 1909, „Unemployment, a problem of industry", Longmans, Green and
   Co, London.

Personen. Wenn die Verbesserung der Beschäftigungsfähigkeit das zu erreichende Ziel ist, müssen spezifische Maßnahmen ergriffen werden. Dabei geht es um drei Schwerpunkte:

• Aktivierung der Mittel;
• Aktivierung der Personen;
• Aktivierung der Institutionen.

4.1. Die Aktivierung der Mittel

Die Aktivierung der Mittel erscheint unter zwei verschiedenen Gesichtspunkten.

Zum einen müssen die Reformen der Arbeitslosenleistungen eine Voraussetzung für eine Politik zur Aktivierung von Arbeitslosen bilden. Ziel ist es nicht mehr nur, die öffentlichen Ausgaben zu verringern, sondern eher die wirtschaftlichen Arbeitsanreize dadurch zu verstärken, dass die Arbeitslosenleistungen weniger „reizvoll" gemacht werden. Befürwortet werden unter anderem die Einführung von strengeren Anspruchskriterien, die Verringerung der Lohnersatzraten und die Einschränkung der Leistungsdauer. Auch durch die Verstärkung der Verfügbarkeitserfordernisse für den Arbeitsmarkt und die Verschärfung der Sanktionen im Falle der Ablehnung eines angebotenen Arbeitsplatzes oder einer Ausbildung muss auf die Arbeitslosen Druck ausgeübt werden. Zu den beschäftigungsfördernden Maßnahmen gehören auch Leistungen, deren Zahlung überdies von den Anstrengungen abhängt, die die Empfänger unternehmen, um einen Arbeitsplatz zu finden oder erneut zu finden.

Zum anderen umfasst die Aktivierung der Mittel die Umwandlung der Arbeitslosenleistungen in finanzielle Unterstützung für aktive Maßnahmen – Ausbildung oder analoge Maßnahmen. In diesem Rahmen erscheinen auch innovativere Aspekte. Mehrere Staaten haben sich Ziele bezüglich der Verringerung der Abhängigkeit der Menschen im erwerbsfähigen Alter von sozialen Transfers gesetzt. Zu diesem Zweck aktivieren sie über die Arbeitslosenleistungen hinaus andere Sozialleistungen. Manche Staaten erlauben den Arbeitslosen nach Aufnahme einer Erwerbstätigkeit, zumindest teilweise weiterhin Arbeitslosenleistungen oder sonstige Mindesteinkommen zu beziehen. Es handelt sich dabei manchmal um eine vorübergehende Maßnahme, die die Einkommensverluste ausgleichen soll, die der Arbeitslose bei der Wiederaufnahme einer beruflichen Tätigkeit erleidet – die französische Regelung über „reduzierte Tätigkeit" gehört zu diesen Maßnahmen –, oder es handelt sich um ein Schlüsselinstrument einer Arbeitsanreizpolitik, die den „erwerbstätigen Armen" ein gewisses Einkommensniveau garantiert, zum Beispiel der „working families tax credit" im britischen System. Der Stopp der Vorruhestandsrenten oder der Frührenten für die älteren Arbeitnehmer und die Nutzung der normalerweise für diese Zwecke verwendeten Mittel für die Verbesserung der Beschäftigungsfähigkeit dieser Arbeitnehmer bildet eine weitere interessante Neuheit[33].

Was wurde nun bei der Verbindung des „wirtschaftlichen Arbeitsanreizes" mit der „finanziellen Unterstützung für aktive Maßnahmen" erreicht? Die von der Kommission aufgestellte Bilanz ist eher gemischt. Zwar ist die Verbesserung des „Anreizcharakters des Leistungssystems (...) in den Mitgliedstaaten allgemein ein Anliegen", doch die „großen politischen Veränderungen sind selten"[34], und die Durchführung der Reformen scheint auf Widerstände zu stoßen. So hat sich der Europäische Gewerkschaftsbund (EGB) dem widersetzt, dass unter dem Vorwand einer Aktivierung der Beschäftigungspolitik der Anspruch auf Arbeitslosenleistungen in Frage gestellt wird[35].

4.2. Die Aktivierung von Personen

Die Beschäftigungsfähigkeitsversicherung erfordert eine Verbindung zwischen den Arbeitslosenleistungen und aktiven Maßnahmen. Die aktiven Maßnahmen werden als „eine neue Chance" betrachtet, die

33 Mitteilung der Kommission „Auf dem Wege zu einem Europa für alle Altersstufen", Mai 1999 und informelle Sitzung der Arbeits- und Sozialminister vom Juli 1999 in Finnland über „Die Beschäftigungsfähigkeit der älteren Arbeitnehmer und ihre Situation auf dem Arbeitsmarkt".
34 Gemeinsamer Beschäftigungsbericht 1999, Dok. 13607/99 vom 2. Dezember 1999.
35 EGB., 1998, Erste Stellungnahme des EGB zur Mitteilung der Kommission „Modernisierung und Verbesserung des Sozialschutzes in der Europäischen Union", angenommen vom Exekutivkomitee am 6. März, S. 3.

Einzelpersonen angeboten wird. Mit Einzelpersonen sind Personen im erwerbsfähigen Alter gemeint, was Arbeitslose und manche nichterwerbstätige Kategorien umfasst. Die „neue Chance" hat zum Ziel, sie aus ihrer Abhängigkeit von Sozialleistungen herauszuführen und sie aktiv am gesellschaftlichen Leben teilnehmen zu lassen. Doch was ist mit „aktiven Maßnahmen" gemeint? Bezüglich ihrer Ziele und ihres Inhalts wurden nähere Angaben gemacht. So präzisiert der Gemeinsame Beschäftigungsbericht für 1999, dass die aktiven Maßnahmen „dazu bestimmt sind, die Qualifikationen der Arbeitslosen zu verbessern". Diese Konzeption geht weiter als die in den Leitlinien enthaltene Formulierung. Es handelt sich nicht mehr nur darum, die berufliche Eingliederung zu fördern. Die Ausbildung oder jegliche andere entsprechende aktive Maßnahme muss zum Ziel haben, die Fähigkeiten des Arbeitslosen zu verstärken, wieder eine Arbeit zu finden.

Die aktiven Maßnahmen müssen Teil einer präventiven und nicht mehr einer kurativen Politik sein. Die Staaten müssen die Bedürfnisse des Einzelnen rechtzeitig feststellen. So entsprechen die im britischen Aktionsplan für die Beschäftigung enthaltenen Maßnahmen nicht ganz diesem Erfordernis. Dem Gemeinsamen Beschäftigungsbericht für 1999 zufolge bietet das britische System keine Prävention für Personen, bei denen ein hohes Langzeitarbeitslosigkeitsrisiko besteht. Zwei Besonderheiten des Systems bereiten Probleme: Zum einen, dass aktive Maßnahmen erst nach einer bestimmten Arbeitslosigkeitsdauer ergriffen werden, und zum anderen das Fehlen einer Einschätzung des Risikos des Einzelnen. Der *New Deal* richtet sich ausschließlich an Zielgruppen, die auf dem Verwaltungswege festgelegt wurden. Allgemeiner scheinen die EU-Einrichtungen eine Arbeitsanreizpolitik abzulehnen, die nicht mit einer Politik der Aktivierung von Personen verbunden wird.

Bezüglich des Inhalts der aktiven Maßnahmen hat sich bei der Untersuchung der nationalen beschäftigungspolitischen Aktionspläne ergeben, dass die Mitgliedstaaten unterschiedliche Konzeptionen hatten. Diese Divergenz schuf Probleme. Da es keine einheitliche Definition gab, konnte die EU-Kommission nicht sagen, ob das quantitative Ziel von 20% erreicht war oder nicht. Deshalb sah sie sich

gezwungen, den Begriff der aktiven Maßnahmen zu klären. Dem
Gemeinsamen Beschäftigungsbericht für 1999 zufolge „umfassen diese
Maßnahmen die Ausbildung, darunter die Möglichkeit, in das reguläre Ausbildungssystem oder zur Erwachsenenbildung zurückzukehren, sowie ähnliche Maßnahmen, die subventionierte Arbeitsplätze,
die Beschäftigungspläne sowie Hilfe für Arbeitslose zur Schaffung
einer selbständigen Erwerbstätigkeit umfassen". Die EU-Kommission
schloss jedoch Programme aus, die nur eine Berufsberatung und
eine Hilfe bei der Arbeitsuche umfassten. Vom Vereinigten Königreich wird deshalb erwartet, dass es seine Bestimmungen mit den
europäischen Leitlinien in Einklang bringt.

Aus juristischer Sicht bedeutet die Aktivierung von Personen die
Anerkennung von Rechten, Ansprüche auf eine Arbeitslosenleistung
und auf aktive Maßnahmen, sowie Verpflichtungen zur Arbeitsuche
und zur Verbesserung der Beschäftigungsfähigkeit. Für die Erwachsenen scheinen die Rechte und Pflichten ausgewogen zu sein, doch
Jugendliche scheinen mehr Pflichten als Rechte zu haben. Rechte
und Pflichten sind in einem Vertrag festgehalten, der zwischen dem
Einzelnen und dem Arbeitsamt abgeschlossen wird. Letzteres hat
auch Verpflichtungen gegenüber der Person (vgl. unten). Der Vertrag bildet das juristische Instrument, durch das sich die Umgestaltung von einer Arbeitslosenversicherung zu einer Beschäftigungsfähigkeitsversicherung vollzieht. Der Einzelne bestimmt selbst den
Weg, der ihn zu einer Beschäftigung führt.

4.3. Die Aktivierung der Institutionen

Die Durchführung einer aktiven Politik impliziert die Modernisierung der staatlichen Arbeitsverwaltung und die Mobilisierung aller
institutionellen Akteure und insbesondere des Staates und der Sozialpartner.

Die europäische Beschäftigungsstrategie leistet einen positiven
Beitrag zur Modernisierung der Arbeitsverwaltung, indem sie deren
Rolle bei der Durchführung der präventiven und aktiven Arbeitsmarktpolitik neu definiert. Alle ihre Maßnahmen müssen „auf den einzelnen Arbeitslosen zugeschnitten" und auf „die Verhütung der Lang-

zeitarbeitslosigkeit" ausgerichtet sein. Zu diesem Zweck müssen neue Instrumente geschaffen werden. Dem Gemeinsamen Beschäftigungsbericht für 1999 zufolge werden die in mehreren Mitgliedsländern angebotenen Dienste künftig deutlicher in „mehreren Stufen" erbracht, „die kurz nach der Registrierung mit einem Gespräch zur Feststellung der Bedürfnisse und der Aussichten und zur Aufstellung eines auf den Einzelnen zugeschnittenen Aktionsplans beginnen und durch eine intensivere Hilfe für Personen fortgesetzt werden, bei denen die Gefahr der Langzeitarbeitslosigkeit besteht, sowie durch eine stärkere Beobachtung der Fortschritte zur beruflichen Eingliederung und Wiedereingliederung". Für diese Neuausrichtung der Tätigkeiten der Arbeitsämter müssen zusätzliche Mittel bereitgestellt werden[36].

Die koordinierte Beschäftigungsstrategie verpflichtet die Staaten dazu, Einzelpersonen Chancen zu bieten. Doch die Staaten können diesen Verpflichtungen nicht allein gerecht werden. Daher sind die Sozialpartner aufgerufen, in die Schaffung neuer Gelegenheiten zu investieren. Auf diese Weise entsteht auf europäischer Ebene ein Recht auf Arbeit, das sowohl vom Staat als auch von den Sozialpartnern garantiert wird. Diese Dreierbeziehung nimmt je nach Land die Form der „Dreigliedrigkeit" oder der „Partnerschaft" an.

5. Schlussfolgerungen

Abschließend kann man sich fragen, ob in dem Maße, in dem das soziale Modell durch die koordinierte Beschäftigungsstrategie aufgebaut wird, die Beschäftigungsfähigkeitsversicherung noch ein wichtiges Instrument bildet, um eine Gesellschaft zu schaffen, die einer möglichst großen Zahl von Personen eine Erwerbstätigkeit anbieten muss. Welches Risiko sollte diese Beschäftigungsfähigkeitsversicherung decken? Handelt es sich um die Nichtbeschäftigungsfähigkeit,

---

36 Entwurf einer Mitteilung der Kommission: „Modernisierung der öffentlichen Arbeitsämter zur Unterstützung der koordinierten Beschäftigungsstrategie".

die von verschiedenen Autoren als völlig voraussehbar bezeichnet wird? Kann die Versicherung als Form des Sozialschutzes noch – und unter welchen Bedingungen – eine echte Sicherheit für Einzelne bieten? Es scheint der Augenblick gekommen zu sein, die Vor- und Nachteile der Beschäftigungsfähigkeitsversicherung, der Arbeitsämter und der Techniken zu untersuchen, die als innovativer dargestellt werden, zum Beispiel die „Ansprüche auf Sozialrechte"[37].

37 Salais, Robert, 1994, „Procurer une sécurité dans une économie flexible", in *Modernisation et amélioration de la protection sociale*, Konferenz von Mondorf vom November 1997, Bulletin luxembourgeois des questions sociales, Band 4, S. 45; Supiot, Alain, 1999 (unter der Leitung von): „Au-delà de l'emploi. Transformations du travail et devenir du droit du travail en Europe. Flammarion", Paris, S. 90.

Teil 2
Ein dynamischer Ansatz

Kapitel V

Die Förderung der Beschäftigungsfähigkeit

1. Einleitung

Im November 1997 entwickelte die Europäische Kommission eine Beschäftigungsstrategie, die einen gemeinsamen Rahmen für die Beschäftigungspolitik der Mitgliedstaaten (beschäftigungspolitische Leitlinien) auf der Grundlage gemeinsam beschlossener Zielsetzungen sowie multilateraler Mechanismen für die Überwachung und Auswertung der Fortschritte bei der Bekämpfung der Arbeitslosigkeit festlegt. Ferner schuf sie die Grundlage für eine umfassendere Partnerschaft unter Einschluss der Sozialpartner und aller lokalen Akteure. Die Beschäftigungsstrategie erfordert außerdem eine integrierte, umfassende und beständigere Antwort der Beschäftigungspolitiken: Anhand von vier Leitlinien soll eine nachhaltige Beschäftigungsfähigkeit, ein neuer Unternehmergeist, die Anpassungsfähigkeit der Arbeitsorganisation und der Humanressourcen und Chancengleichheit auf dem Arbeitsmarkt gefördert werden.

In den beschäftigungspolitischen Leitlinien konzentriert sich die Verbesserung der Beschäftigungsfähigkeit auf die Arbeitslosen oder Personen, die vom Arbeitsmarkt ausgeschlossen sind. Sie rufen zu einem stärker vorbeugenden und aktiveren Ansatz bei der Hilfe für Arbeitslose auf. Sie verweisen auf Maßnahmen, die auf eine Verbesserung ihrer Arbeitsfähigkeit, ihrer Arbeitsbereitschaft und ihres Zugangs zum Arbeitsmarkt abzielen. Der in der Beschäftigungsstrategie entwickelte integrierte und umfassende Ansatz hat jedoch Auswirkungen auf die Nachfrage- wie die Angebotsseite und bedeutet nicht nur eine Verbesserung der Fähigkeiten und eine Verstärkung des Humankapitals, sondern auch die Überwindung zahlreicher Hindernisse, die Menschen am Zugang zu Arbeitsplätzen oder am Verbleib an sicheren Arbeitsplätzen und an einer Steigerung ihrer Einkünfte hindern.

Das folgende Kapitel befasst sich mit der Umsetzung der Beschäftigungsfähigkeit und ihrer strategischen Bedeutung für die beschäftigungspolitische Diskussion. Die ausgewählten Beispiele sind nicht erschöpfend. Es sollen nur verschiedene bestehende Ansätze und ihre Auswirkungen aufgezeigt werden.

Die Untersuchung und die Evaluierung der Bestrebungen der Mitgliedstaaten die Beschäftigungsfähigkeit zu verbessern, lassen deutlich erkennen, dass dieses Ziel in den meisten Fällen einen neuen Schwerpunkt des bestehenden Mixes aktiver Arbeitsmarktpolitiken und eine neue Art der Erbringung von Dienstleistungen erfordert. Ferner zeigen sie, dass sich die gemeinsame Ausrichtung auf eine dynamische und umfassende Vorstellung der Beschäftigungsfähigkeit in unterschiedlichem Tempo vollzieht und Raum für verschiedene Auffassungen und Verwendungen der Beschäftigungsfähigkeit lässt.

Das wird noch deutlicher, wenn wir Länder außerhalb der Europäischen Union betrachten – seien es Industrieländer, Länder im Übergang oder Entwicklungsländer –, denen die Verbesserung der Beschäftigungsfähigkeit der Arbeitslosen explizit oder implizit ein Anliegen ist, das sie durch die Entwicklung von Politiken mit dem Ziel der Überwindung der verschiedenen Arbeitsmarktprobleme behandeln.

Der Begriff Beschäftigungsfähigkeit wird nicht überall akzeptiert und bleibt umstritten. Beschäftigungsfähigkeit wird häufig schlecht definiert, und allgemeine Beschäftigungsanliegen lassen einen breiten Raum für verschiedene Ansätze zur Beschäftigungsfähigkeit. Niemand wird jedoch bestreiten, dass die Verbesserung der Beschäftigungsfähigkeit einen komplexen und variablen politischen Mix erfordert und dass eine auf die Beschäftigungsfähigkeit ausgerichtete Politik verschiedene Kompromisse schließen muss und vor Dilemmata steht, deren Lösung von spezifischen und lokalen Kontexten abhängt, was eine größere grundsätzliche Frage bezüglich ihrer Erweiterung aufwirft.

2. Beispiele aus Ländern der Europäischen Union

2.1. *New Deal* im Vereinigten Königreich

NIGEL MEAGER[1]

Die im Mai 1997 gewählte Labour-Regierung im Vereinigten Königreich hat eine Reihe von neuen Maßnahmen zur aktiven Arbeitsmarktpolitik eingeführt, die so genannten *New Deals*. Die umfassendste Maßnahme dieser Art ist der *New Deal* für junge Menschen im Alter von 18–24 Jahren (*New Deal for Young People*, NDYP), der auf lokaler Ebene in 12 Regionen gewissermaßen als Vorreiter im Januar 1998 erprobt wurde, bevor er im April 1998 landesweit eingeführt wurde. Daneben gibt es *New Deal* Programme für eine Reihe anderer Zielgruppen, insbesondere:

- den *New Deal* für Langzeitarbeitslose im Alter von über 25 Jahren (*the New Deal for Long-Term Unemployed*, NDLTU), der im Juni 1998 landesweit eingeführt wurde (wobei weitere Varianten des Systems seit November 1998 versuchsweise laufen);
- der *New Deal* für allein erziehende Eltern (Pilotphase ab Juli 1997, Ausdehnung im April 1998 und Oktober 1998);
- der *New Deal* für Behinderte (Pilotphase zwischen Oktober 1998 und April 2000);
- der *New Deal* für ältere Menschen (50-Jährige und Ältere), Pilotphase seit Oktober 1999, landesweite Ausdehnung im Laufe des Jahres 2000.

Hervorzuheben ist, dass während sich die *New Deals* für junge Menschen und Langzeitarbeitslose an Arbeitslose richten (genauer gesagt, an die Antragsteller für die wichtigste Leistung für Arbeitslose –

---

1   Nigel Meager, Institute for Employment Studies.

Jobseekers' Allowances, JSA), die *New Deals* für allein erziehende Eltern, Behinderte und ältere Menschen mehr oder weniger stark auch auf arbeitswillige Nichterwerbstätige zielen. Die *New Deals* sollten nicht als reine Maßnahmen zur aktiven Beschäftigungspolitik im herkömmlichen Sinne verstanden werden, sondern als eines der beiden Kernelemente der „welfare-to-work"-Strategie der britischen Regierung (wobei das andere zentrale Element dieser Strategie eine grundlegende Überprüfung und Reform des Steuer- und Leistungssystems im Vereinigten Königreich ist).

Jede der New-Deal-Maßnahmen birgt unterschiedliche Ansätze und Gestaltungsmuster sowie eine Reihe von Anreizen und Unterstützungsmaßnahmen. Die Teilnahme am *New Deal* für junge Menschen und dem *New Deal* für die Langzeitarbeitslosen ist obligatorisch (es sind Leistungskürzungen für ein Fernbleiben vorgesehen) für diejenigen, die in die entsprechende Altersgruppe fallen und die Kriterien für einen Leistungsanspruch erfüllen, während die Beteiligung an den anderen *New Deals* freiwilliger Natur bleibt. Ein gemeinsames Merkmal aller *New Deals* ist jedoch der Schwerpunkt auf der Aktivierung des jeweiligen Personenkreises durch individuelle Beratung und Berufsausrichtung, die „persönliche Berater" erbringen, die Unterstützungsmaßnahmen (einschließlich einer Fortbildung, soweit nötig) für die Beteiligten zusammenstellen und ihnen bei der Arbeitsuche Hilfe und Unterstützung anbieten.

Die Regierung sieht alle *New Deals* ausdrücklich als Maßnahmen zur Beschäftigungsfähigkeit, die nicht nur kurzfristig die Beschäftigung und die Arbeitslosenzahlen beeinflussen, sondern auch die langfristige Beschäftigungsfähigkeit der Zielgruppen verbessern sollen.

In diesem Beitrag wird vor allem auf den *New Deal* für junge Menschen eingegangen, den umfangreichsten und ältesten unter den *New Deals*, der bis heute häufiger evaluiert wurde als die anderen (allerdings wird auch Bezug genommen auf Ergebnisse zum *New Deal* für Langzeitarbeitslose).

1. Der *New Deal* für junge Menschen (NDYP)

Diese Maßnahmen ist die wichtigste im Rahmen der Strategie des Vereinigten Königreichs gegen die Jungendarbeitslosigkeit und soll allen jungen Menschen mit begleitenden Unterstützungsmaßnahmen Beschäftigung oder Ausbildung anbieten, bevor sie in die Langzeitarbeitslosigkeit abgleiten. Die Regierung verfolgt mit dem NDYP folgende Ziele[2]:

- eine schnellere Vermittlung in Arbeit von arbeitslosen Jugendlichen;
- Verringerung der Einstellungskosten und der Vorurteile von Arbeitgebern;
- Verbesserung der Kenntnisse, Erfahrungen und Qualifikationen, der Motivation, des Selbstwertgefühls und der Fähigkeit zur Arbeitsuche;
- den Einzelnen in die Lage versetzen, die geeignetste Methode zum Erhalt eines Arbeitsplatzes und Verbleib in einer Stelle auszuwählen;
- eine fortdauernde und verbesserte effiziente Arbeitsuche während der gesamten Laufzeit des Programms.

Im Rahmen dieser Betrachtung des NDYP als Maßnahme zur Beschäftigungsfähigkeit ist allerdings hervorheben, dass trotz seiner Bezeichnung keines der Elemente des *New Deal* für junge Menschen grundlegend „neu" ist; es handelt sich eher um Varianten bestehender Maßnahmen oder ihrer Vorläufer, die im Vereinigten Königreich oder andernorts in den letzten Jahrzehnten umgesetzt wurden. So enthält es insbesondere Elemente des angebotsorientierten Ansatzes zur aktiven Arbeitsmarktpolitik, der Mitte der achtziger und zu Beginn der neunziger Jahre eine dominierende Stellung bezog (Betonung der Aus- und Fortbildung, Aktivitäten zur Arbeitsuche, usw.), in Verbindung mit einer Rückkehr zu eher herkömmlichen, nachfrageorientierten Maßnahmen zur aktiven Beschäftigungspolitik (Subventionen für die Arbeitgeber, nicht marktorientierte Arbeitsbeschaf-

---

2 Employment Service, 1997, *New Deal: Objectives, Monitoring, Evaluation*, Sheffield, Vereinigtes Königreich.

fungsmaßnahmen, usw.). Das Programm ist u. a. wegen dieses hybriden, vielschichtigen Charakters schwer zu evaluieren, wenn man die unterschiedlichen Auswirkungen der verschiedenen Programmelemente auseinander halten will.

Trotz seiner Ursprünge in früheren Ansätzen zur aktiven Beschäftigungspolitik ist NDYP im britischen Kontext gesehen ein innovatives Programm. Dies lässt sich insbesondere aus folgenden Gründen feststellen:

- *Umfang:* Das Programm ist wesentlich umfangreicher als Vorläufer-Initiativen – die von der Regierung für 1997–2002 vorausgesehenen Ausgaben für NDYP belaufen sich auf £ 3,16 Milliarden. Im Januar 2000 hatten rund 422.100 junge Menschen an dem Programm teilgenommen und wie das Schaubild 1 unten zeigt, haben sich die Neueintritte zum Programm bei rund 15.000 bis 20.000 pro Monat stabilisiert. Die Gesamtzahl der Programmteilnehmer, die im Sommer 1999 rund ein Jahr nach dem nationalen Start des Programms einen Höchststand von 150 000 Teilnehmern erreichte, dürfte auf 90.000 zurückgehen[3]. Das Programm hat auch deshalb umfassenden Charakter, weil es *alle* jungen Menschen im Alter von 18–24 Jahren erfasst, die über einen Zeitraum von sechs Monaten oder mehr einen Antrag auf JSA[4] gestellt haben. Zudem haben bestimmte Gruppen (in dieser Altersgruppe) auch dann einen Anspruch auf eine Teilnahme am *New Deal*, wenn sie weniger als sechs Monate arbeitslos waren[5].

- *Individuelle Unterstützung und Berufsausrichtung:* Ein zentrales Element des NDYP, das diese Maßnahme ebenso wie die anderen *New Deals* auszeichnet, ist die Bedeutung, die ihr als individueller „Weg zur Integration", wie dies in der Fachliteratur genannt wird, zukommt. So nehmen alle Teilnehmer zunächst an

---

3 Hasluck, C., 2000, „The New Deal for Young People, two years on", *Research and Development Report*, The Employment Service (erscheint demnächst).

4 Im Oktober 1996 ersetzte die JSA das vorherige System der Arbeitslosenunterstützung und Einkommensbeihilfe.

5 Zu diesen Gruppen, die vorzeitig dem NDYP beitreten können, gehören Behinderte, ehemalige Straftäter, Personen, die aus der Obhut der lokalen Behörden entlassen werden und solche mit Schreib- und Rechenproblemen.

einem Eingangsprogramm *(gateway)* teil, das bis zu vier Monate dauert (sie erhalten in dieser Zeit weiterhin die JSA). Es besteht aus intensiver Beratung, Unterstützung, Berufsausrichtung und Fortbildung, und konzentriert sich auf die Arbeitsuche, Grundfertigkeiten (Schreiben und Rechnen) und persönliche Probleme, die Auswirkungen auf die Beschäftigungsfähigkeit des Teilnehmers haben. Diese Unterstützung erfolgt durch persönliche Berater der staatlichen Arbeitsvermittlung. Mit diesem Eingangsprogramm sollen so viele Teilnehmer wie möglich direkt in nicht subventionierte Arbeit im regulären Arbeitsmarkt vermittelt werden, während die restlichen auf die verschiedenen Optionen in der Hauptphase des *New Deal* vorbereitet werden.

• *Optionsmöglichkeiten:* Entgegen dem vorhergehenden Ansatz zur aktiven Arbeitsmarktpolitik im Vereinigten Königreich, dessen Maßnahmen „alle unter einen Hut bringen wollten", bietet der *New Deal* den jungen Menschen, die keinen nicht subventionierten Arbeitsplatz haben, die Wahl zwischen vier Möglichkeiten[6], wobei die getroffene Wahl von einer Beurteilung ihrer Fähigkeiten und Bedürfnisse abhängt:

1. ein subventionierter Arbeitsplatz bei einem Arbeitgeber auf dem regulären Arbeitsmarkt (über sechs Monate); zu dieser Option gibt es seit Juli 1998 noch eine Variante, die es dem Teilnehmer erlaubt, sich mit finanzieller Unterstützung selbständig zu machen;

2. eine sechsmonatige Tätigkeit innerhalb der *Environment Task Force* (eine Arbeitsplatzbeschaffungsmaßnahme im Umweltschutz);

3. eine sechsmonatige Tätigkeit bei einem Arbeitgeber im freiwilligen Bereich (Wohlfahrt);

4. eine vollzeitige Aus- und Fortbildung bis zu 12 Monaten ohne Kürzung der Leistungen (für diejenigen, die keine Qualifikationen nach der staatlichen Berufsqualifikation NVQ, Stufe 2, mitbringen).

6   Die Optionen 1, 2 und 3 schließen mindestens einen Ausbildungstag pro Woche mit Blick auf eine anerkannte berufliche Qualifikation ein.

• *Betonung der aktiven Arbeitsuche:* Diejenigen, die sich weigern, nach der Eingangsphase eine der oben genannten Optionen zu wählen, können mit Leistungskürzungen bestraft werden. Von allen Teilnehmern des Programms wird zu allen Zeiten erwartet, dass sie sich aktiv um Arbeit bemühen; auf der anderen Seite sollen die Arbeitsvermittlung und andere Stellen die Teilnehmer durch Beratung, Ausrichtung der Berufswünsche und Hilfe bei der Arbeitsuche während der gesamten Laufzeit des Programms unterstützen.

Zum Abschluss ist zu bemerken, dass ein Jugendlicher, der eine der Optionen abgeschlossen hat oder sie verlässt, aber immer noch keine Beschäftigung gefunden hat, eine weitere Unterstützungsmaßnahme beginnen kann, die als „Folgezeit" *(Follow-Through)* bezeichnet wird. Er wird in dieser Phase weiterhin intensiv bei der Arbeitsuche unterstützt und wird unter Umständen auf eine der vier Hauptoptionen des *New Deal* umgelenkt. Nur eine Minderheit der Fälle wird in die Eingangsphase zurückverwiesen.

Schaubild 1. New Deal *für junge Menschen –*
            Eintritte, Teilnehmer und Abgänger (monatlich)

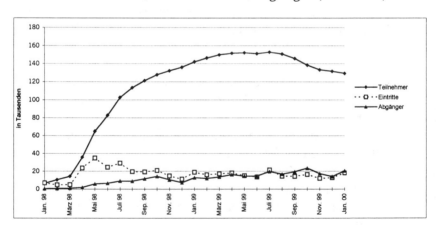

Quelle: DfEE, 2000 (eigene Berechnungen).

2. Der *New Deal* für Langzeitarbeitslose (25 Jahre +)

Der *New Deal* für Langzeitarbeitslose im Alter von 25 Jahren und darüber (NDLTU) ist ein kleineres, weniger komplexes Programm als der NDYP, obgleich beide Programme wichtige gemeinsame Merkmale vorweisen.

Es handelt sich um ein kleineres Programm, da die angesprochene Gruppe (Personen im Alter von 25 Jahren und darüber, die arbeitslos waren und seit zwei oder mehr Jahren JSA[7] erhalten) kleiner ist als die, die für den NDYP in Frage kommt. Das Programm besteht aus drei Hauptelementen:

* eine Reihe von regelmäßigen Beratungsgesprächen mit den persönlichen Beratern des *New Deal*, die über einen Zeitraum von bis zu sechs Monaten laufen können;
* Zugang zu einer subventionierten Beschäftigung bei einem Arbeitgeber;
* Zugang zu einer schulischen Berufsausbildung und Fortbildung über einen Zeitraum bis zu 12 Monaten.

Die Teilnehmer können die zweite und dritte Option nach sechswöchiger Teilnahme zu jedem Zeitpunkt wählen.

Zudem haben die Betroffenen Zugang zu allen bestehenden Unterstützungsmaßnahmen zu Fortbildung und Hilfe bei der Arbeitsuche für Langzeitarbeitslose (die meisten sind nach einer sechsmonatigen Beschäftigung zugänglich).

Das NDLTU-Programm hat wie NDYP obligatorischen Charakter, obwohl das im Juni 1998 eingeführte nationale Programm nur die Phase der Beratungsgespräche als verbindlich vorschreibt. Dagegen sind bei den so genannten November-Pilotprojekten (die in einigen Regionen im November 1998 eingeführt wurden) alle Programmphasen obligatorisch. Die November-Pilotprojekte erproben eine Reihe von Alternativen (einschließlich eines Zugangs zum Programm nach 18 Monaten anstelle von zwei Jahren Arbeitslosigkeit und intensiverer und umfassenderer Unterstützungsmaßnahmen, die in

---

7   Für die Mitglieder bestimmter benachteiligter sozialer Gruppen wird das Kriterium für die Zugehörigkeit auf ein Jahr oder mehr herabgesetzt.

einigen Aspekten eher denen des NDYP-Programms gleichen). Die Regierung hat kürzlich (im März 2000) angekündigt, dass von April 2001 an einige Elemente der November-Pilotprojekte landesweit eingeführt werden, vor allem die Ausweitung der Teilnahmepflicht, der frühere Beitritt zum Programm (nach 18 Monaten Arbeitslosigkeit), und die Einbeziehung einer strukturierten Eingangsphase, die der des NDYP-Programms ähnelt. Dies bedeutet eine erhebliche Ausdehnung des Programms. Es wird betont, dass diese Erweiterung eingeführt wurde, bevor die umfassende Evaluierung des bestehenden NDLTU-Programms und der verschiedenen November-Pilotprojekte verfügbar war.

Ein Blick auf das gegenwärtige Programm und Schaubild 2 zeigt, dass Ende Januar 2000 etwas über eine Viertelmillion Langzeitarbeitslose das NDLTU Programm in Anspruch genommen haben, von denen 140.700 es wieder verlassen haben, so dass das Programm sich auf eine durchschnittliche Teilnehmerzahl von 80.000 bis 90.000 eingependelt hat.

Schaubild 2. New Deal *für Langzeitarbeitslose (25 Jahre +) –
Eintritte, Teilnehmer und Abgänger (monatlich)*

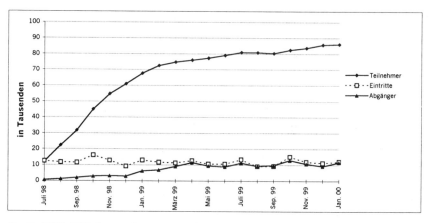

Quelle: DfEE, 2000 (eigene Berechnungen).

3. Neuester Stand der Evaluierung

Der innovative Charakter der New Deals im Vereinigten Königreich kommt auch darin zum Ausdruck, dass sie Gegenstand eines umfassenderen und strengeren Kontroll- und Evaluierungsverfahrens waren als alle vorausgegangenen Arbeitsmarktprogramme. Bemerkenswert ist vor allem, dass die Evaluierungsstrategie auf mehrere Ebenen zielt. Im Falle des NDYP, der unter den New Deals am ausgiebigsten evaluiert wurde, laufen z. B. Forschungen, die die Auswirkungen des Programms auf Beschäftigung/Arbeitslosigkeit des Einzelnen in den Zielgruppen untersuchen, sowie die Folgen für die Arbeitgeber, die Gesamtwirkung auf die Arbeitslosigkeit, die Netto-Auswirkungen auf die Staatskasse sowie die breiteren gesamtwirtschaftlichen und sozialen Folgen. Die Evaluierungsergebnisse aus den ersten 18 Monaten Laufzeit des Programms wurden in einer kürzlich für die Arbeitsvermittlung durchgeführten Analyse zusammengefasst[8], auf die sich dieser Beitrag neben anderen Evaluierungsstudien bezieht.

3.1. Der New Deal für junge Menschen

Selbst im Falle des NDYP beschränken sich die heute verfügbaren Kontroll- und Evaluierungsergebnisse angesichts der relativen Neuheit des Programms (es wurde landesweit im April 1998 eingeführt) auf Verfahren und kurzfristige Wirkungen des Programms. Hinweise auf die langfristigen Auswirkungen, die für eine Beurteilung der Effizienz des Programms als Maßnahme zugunsten der Beschäftigungsfähigkeit notwendig wären, wird es erst in einigen Jahren geben. Ein Urteil über das Programm als Maßnahme zur Beschäftigungsfähigkeit hat damit unvermeidlich vorläufigen Charakter, obgleich, wo immer dies möglich ist, aufgrund der bisher verfügbaren Ergebnisse auf Indikatoren zur Beschäftigungsfähigkeit hingewiesen wird.

---

8 Hasluck, 2000.

Qualität der Unterstützung

Wie oben festgestellt wurde, ist die intensive, maßgeschneiderte und auf den Einzelnen abgestimmte Unterstützung, die alle Teilnehmer insbesondere in der Eingangsphase durch das System der persönlichen Beratung des *New Deal* erhalten, eines der Kernelemente des NDYP. Erste Untersuchungen der Eingangsphase in der Pilotphase des Programms zeigten, dass das System der persönlichen Beratung gut funktionierte und die Betroffenen eine positive Haltung gegenüber diesem Teil des Programms zeigten. Allerdings wurden auch Bedenken geäußert, dass die Qualität dieser Unterstützung nachlassen könnte, wenn die Zahl der Teilnehmer am *New Deal* ihren Höchststand erreichen würde[9]. Neuere Evaluierungsergebnisse haben diese Bedenken bestätigt und es stellt sich die Frage, ob ein solches Programm zur Beschäftigungsfähigkeit, das von einer qualitativ hochwertigen individuellen Unterstützung abhängt, trotz der umfassenden, zur Verfügung stehenden Mittel landesweit effizient für ein Massenpublikum erbracht werden kann. Dazu Hasluck (2000):

> Die Evaluierungsergebnisse verweisen auf die alles entscheidende Rolle der persönlichen Berater in diesem Verfahren. Kontinuität und Art der Unterstützung durch diese Berater unterscheiden NDYP von seinen Vorgängern. Die Beziehung zwischen Programmteilnehmer und persönlichem Berater ist entscheidend dafür, wie der NDYP-Prozess für Jugendliche verläuft. Da das Programm zahlenmäßig ausgeweitet wurde, stieg auch die Belastung durch Einzelfälle für die persönlichen Berater. Eine Folge davon scheint zu sein, dass die Unterstützung der Berater in der Optionsphase deutlich nachlässt und in der Folgephase *(Follow-Through)* sehr stümperhaft wirkt.[10]

Hier ist auch ein Hinweis auf Walsh et al. (1999) angebracht, die herausfanden, dass einer der Hauptgründe für das relative Misslingen der Vermittlung in nicht subventionierte anstatt in subventionierte Beschäftigung (siehe unten) auf ein Ungleichgewicht der Einschätzung zwischen Teilnehmer und Arbeitgeber in Bezug auf ihre „Arbeitswilligkeit" zurückzuführen ist. Die Autoren stellen fest, dass die

9 House of Commons, 1998, *The New Deal pathfinders*, House of Commons, Education and Employment Committee Session 1997–98, London, Vereinigtes Königreich, The Stationery Office, Aug.
10 Hasluck, 2000, S. 62.

Vermittler es häufig versäumen, diese gegensätzlichen Wahrnehmungen gegenüberzustellen, und daher häufig keine Übereinstimmung zwischen den Erwartungen der Arbeitgeber und der Merkmale der Teilnehmer erreicht werden kann. Diese Frage ist zweifelsfrei entscheidend für eine hohe Beteiligung der Arbeitgeber am Programm.

Beschäftigungseintritt

Bei der Einführung des *New Deal* ging die Regierung bei der Planung davon aus (siehe House of Commons, 1998), dass rund 40% der Teilnehmer an der Eingangsphase bei Verlassen dieses „Gateway" direkt einen nicht subventionierten Arbeitsplatz, und nicht nur eine Stelle im Rahmen von einer der subventionierten Optionen finden würde. Schaubild 3 zeigt jedoch, dass die Planungsvorgabe in der Praxis nicht ganz erreicht wurde; der Anteil der Abgänger aus der Eingangsphase, die eine nicht subventionierte Beschäftigung fanden, sank im Laufe der Zeit sogar, als das Programm seine Maximalgröße erlangte, und liegt heute bei nur 20–25%.

Besorgniserregend ist auch die Tatsache, dass der Anteil derjenigen, die die Eingangsphase verlassen und die Option für eine (subventionierte) Beschäftigung wählen, mit der Zeit tendenziell ebenfalls zurückging, so dass im Januar 2000 nur 3% der Abgänger aus der Eingangsphase mit dieser Option begannen. Dies ist insofern bedenklich, dass diejenigen, die aus allen Möglichkeiten die Beschäftigungsoption gewählt haben, am ehesten eine nicht subventionierte Beschäftigung finden werden, wenn sie diese Option verlassen[11]. Aus den Evaluierungsdaten lässt sich noch nicht deutlich ablesen, inwieweit dies eine „Selektionswirkung" (d. h., ob die Teilnehmer der Beschäftigungsoption „beschäftigungsfähiger" oder „besser auf den Arbeitsplatz vorbereitet" sind sowie eher von den Arbeitgebern eingestellt werden) mit einem bedeutenden Mitnahmeeffekt belegt, oder aber eine Folge des Systems darstellt (d. h., dass die Beschäftigungsoption sich stärker zugunsten der zukünftigen

---

11 Hasluck, 2000, berichtet, dass über 90% derjenigen, die die Beschäftigungsoption verlassen, direkt ein nicht subventioniertes Arbeitsverhältnis eingehen, während dies nur für 60% derjenigen der Fall ist, die den *New Deal* zugunsten einer der drei anderen Hauptoptionen verlassen.

Beschäftigungsfähigkeit auswirkt als die anderen Optionen). Es ist allerdings anzunehmen, dass beide Effekte von Bedeutung sind[12]. Die Beschäftigungsoption scheint auch effizienter als die anderen angebotenen Optionen zu einer zukünftigen nicht subventionierten Beschäftigung zu führen. Dies wird durch die verfügbaren nationalen und internationalen Ergebnisse zur aktiven Beschäftigungspolitik bestätigt und legt nahe, dass „marktorientierte" Maßnahmen, deren Interventionen so nah wie möglich an der Realität liegen, gemeinsam mit einer beschäftigungsbezogenen Berufsausbildung sich stärker auf die Beschäftigungsfähigkeit auswirken als Maßnahmen, die vor allem auf einer schulischen Berufsausbildung und/oder Arbeitsbeschaffungsmaßnahmen beruhen (wie dies bei New-Deal-Optionen wie FTET und Environmental Task Force der Fall ist)[13]. Hasluck (2000) stellt dazu fest:

Elemente des NDYP, vor allem die Option einer subventionierten Beschäftigung, verkörpern einen Interventionsansatz auf dem Arbeitsmarkt, der bisweilen unter dem Schlagwort „Zuerst die Arbeitsplätze" geführt wird, während andere Elemente konventionellerer Natur sind, da sie versuchen, gegen wahrgenommene Einstellungsbarrieren anzugehen, indem sie Weiterbildung anbieten, um diese Hürden zu nehmen (Fehlen von Grundkenntnissen, ineffiziente Arbeitsuche, Qualifikationsmangel), bevor ein Arbeitsplatz gefunden wird. Es ist noch zu früh, die langfristigen Ergebnisse des Programms aufzuzeigen, die Resultate der Beschäftigungsoption scheinen aber dem Ansatz „Zuerst die Arbeitsplätze" Vorrang zu geben. Von denen, die eine subventionierte Stelle annahmen, verblieb nach Auslaufen der Option in der Folgephase *(Follow-Through)* ein sehr großer Teil in einer Beschäftigung oder fand im Rahmen dieser Phase ziemlich schnell eine Stelle. Die NDYP-Teilnehmer, die die Option FTET gewählt hatten, und vor allem diejenigen, die im freiwilligen Bereich oder im Rahmen von ETF arbeiteten, neigten dazu, nach dem Ausschöpfen dieser Optionen im NDYP zu verbleiben und dieses in der Folgephase *(Follow-Through)*

---

12 Zur Selektionswirkung bemerkt Hasluck (2000), dass die Kontrollergebnisse zeigen, dass bestimmte benachteiligte Gruppen in der Beschäftigungsoption unterrepräsentiert sind (z. B. Teilnehmer mit Behinderungen und aus ethnischen Minderheiten), und dass in mehrfacher Hinsicht benachteiligte Teilnehmer gerade in Optionen wie der vollzeitigen Aus- und Fortbildung und der Task Force für den Umweltschutz überrepräsentiert sind.
13 Meager, N. und Evans, C., 1998, „The Evaluation of Active Labour Market Measures for the long-term unemployed", *Employment and Training Papers*, Nr. 16, Internationales Arbeitsamt, Genf.

nur relativ langsam zu verlassen. Dieser Unterschied könnte sich aus der Auswahl der am ehesten für eine Beschäftigung geeigneten Kandidaten für eine
solche subventionierte Tätigkeit erklären (Eigenwahl oder Auswahl durch die
persönlichen Berater), die frühen Ergebnisse der Evaluierung belegen jedoch
auf den ersten Blick die relative Effizienz des Systems der subventionierten
Arbeitsplätze in Hinblick auf eine bessere Beschäftigungsfähigkeit und ein Verlassen des NDYP.

Schaubild 3. New Deal *für junge Menschen – Abgänger aus der*
Eingangsphase und ihr anschließender Verbleib

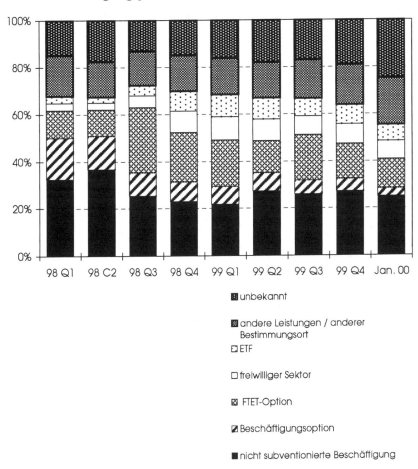

Quelle: DfEE, 2000 (eigene Berechnungen).

Der rückläufige Anteil derer, die die Eingangsphase sofort verlassen und eine nicht subventionierte Beschäftigung annehmen, und jener, die sich für die Option einer subventionierten Beschäftigung entscheiden, führt dazu, dass der Anteil derer, die eine nicht subventionierte Beschäftigung finden – alle Abgänger der Programms zusammengenommen – (ganz gleich, ob sie die Eingangsphase, eine Optionsphase oder das Programm noch später verlassen haben) tendenziell rückläufig ist – siehe Schaubild 4 unten.

Bemerkenswert ist auch, dass die nachlassende Leistungskraft des Programms (in Bezug auf den Anteil der Abgänger, die eine nicht subventionierte Beschäftigung finden) parallel zu einer allgemeinen Verbesserung der Lage auf dem britischen Arbeitsmarkt zu sehen ist und sich trotz dieser positiven Entwicklung abzeichnet.

Schaubild 4. *Unmittelbarer Verbleib*
              nach dem Verlassen der NDYP-Maßnahme

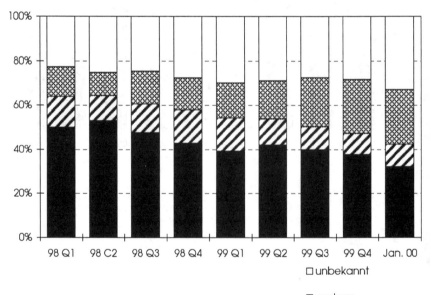

Quelle: DfEE, 2000 (eigene Berechnungen).

Die Schaubilder 3 und 4 verdeutlichen auch die Tatsache, dass ganz gleich, ob man die Abgänger der Eingangsphase oder des Gesamtprogramms betrachtet, der Anteil derer, die einen unbekannten Verlauf annehmen, groß ist und zunimmt. So weiß man nicht, wohin ein Viertel der Abgänger aus der Eingangsphase geht und diese Zahl nimmt mit der Zeit zu. Es bleibt unklar, inwieweit diese Personen eine Stelle gefunden haben oder aus anderen Gründen zu dem Zeitpunkt „aus dem Raster fallen", an dem sie sich für eine der obligatorischen Vollzeit-Optionen des Programms entscheiden müssen, da ihnen sonst Leistungskürzungen im Falle einer Nicht-Beteiligung drohen[14]. Es laufen gegenwärtig Untersuchungen, die nach dem Verbleib dieser Gruppe fragen, wobei es von grundlegender Bedeutung für die Beurteilung der längerfristigen Auswirkungen dieses Teils der „welfare-to-work"-Strategie ist, festzustellen, ob diejenigen, die „welfare" verlassen, tatsächlich Arbeit finden, oder ob einige von ihnen (angesichts möglicher Leistungseinbußen) einfach aus dem System herausfallen – in Armut, Verbrechen oder Schattenwirtschaft.

Schaubild 5. *18–24-Jährige, die nach dem* New Deal *eine Beschäftigung finden (alle Teilnehmer)*

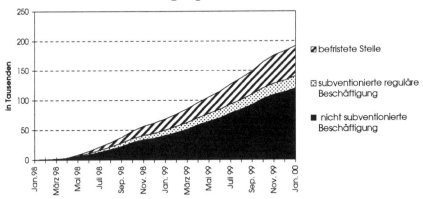

Quelle: DfEE, 2000 (eigene Berechnungen).

14 Bemerkenswert ist in diesem Zusammenhang, dass frühere Versuche im Vereinigten Königreich, die eine Nichtbeteiligung mit Sanktionen bei den Leistungen verbanden, vor allem das Projekt Work Pilots für die Langzeitarbeitslosen, ebenfalls hohe „Aussteigerraten" verzeichneten – siehe zu dieser Frage auch Maeger, 1997.

Zu Beginn des Programms ging die Regierung davon aus, dass das Programm im Laufe der ersten Legislaturperiode 250000 jungen Menschen einen Arbeitsplatz verschaffen würde – das Schaubild 5 zeigt, dass das Programm auf gutem Wege ist, dieses Ziel global zu erreichen, da über 190000 Teilnehmer des Programms bis Ende Januar 2000 bereits eine Stelle gefunden hatten.
Einige Vorbehalte sollten jedoch angemeldet werden:

• Zum einen muss ein Mitnahme- und ein eventueller Verdrängungseffekt berücksichtigt werden. Für diese gibt es gegenwärtig keine verlässlichen Schätzungen, obwohl eine kurzfristige makroökonomische Simulation der Programmauswirkungen auf den Stand der Arbeitslosigkeit unternommen wurde[15]. Diese zeigte, das im ersten Programmjahr ein rund 50prozentiger Mitnahmeeffekt zu verzeichnen war, insofern rund 50% derer, die über NDYP den Weg aus der Arbeitslosigkeit fanden, dies auch ohne das Programm getan hätten, und es kaum Hinweise darauf gibt, dass es irgendwelche signifikanten Auswirkungen auf andere Gruppen durch Substitutions- oder Verdrängungseffekte gehabt hat. Wenn es im Laufe der Zeit aufrecht erhalten werden kann, handelt es sich allerdings um ein relatives gutes Ergebnis im Vergleich zu vorausgegangenen Maßnahmen der britischen aktiven Arbeitsmarktpolitik, vor allem im Hinblick auf die Tatsache, dass das Programm in einer relativ stabilen Arbeitsmarktsituation und bei sinkender Arbeitslosigkeit eingeführt wurde, in denen der Mitnahmeeffekt erwartungsgemäß relativ hoch ist. Es wird jedoch darauf hingewiesen, dass die Auswirkungen des Programms auf die Arbeitslosigkeit nicht die gleichen sind wie auf die Beschäftigung (sie sind normalerweise stärker, proportionell zur Zahl der Programmabgänger, die keine Beschäftigung aufnehmen, d.h. nicht erwerbstätig sind oder eine Aus- und Fortbildung machen). Es ist daher anzunehmen, dass die Auswirkungen des Programms auf die Beschäftigung (ohne den Mitnahmeeffekt) geringer sind als

---

15 Anderton, B.; Riley, R.; Young, G., 1999, „The New Deal for Young People: First Year Analysis of Implications for the Macroeconomy", *Research and Development Report ESR33*, The Employment Service, Sheffield, Vereinigtes Königreich, Dez.

die auf die Arbeitslosigkeit. Anderton et al. gehen davon aus, dass rund zwei Drittel derer, die aufgrund des Programms nicht mehr arbeitslos sind (d. h. ohne das Programm nicht der Arbeitslosigkeit entkommen wären), eine Stelle annehmen.

• Ein zentraler Faktor für die Beurteilung der Auswirkungen von NDYP ist sicher die Aufrechterhaltung der Arbeitsplätze, die die Programmabgänger finden. Die offiziellen Zahlen machen eine Unterscheidung zwischen „regulären" Stellen auf der einen und befristeten Stellen auf der anderen Seite. Als reguläre Stellen werden solche definiert, die länger als 13 Wochen gehalten wurden (d. h. alle Fälle, in denen der Einzelne innerhalb von 13 Wochen keinen Antrag auf JSA oder den Transfer auf eine andere Option innerhalb des Systems stellt). Welche Messlatte man auch anlegen mag, 13 Wochen dürfte eine sehr konservative Definition einer regulären Stelle sein. Landesweite Zahlen aus der Arbeitsmarkterhebung zeigen, dass der Anteil der Beschäftigten, die kürzer als drei Monate in ihrer Stelle verbleiben, unter Berücksichtigung zyklischer Schwankungen nur bei rund 4–6% liegt. Die Tatsache, dass, wie Schaubild 5 zeigt, rund 27% der NDYP-Teilnehmer ihre Stelle weniger als drei Monate halten können, legt die Annahme nahe, dass ein unverhältnismäßig hoher Anteil der Beschäftigung, die durch eine NDYP-Teilnahme gefunden wird, instabiler Natur ist, auch wenn man einräumen muss, dass die Zahl der Stellenwechsel bei Jugendlichen höher als im Durchschnitt liegt. Dabei bleibt gegenwärtig die Frage offen, ob diese hohe Zahl an Stellenwechseln nichtsdestotrotz die Beschäftigungsfähigkeit der Teilnehmer des Programms verbessert, indem sie diesen Jugendlichen einen besseren Karriereeinstieg erlaubt.

Schaubild 5 zeigt außerdem, dass ein Teil derer, die einer regulären Beschäftigung zugerechnet werden, in einem subventionierten Arbeitsverhältnis stehen. Geht man davon aus, dass das Ergebnis von Anderton et al. in Bezug auf einen 50prozentigen Mitnahmeeffekt sich auch auf die verschiedenen Beschäftigungskategorien anwenden lässt (detaillierte Ergebnisse sind hier nicht verfügbar), bedeutet dies, dass wenn nur „reguläre Stellen" und nicht subventionierte

Stellen berücksichtigt werden, diese 119.800 von den 191.600 jungen Menschen, die durch das NDYP eine Stelle fanden, zuzurechnen sind. Wenn die Hälfte von diesen wiederum auf einen Mitnahmeeffekt zurückzuführen sind, kommt man auf 59.900 (bzw. 31 % der Gesamtzahl) junge Menschen, die eine reguläre, nicht subventionierte Stelle gefunden haben, die sie ohne das Programm nicht gefunden hätten. Wenn man sich auf die gegenwärtig verfügbaren, kurzfristigen Ergebnisse bezieht, so sind diese Zahlen nicht zu verachten. Dennoch mahnen sie in Bezug auf die positiven Auswirkungen auf die Beschäftigungsfähigkeit zur Vorsicht gegenüber übertriebenen Schlussfolgerungen. Sie verweisen besonders auf die Notwendigkeit, auf die Ergebnisse der zur Zeit laufenden Langzeitstudien zu den NDYP-Teilnehmern zu warten.

3.2. Der New Deal für Langzeitarbeitslose (25 Jahre +)

Die Evaluierungsergebnisse zum NDLTU sind gegenwärtig noch begrenzter als die für das NDYP-Programm verfügbaren, und die vorhandenen Belege zum landesweiten Programm und den November-Pilotprojekten sind qualitativer Natur[16] und erlauben selbst bei den kurzfristigen Programmauswirkungen keine solide Beurteilung, die repräsentativen Charakter hätte.

---

16 Legard, R.; Molloy, D.; Ritchie, J.; Saunders, T., 2000, „New Deal for Long Term Unemployed People: Qualitative Work with Individuals, Stage One", *Research and Development Report ESR38*, The Employment Service, Sheffield, Vereinigtes Königreich, Jan.; Tavistock Institute, 1999, „Case Study Evaluation of New Deal for the Long Term Unemployed – National Provision for those aged 25 and over: A Review of Progress in Five Units of Delivery", *Research and Development Report ESR31*, Sheffield, Vereinigtes Königreich, Nov.; Atkinson, J.; Barry, J.; Blanden, J.; Dewson, S.; Walsh, K., 2000, „Case studies to evaluate the NDLTU November pilots, *Research and Development Report*, The Employment Service, Sheffield, Vereinigtes Königreich (erscheint demnächst).

Schaubild 6. New Deal für *Langzeitarbeitslose – Abgänger*
nach der Beratungsphase und ihr jeweiliger Verbleib

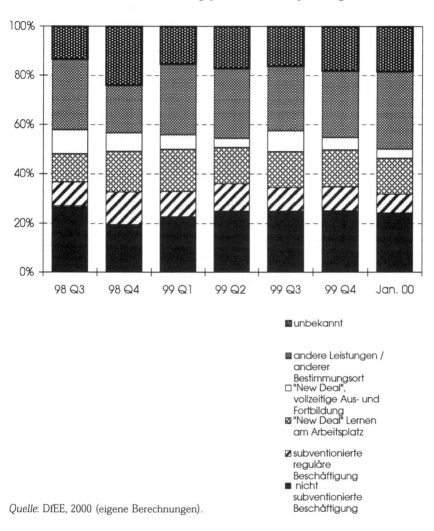

Quelle: DfEE, 2000 (eigene Berechnungen).

■ unbekannt

▨ andere Leistungen /
anderer
Bestimmungsort
□ "New Deal",
vollzeitige Aus- und
Fortbildung
▨ "New Deal" Lernen
am Arbeitsplatz

▨ subventionierte
reguläre
Beschäftigung
■ nicht
subventionierte
Beschäftigung

Der Vergleich der anfänglichen Kontrolldaten zum NDLTU mit den
für das NDYP verfügbaren zeigt jedoch (Schaubild 6), dass ein geringfügig kleinerer Anteil der NDLTU-Teilnehmer eine nicht subventionierte Stelle nach der Anfangsphase der Beratungen findet als
dies im NDYP-Programm der Fall ist. Dieser Anteil im NDLTU ging

im Gegensatz zu letzterem im Zeitverlauf nicht zurück und der Anteil derjenigen, die einen nicht subventionierten Arbeitsplatz fanden, lag in den letzten Monaten immer noch ähnlich hoch. Angesichts der weniger intensiven Unterstützung im Rahmen des NDLTU-Programms (obgleich die Intensität im Zuge der gegenwärtig laufenden Reform des Programms zunehmen soll) und der größeren Benachteiligung dieser Gruppe, ist dieses Abschneiden dem Augenschein nach ermutigend (obgleich es zum Zeitpunkt des Abfassens dieser Zeilen keine Anhaltspunkte für einen Mitnahmeeffekt im NDLTU-Programm gibt). Ein anderes bemerkenswertes Merkmal im Vergleich zu NDYP ist der geringere Anteil derjenigen, die die Eingangsphase mit einem „unbekannten" Ziel verlassen, was vielleicht die Tatsache reflektiert, dass die NDLTU-Optionen nach den anfänglichen Beratungsgesprächen nicht obligatorisch sind und die im NDYP vorgesehenen Leistungskürzungen keine Anwendung finden (obgleich die Teilnahmepflicht im Rahmen der vor kurzem angekündigten Reform des Programms ausgedehnt wird und es interessant sein wird zu sehen, ob dies zu einer wachsenden Zahl von Teilnehmern führt, die „verschwinden").

Schließlich belegt Schaubild 7, dass 35.950 Personen bis Ende Januar 2000 im Rahmen des NDLTU Programms eine Beschäftigung gefunden haben, von denen 84% eine „reguläre" Stelle und 64% nicht subventionierte Stellen innehatten. Die vergleichbaren Zahlen beim NDYP liegen bei 73 und 62,5%, was angesichts der größeren Benachteiligung der Zielgruppe wiederum auf eine gute Leistung des NDLTU verweist. Schätzungen hinsichtlich des Mitnahmeeffekts usw. fehlen. Ein vollständiger Vergleich zwischen den beiden Programmen ist deshalb nicht möglich. Dies muss allerdings auch in Bezug zur wesentlich kleineren Zahl der Neueintritte zum Programm gesehen werden, die irgendeine Form von Beschäftigung gefunden hatten (rund 15% der NDLTU-Teilnehmer bis Ende Januar 2000 im Vergleich zu rund 45% der NDYP-Teilnehmer, aber auch hier ist ein strenger Vergleich nicht möglich, da NDLTU das neuere System ist und der Anteil im Zeitverlauf steigen könnte – der Verfasser war aufgrund der veröffentlichten Kontrolldaten nicht in der Lage Vergleiche zu ähnlichen Eintrittsgruppen in den beiden Programmen zu machen).

Schaubild 7. *Eintritt in eine Beschäftigung von Personen*
im Alter von 25 Jahren und darüber im Rahmen
des New Deal *für Langzeitarbeitslose (Gesamtzahlen)*

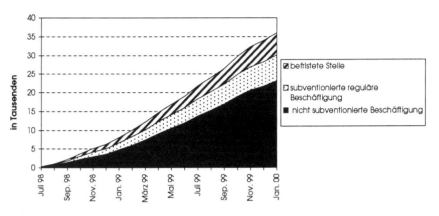

Quelle: DfEE, 2000 (eigene Berechnungen).

4. Schlussbemerkungen

Die verschiedenen *New Deals* bedeuten eine wesentliche Verschiebung in der aktiven Arbeitsmarktpolitik im Vereinigten Königreich in Bezug auf den Umfang der Intervention, die umfassendere, individualisierte Unterstützung und die größere Zahl der Wahlmöglichkeiten, die angebots- und nachfrageorientierte Maßnahmen einschließen.

Wie die Diskussion über die ersten Ergebnisse zum *New Deal* für junge Menschen und dem *New Deal* für Langzeitarbeitslose gezeigt hat, ist es noch zu früh, Schlussfolgerungen zu ziehen, die die Frage beantworten, ob diese Programme langfristig effiziente Maßnahmen zur Verbesserung der Beschäftigungsfähigkeit darstellen. Es gibt zwar ermutigende Anzeichen, was die Zahl der Jugendlichen angeht, die einen Arbeitsplatz finden, den relativ geringen Mitnahmeeffekt (im Vergleich zu vorausgegangenen Maßnahmen) und positive Ergebnisse zur Qualität der Interventionen, es bleiben aber auch größere Bedenken, die sich vor allem auf folgende Punkte beziehen:

- Der Anteil derjenigen, die mit unbekanntem Ziel aus dem System fallen – hier muss geklärt werden, welche Teilnehmer aus dem Programm „verschwinden" und was mit ihnen geschieht;

- die Aufrechterhaltung der Beschäftigung, die Programmteilnehmer finden, und die Frage, ob die von vielen Teilnehmern gefundenen befristeten Stellen tatsächlich die langfristige Beschäftigungsfähigkeit verbessern;

- die Frage, ob die hohe Qualität individualisierter Unterstützung durch die New Deals bei einer Ausweitung der Programme aufrecht erhalten werden kann;

- die Frage, ob die anfangs positiven Auswirkungen des Programms unter weniger günstigen allgemeinen Arbeitsmarktbedingungen aufrechterhalten werden können;

- die Frage, ob die Beteiligung der Arbeitgeber an den Programmen aufrechterhalten und erweitert werden kann.

2.2. *Flexcurity* in den Niederlanden

MARJOLEIN PETERS und WIM ZWINKELS[1]

Flexibilität und Beschäftigungsfähigkeit

Flexibilität und Beschäftigungsfähigkeit sind zwei Faktoren, die bei der Diskussion über die Zukunft des niederländischen Arbeitsmarktes eine wichtige Rolle gespielt haben. Die Begriffe Flexibilität und Beschäftigungsfähigkeit wurden von den Arbeitgebern auf die politische Tagesordnung in den Niederlanden gesetzt; Flexibilität in den achtziger Jahren, Beschäftigungsfähigkeit in den neunziger Jahren. Sie wurden beide als wichtige Faktoren für die Anpassungsfähigkeit und somit die Wettbewerbsfähigkeit von Unternehmen gesehen. Gewerkschaften waren zunächst argwöhnisch, erkannten jedoch nach und nach die Vorteile der Flexibilität (Vereinbarkeit von Beruf und Privatleben) und der Beschäftigungsfähigkeit (Weiterbildung zur Verstärkung der Stellung auf dem Arbeitsmarkt) für Arbeitnehmer. Die niederländische Regierung unterstützte beide Konzepte, obwohl sie viel den Sozialpartnern überließ, als diese in die Praxis umgesetzt werden mussten.

1. Einige Begriffsbestimmungen

Flexibilität hat eine interne und eine externe Dimension. Innerhalb beider lässt sich eine Unterscheidung zwischen einer nummerischen und einer funktionalen Form treffen. Das folgende Diagramm gibt einen Überblick über diese Dimensionen und Formen.

---

1 Small Business Research and Consultancy (EIM), Niederlande.

Diagramm 1. *Dimensionen und Formen der flexiblen Nutzung*
              der Arbeit und variables Entgelt

Extern nummerisch	Extern funktional
• Zeitlich befristete Verträge • Zeitarbeit • Arbeitskräftepools • Reservepersonal • Interne Abordnung	• Abordnung • Freiberufliche Tätigkeit • Heimarbeit • Subunternehmer

Intern nummerisch	Intern funktional
• Überstunden • Flexible Einsatzpläne • Teilzeitarbeit • Schichtarbeit • Variable Arbeitszeiten	• Unvorhergesehene Änderung des Aufgabenbereichs • Erweiterung des Aufgabenbereichs • Bereicherung des Aufgabenbereichs • Versetzungen • Aufgabenwechsel

Quelle: Delsen und Visser (1999)[2].

Beschäftigungsfähigkeit ist der am umfassendste nutzbare Begriff im arbeitmarktbezogenen Vokabular. Der Begriff impliziert in der Regel, dass Arbeitnehmer beschäftigungsfähiger sind, wenn sie bereit sind, an verschiedenen intern und extern gelegenen Standorten zu arbeiten. Das Personalmanagement sorgt dafür, dass die Fähigkeiten richtig eingesetzt werden. Die Wechselbeziehung zwischen dem internen und dem externen Arbeitsmarkt ist in dieser Hinsicht von großer Bedeutung. Beim externen Arbeitsmarkt beruht die Auswahl auf konstanten Fähigkeiten wie Leistungskraft und Persönlichkeit, während bei der Auswahl für den internen Arbeitsmarkt so veränderliche Fähigkeiten wie *Know-how* und Verhaltensweisen eine bedeutende Rolle spielen. Wer beruflich Erfolg haben will, muss flexibel, eigenständig und lernfähig sein und persönlichen Unternehmergeist besitzen.

Beschäftigungsfähigkeit gilt heute als etwas, was sowohl individuelle als auch kontextuelle Faktoren umfasst, die die künftige Stellung auf einem bestimmten Arbeitsmarkt beeinflussen (siehe Diagramm).

2   Delsen, L., Visser, J., 1999, „Flexibilisering and de arbeid via CAO's", in *SMA*, Juni, Nr. 6,
    S. 296–305.

Diagramm 2. *Schichten der Beschäftigungsfähigkeit*

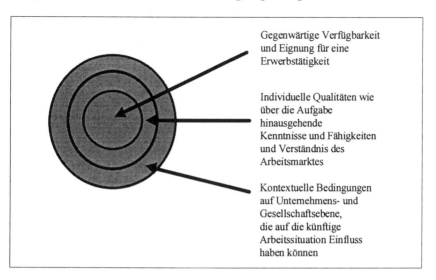

Gegenwärtige Verfügbarkeit und Eignung für eine Erwerbstätigkeit

Individuelle Qualitäten wie über die Aufgabe hinausgehende Kenntnisse und Fähigkeiten und Verständnis des Arbeitsmarktes

Kontextuelle Bedingungen auf Unternehmens- und Gesellschaftsebene, die auf die künftige Arbeitssituation Einfluss haben können

Quelle: Auf Thijssen (2000) basierend[3].

2. Historischer Kontext

Die Begriffsbestimmungen der beiden Konzepte haben sich mit der Zeit erheblich geändert. Thijssen[4] (1999) unterscheidet zwischen drei Stufen der historischen Entwicklung der Flexibilität von Arbeitnehmern: Flexibilität der Gesellschaft, Flexibilität der Organisation und Flexibilität der Arbeitnehmer. Die drei letzten Jahrzehnte des vorigen Jahrhunderts waren nacheinander von diesen drei Formen geprägt.

Wenn es in den siebziger Jahren einen Begriff wie Beschäftigungsfähigkeit gab, so wurde er auf Menschen angewandt, die außerhalb des Arbeitsmarktes standen. Die Regierung half den schwer zu ver-

---

3 Thijssen, J.G.L., 2000, „Employability in het brandpunt", in *Tijdschrift voor HRM*, 1, S. 7–34.

4 Thijssen, J.G.L., 1999, „Historie, concepten en scenarios" in Baarveld, M.; Bakker, P.; Van Erp, J.; Gasperz, J.; Kip, R.; Lapperre, P.; Thijssen, J., *Employability. Bewegen in vogelvlucht*, Stichting Maatschappij en Onderneming.

mittelnden Gruppen, auf den Arbeitsmarkt zu kommen. Einen Arbeitsplatz inne zu haben bedeutete in der Regel, eine lebenslange Beschäftigung zu haben. In den achtziger Jahren bemühten sich die Unternehmen um größere Flexibilität. Sie versuchten, flexible Arbeitszeiten einzuführen und die Versetzung der Beschäftigten von einem Arbeitsplatz an einen anderen zu erleichtern. Beschäftigungsfähigkeit bedeutete in erster Linie, die Stammbelegschaft des Unternehmens auszubilden. Gleichzeitig bemühte man sich um externe Flexibilisierung in Form von flexiblen Arbeitsverträgen und der Einstellung von Personen mit den erforderlichen Kenntnissen auf Ad-hoc-Basis.

Die Regierung wie die Sozialpartner stimulierten und förderten die externe (nummerische) Flexibilität in den neunziger Jahren. Arbeitgeber bemühten sich um externe und nach und nach auch um interne Mobilität des Personals. Beförderung und Aufstieg in einem Unternehmen auf der Grundlage der Betriebszugehörigkeitsdauer waren nicht mehr selbstverständlich. In den neunziger Jahren ist der Begriff Beschäftigungsfähigkeit ein Konzept geworden, das sich auf den Einzelnen bezieht: Ein Instrument des Arbeitsmarktes für Menschen, die in einer Gesellschaft leben, welche die Verantwortung des Einzelnen unterstreicht und immer weniger Schutz bietet.

Der zunehmend angespannte niederländische Arbeitsmarkt hat erheblich zu einer Veränderung der Einstellungen der Sozialpartner zur Beschäftigungsfähigkeit beigetragen. Arbeitgeber sind nunmehr darum bemüht, ihr Personal zu halten, und lassen ihm deshalb eine Aus- und Weiterbildung zuteil werden, die es an das Unternehmen bindet. Die Folge davon ist, dass sie gegenüber der Beschäftigungsfähigkeit inzwischen stärkere Vorbehalte haben. Gewerkschaften hingegen haben sich diesen Begriff der Beschäftigungsfähigkeit nunmehr zu eigen gemacht, denn sie erkennen, welche Chancen den Arbeitnehmern geboten werden.

Der folgende Beitrag untersucht die Situation in Bezug auf die flexible Arbeit in den Niederlanden. In den nächsten beiden Kapiteln werden das Gesetz über *Flexcurity* und seine ersten Auswirkungen auf Zeitarbeitnehmer, Arbeitgeber und Zeitarbeitsfirmen beschrieben. Im letzten Kapitel vertreten wir die These, dass die Beschäftigungsfähigkeit nach und nach die Flexibilität ablösen wird.

3. Flexible Arbeit in den Niederlanden

Etwa 10% der Beschäftigten in den Niederlanden hatten 1998 einen flexiblen Arbeitsplatz inne. Über ein Drittel davon waren Zeitarbeitskräfte. Unter die Kategorie flexible Arbeitskräfte fielen u.a. Ersatzpersonal, Reservepersonal, Leiharbeitnehmer sowie Arbeitnehmer mit befristeten Arbeitsverträgen.

Diagramm 3. *Flexible Arbeitskräfte in den Niederlanden (1998)*

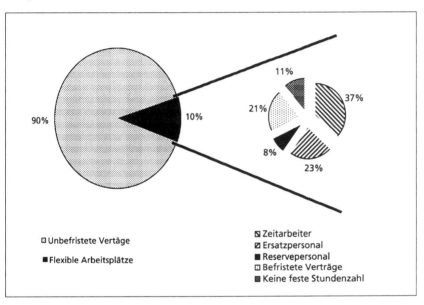

▣ Unbefristete Vertäge	◩ Zeitarbeiter
	☒ Ersatzpersonal
■ Flexible Arbeitsplätze	■ Reservepersonal
	▫ Befristete Verträge
	▩ Keine feste Stundenzahl

Quelle: CBS – Statistik Niederlande, Enquete Beroepsbevolking (Arbeitsmarkterhebung).
NB: Diese Erhebung umfasst nur Arbeitnehmer, deren Arbeitszeit mindestens 12 Stunden pro Woche beträgt. Bei Personen, die mehrere Arbeitsplätze haben, wird der mit den meisten Arbeitsstunden berücksichtigt.

Rund 11% der Arbeitsplätze in den Niederlanden waren 1999 flexible Arbeitsplätze[5]. Im Diagramm werden Beschäftigte mit zeitlich befristeten Verträgen, die damit rechnen, einen unbefristeten Vertrag zu bekommen, als Personen mit unbefristeten Verträgen gezählt.

5   Arbeitsstatistiken, CBS – Statistik Niederlande.

3.1. Entwicklung der flexiblen Arbeit

In den letzten Jahrzehnten hat die Flexibilisierung der Arbeitnehmerschaft ständig zugenommen. 1992 belief sich der Anteil der flexiblen Arbeitskräfte auf 7,6% und 1998 auf über 10%.

Diagramm 4. *Flexible Arbeit in den Niederlanden 1992–1999*

	1992	1993	1994	1995	1996	1997	1998	1999
Gesamtzahl der Beschäftigten (in Tausend)*	5258	5261	5222	5357	5459	5644	5874	6072
Anteil der flexiblen Arbeitskräfte (%)	7,6	7,5	8,1	8,9	9,9	10,0	10,3	9,4
davon: Zeitarbeiter	1,9	1,9	2,2	2,8	3,4	3,7	3,8	
Ersatzpersonal	1,5	1,5	1,7	2,0	2,1	2,1	2,3	3,5
Reservepersonal	0,7	0,7	0,7	0,6	0,9	0,8	0,8	1,8
Befristete Verträge	2,1	2,3	2,4	2,4	2,3	2,4	2,2	3,4[a]
keine feste Stundenzahl	1,3	1,1	1,2	1,1	1,1	1,1	1,2	

Quelle: Enquete Beroepsbevolking, CBS – Statistik Niederlande (Arbeitsmarkterhebung).
NB: Diese niederländische Arbeitsmarkterhebung umfasst nur Personen, die mindestens 12 Stunden in der Woche arbeiten. Bei Personen, die mehrere Arbeitsplätze haben, wird der mit den meisten Stunden berücksichtigt.
Alle Prozentzahlen sind Anteile an der Gesamtbeschäftigtenzahl.
a)   Für 1998 ist nur eine kombinierte Zahl für befristete Verträge und für Arbeitnehmer ohne feste Arbeitsstunden verfügbar.

Erste CBS-Zahlen für 1999 und das erste Quartal 2000 zeigen, dass der Anteil der flexiblen Arbeitsplätze etwas zurückgeht. Auch aus einer Erhebung stammende Daten des niederländischen Instituts für Arbeitsmarktforschung (OSA), lassen erkennen, dass die Anzahl der Verträge für flexible Beschäftigung zurückgeht. Aufgrund des angespannten Arbeitsmarktes werden (potentielle) Arbeitnehmer besser ausgerüstet sein, um die von ihnen gewünschte Tätigkeit auszuüben. Aus einer ROA-Erhebung[6] geht zum Beispiel hervor, dass Schulabgänger zunehmend entweder unbefristete Verträge erhalten oder ihnen solche in Aussicht gestellt werden. Im Übrigen scheint die Tendenz dahin zu gehen, dass Arbeitgeber inzwischen zunehmend

6   „Schoolverlaters tussen onderwijs en arbeidsmarkt 1998" (ROA 1999/5).

weniger Personen auf der Basis eines Zeitvertrages einstellen. Angesichts der hohen Mobilität dieser Kategorie könnte eine zu hohe Zahl von flexiblen Arbeitskräften in Bezug auf die Kontinuität der Betriebsführung und des internen Wissenstransfers ein Nachteil sein. Außerdem fallen bei einer ständigen Anwerbung und Ausbildung von Zeitarbeitskräften Kosten an.

3.2. Interne und externe Flexibilität

Die oben genannten Zahlen beziehen sich auf die externe nummerische Flexibilität. Die OSA-Daten ermöglichen auch einen Vergleich verschiedener Formen von Flexibilität der Arbeitnehmer. De Lange und Thunissen[7] entnehmen diesen Daten, dass manche Formen der internen nummerischen Flexibilität zunehmen (z.B. Überstunden), während andere eher abnehmen (insbesondere unregelmäßige Arbeitszeiten und Schichtarbeit). Die funktionale Flexibilität von Arbeitnehmern nimmt ihnen zufolge allmählich zu. Insgesamt kommen sie zu dem Schluss, dass sich eine Verlagerung von der externen zur internen Flexibilisierung vollzieht.

Zwischen 1996 und 1998 schätzten sich eine wachsende Anzahl von Beschäftigten für flexibel[8] ein. Der Anteil derer, die häufig in einer anderen Abteilung oder an einem anderen Arbeitsplatz eingesetzt wurden, stieg zwischen 1996 und 1998 von 14 auf 17%. Beschäftigte im Alter von 25 bis 50 Jahren mit mittlerem Bildungsniveau, wurden am meisten für mehrere Arbeitsplätze eingesetzt, doch in den letzten Jahren stieg diese Tendenz am häufigsten unter älteren und hochqualifizierten Beschäftigten. Neben dieser leistungsbezogenen Flexibilität nahmen auch Veränderungen bei Arbeitsplätzen und Einschreibungen für Lehrgänge zu.

7 De Lange, B. und Tunissen, M., 2000, „De arbeidsmarkt als stuwraket: van flexibilisering van de arbeid naar employability", Bijdrage aan de Nederlandse Arbeidsmarktdag 2000, IVA, Tilburg.
8 OSA-Daten über Arbeitskräfteangebot.

3.3. Gründe für den hohen Anteil von flexiblen Arbeitskräften

Aus der Sicht der Unternehmen und angesichts verschiedener Trends gab es aus folgenden Gründen eine wachsende Nachfrage nach flexiblen Arbeitskräften:

- Der ständig zunehmende Wettbewerb: Aufgrund der Globalisierung und Liberalisierung von Waren- und Dienstleistungsmärkten hat der Wettbewerb auf internationaler Ebene zugenommen, wobei besonders auf Preise und Qualität geachtet wurde;
- ständige Veränderungen der Bedürfnisse der Kunden in Bezug auf Art und Eigenschaften der Produkte und Dienstleistungen;
- ständige Verbesserung der technischen Verfahrensweisen, die veränderte Produktionsprozesse und Veränderungen in der Zusammensetzung der Produktpalette und Dienstleistungspakete mit sich brachte.

Der Umfang der flexiblen Arbeit wurde auch durch gewisse Faktoren der Angebotsseite wie Individualisierung, Flexibilität, Vereinbarkeit der Arbeit mit Familienpflichten und den wachsenden Anteil von Frauen am Arbeitsmarkt beeinflusst. Auch Einschränkungen bei der Finanzierung eines Hochschulstudiums hatten eine positive Auswirkung auf das Arbeitskräfteangebot.

Der Arbeitsmarkt für flexible Arbeit ist in den Niederlanden sehr groß. Gemessen an den Gesamtbeschäftigungszahlen haben die Niederlande von allen Ländern die größte Anzahl an Zeitarbeitskräften. Neben den genannten allgemeinen Gründen gibt es spezifische Faktoren, die dieses Phänomen mitbestimmen. Davon werden die zwei wichtigsten nachstehend dargelegt werden.

Erstens ist der niederländische Arbeitsmarkt durch einen hohen gesetzlichen Schutz vor Arbeitslosigkeit gekennzeichnet. Arbeitgeber können so genanntes überflüssiges Personal nur schwer entlassen. Wenn das Beschäftigungsverhältnis nur kurzzeitig ist, sind die Lohnkosten für flexible Arbeitskräfte niedriger als für regulär Beschäftigte. Zweitens wurden in den Niederlanden schon seit Anfang der sechziger Jahre Zeitarbeitsfirmen genehmigt. In anderen europäischen Ländern sind diese Vermittlungsagenturen erst später aufgekommen.

4. Das Flexcurity-Gesetz

Der wichtige Stellenwert der flexiblen Arbeit als Beschäftigungsquelle und für die Wettbewerbsfähigkeit von Unternehmen führte zu einer Änderung der niederländischen Arbeitsgesetzgebung. Das am 1. Januar 1999 in Kraft getretene Flexcurity-Gesetz will zwei unterschiedliche Interessen miteinander in Einklang bringen. Auf der einen Seite schafft das Gesetz mehr Arbeitsplatz- und Sozialschutz für flexible Arbeitskräfte. Auf der anderen Seite gibt es Arbeitgebern mehr Möglichkeiten für einen flexiblen Einsatz der Beschäftigten.

Schon vor der Verabschiedung des Gesetzes erhoben sich viele kritische Stimmen. Die Öffentlichkeit legte das Gesetz so aus, dass es flexiblen Arbeitskräften mehr Schutz bot und die Folge sein würde, dass sich Unternehmen vom Einsatz von flexiblen Arbeitskräften abhalten lassen würden. So wurde behauptet, dass vor der Gesetzesverabschiedung flexible Arbeitskräfte entlassen und in Arbeitsverträgen Änderungen vorgenommen worden seien. Schulen müssten angeblich für den Fall der Abwesenheit von Lehrkräften ganze Klassen nach Hause schicken, weil sie es nicht gewagt hätten, Ersatzlehrkräfte einzustellen aufgrund der Befürchtung, dass diesen eine reguläre Stelle hätte angeboten werden müssen. Andererseits wäre es sehr teuren Fußballstars angeblich erlaubt worden, Verträge mit nur einmonatiger Frist zu kündigen und dann zu einem anderen (ausländischen) Klub ohne Ablösesumme zu wechseln. Um solche und andere Auswirkungen zu untersuchen, wurde eine eingehende Auswertung der Gesetzesvorschriften vorgesehen.

4.1. Verbesserter Schutz

Die Existenz eines Arbeitsvertrages

Das Flexcurity-Gesetz klärt, ob es bei flexibler Beschäftigung einen Arbeitsvertrag gibt oder nicht. Wenn der Beschäftigte jede Woche oder mindestens 20 Stunden im Monat für einen Zeitraum von drei Monaten einer bezahlten Tätigkeit nachgeht, ist ein Arbeitsvertrag gesetzlich vorgeschrieben. Außerdem muss der Arbeitgeber künftig beweisen können, dass ein Beschäftigungsverhältnis nicht die Bedingungen erfüllt, die für einen Arbeitsvertrag gegeben sein müssen.

Vertragsverlängerung

Vor Verabschiedung des Gesetzes galt die Regelung, dass wenn ein Zeitvertrag innerhalb von 31 Tagen verlängert wurde, dieser neue Arbeitsvertrag nicht automatisch endete. Ein unbefristeter Vertrag bestand automatisch, sobald ein zweiter Vertrag unterzeichnet wurde. Arbeitgeber konnten den Vertrag nur dann beenden, wenn sie beim Arbeitsamt einen Antrag zur Genehmigung für die Entlassung des Beschäftigten (unter Beachtung einer Kündigungsfrist) stellten. Die veränderte Gesetzgebung sieht vor, dass ein Arbeitgeber einem Beschäftigten mehrere Zeitarbeitsverträge nacheinander anbieten kann. Nur wenn die im Folgenden angeführten Fälle eintreten, werden Zeitarbeitsverträge automatisch zu unbefristeten Verträgen. Die Arbeitnehmer haben Anspruch auf Kündigungsschutz, wenn:

• der Beschäftigte drei Zeitarbeitsverträge nacheinander oder innerhalb von drei Monaten hatte. Der vierte Vertrag ist automatisch ein unbefristeter Arbeitsvertrag;
• die Dauer der sich anschließenden Zeitarbeitsverträge länger ist als zusammen 36 Monate, einschließlich Unterbrechungen von höchstens 3 Monaten. Sobald 36 Monate Vertragszeit erreicht sind, wird der Zeitarbeitsvertrag in einen unbefristeten Vertrag umgewandelt. Das kann mit dem Beginn eines neuen Vertrags zusammenfallen, falls alle vorherigen Verträge insgesamt 36 Monate ausmachten. Falls der Zeitraum von 36 Monaten während der Vertragszeit überschritten wird, wird der Vertrag unverzüglich zu einem unbefristeten Vertrag.

Diese Regelung gilt auch für Zeitarbeitsverträge, die von Arbeitgebern angeboten werden, die als Nachfolger in Bezug auf die Aufgaben eines Beschäftigten handeln. Das trifft z.B. auf Fälle zu, wo ein von einer Zeitarbeitsfirma vermittelter Leiharbeitnehmer zunächst für einen Arbeitgeber arbeitet und später von diesem direkt eingestellt wird.

Das Gesetz sieht eine Übergangsmaßnahme vor: Zeitarbeitsverträge, die vor dem 1. Januar 1999 abgeschlossen wurden, zu diesem Zeitpunkt allerdings noch nicht ausgelaufen waren, aber die vorgeschriebenen Voraussetzungen erfüllten, werden nicht in einen unbefristeten Vertrag umgewandelt.

4.2. Zunehmende Flexibilität

Andererseits enthält das Flexcurity-Gesetz etliche Bestimmungen, die Arbeitgebern eine größere Flexibilität beim Einsatz von Arbeitskräften geben.

Probezeit

Ungeachtet der Art des Vertrages, war früher eine Probezeit von zwei Monaten vorgesehen. In Zeitarbeitsverträgen mit einer Laufzeit von weniger als 2 Jahren ist die Probezeit nunmehr gesetzlich auf einen Monat herabgesetzt worden.

Vertragsverlängerung

Der Kündigungsschutz im Falle einer Verlängerung eines Zeitarbeitsvertrages wurde aufgehoben.

Kündigungsfrist

Zuvor hing die Kündigungsfrist von verschiedenen Faktoren ab: Zeit der Lohnzahlung, Beschäftigungsdauer und Alter. Jetzt ist allein die Beschäftigungsdauer für die Kündigungsfrist ausschlaggebend. Bei einem Arbeitsvertrag mit einer Laufzeit von weniger als 5 Jahren beträgt die Kündigungsfrist einen Monat. Bei einer Beschäftigungsdauer von mindestens 15 Jahren beläuft sie sich auf 4 Monate. Für Beschäftigte beträgt die Kündigungsfrist immer einen Monat.

Probezeiten können schriftlich verlängert werden. Eine Verkürzung kann nur tarifvertraglich vereinbart werden.

Entlassung

Will ein Arbeitgeber einen Beschäftigten entlassen, so ist dazu eine Genehmigung des Arbeitsamtes erforderlich. Das Flexcurity-Gesetz erleichtert dem Arbeitgeber diese Aufgabe, da:

- das Verfahren verkürzt wurde;
- nach Abschluss des Verfahrens der Arbeitgeber das Recht hat, die Kündigungsfrist um einen Monat zu verkürzen (solange immer ein Monat Frist bestehen bleibt);
- der Arbeitgeber den Vertrag im Falle einer Krankheit des Beschäftigten beenden kann, sofern die Krankheit einsetzte, nachdem das Arbeitsamt den Antrag auf Auflösung des Vertrags erhielt.

5. Die Situation von Zeitarbeitskräften

Ein Vertrag zwischen einem Leiharbeiter und einer Zeitarbeitsfirma gilt nunmehr als Arbeitsvertrag. Nach 6 Monaten treten alle einen Arbeitsvertrag betreffenden Bestimmungen in Kraft. In den ersten 6 Monaten gibt es jedoch einige spezifische Regelungen:

- im Gegensatz zu anderen befristeten Verträgen können mehr als 3 Zeitarbeitsverträge abgeschlossen werden, ohne dass dies automatisch in einen unbefristeten Vertrag mündet;
- die Zeitarbeitsfirma und der Leiharbeitnehmer können schriftlich vereinbaren, dass der befristete Vertrag aufgelöst wird, falls das Unternehmen den Arbeitnehmer zurücksendet. Zeitarbeitskräfte können ihre Arbeit jederzeit aufgeben.

Das Gesetz erlaubt Arbeitgebern und Arbeitnehmern, von den darin angeführten strikten Regelungen abzuweichen. Diese Möglichkeit wurde bereits von Arbeitgebern und Arbeitnehmern im Zeitarbeitsunternehmen genutzt. Der neue zwischen Arbeitgebern und Arbeitnehmern für den Zeitraum 1999 bis 2002 vereinbarte Tarifabschluss für Leiharbeitnehmer, enthält ein Stufensystem, wonach Leiharbeitskräfte mit zunehmender Beschäftigungsdauer zunehmende Vorrechte erhalten und schließlich von der Zeitarbeitsfirma einen unbefristeten Arbeitsvertrag bekommen. Das System sieht vor:

- Nach 6 Monaten hat eine Zeitarbeitskraft Anspruch auf ein Gespräch über seinen Ausbildungsbedarf und auf Aufnahme in ein Rentensystem. Ein Prozentsatz der Vermittlungsgebühren wird von den Firmen für die Ausbildung von Zeitarbeitnehmern zurückgelegt;
- nach einem Jahr erhalten Zeitarbeitskräfte nur Verträge von einer Dauer von mindestens 3 Monaten. Darüber hinaus werden sie auch weiterhin bezahlt, wenn es in dieser Zeit keine Arbeit gibt;
- nach anderthalb Jahren und Beschäftigung mit dem gleichen Kunden der Zeitarbeitsfirma hat der Leiharbeitnehmer Anspruch auf einen unbefristeten Vertrag;
- Leiharbeitnehmer, die für die gleiche Vermittlungsagentur, aber für verschiedene Kunden gearbeitet haben, haben nach drei Jahren den gleichen Anspruch.

Statt des Stufensystems können Zeitarbeitsfirmen auch so genannte Kettenverträge mit den von ihnen vermittelten Personen abschließen. In diesem Fall können in der Regel nicht mehr als 3 befristete Verträge in einem Zeitraum von höchstens 3 Jahren abgeschlossen werden. Danach muss im Prinzip ein Arbeitsvertrag angeboten werden.
Dies ist lediglich eine globale Zusammenfassung des Tarifvertrags. Es gibt eine Anzahl von Regelungen z. B. in Bezug auf die Berechnung der Arbeits- und Nichtarbeitszeiten.

6. Erste Auswirkungen des Flexcurity-Gesetzes

Das Flexcurity-Gesetz erwies sich insgesamt als sehr kompliziert. Über seine Auswirkung ist noch nicht viel bekannt. Das Arbeits- und Sozialministerium hat eine Studie über erste Erfahrungen mit dem Gesetz in Auftrag gegeben. Sie umfasst Umfragen bei den betroffenen Arbeitnehmern (d. h. flexible Arbeitnehmer), den Arbeitgebern und Zeitarbeitsfirmen. Die Umfragen wurden zwei Monate nach in Kraft treten des Gesetzes durchgeführt. Da zu diesem Zeitpunkt viele Fälle für die vorgesehene Übergangsmaßnahme in Frage kamen und es hinsichtlich einiger Aspekte des Gesetzes keine oder kaum konkrete Erfahrungen gibt, lassen sich noch keine Schlussfolgerungen über die letztlich strukturellen Auswirkungen des Gesetzes ziehen.

6.1. Auswirkung auf flexible Arbeitskräfte

Gemessen an der Anzahl der flexiblen Arbeitskräfte in den Niederlanden ist die Anzahl derer, die die Auswirkungen des Flexcurity-Gesetzes tatsächlich zu spüren bekamen, vergleichsweise gering, d.h. rund 45.000 Beschäftigte. Dabei handelt es sich in erster Linie um Ersatzpersonal, das nicht abgerufen worden war, Ersatzpersonal, das an Zeitarbeitsfirmen verwiesen worden war, Inhaber von Zeitarbeitsverträgen, die keine neuen Verträge erhalten hatten, Zeitarbeitnehmer, deren Arbeitsverträge vorübergehend beendet worden waren oder die an Zeitarbeitsfirmen verwiesen worden waren, und Arbeitnehmer, die von Zeitarbeitsfirmen Verträge erhalten hatten, mit denen die Beziehung beendet worden war. Der wichtigste Grund für diese nachteiligen Auswirkungen war, dass die Arbeitgeber keine unbefristeten Verträge anbieten wollten oder konnten.

Auch die Zahl der flexiblen Arbeitskräfte, für die das Flexcurity-Gesetz positive Auswirkungen hatte, war gering. Rund 35.000 als Ersatzpersonal Beschäftigte wurden unbefristete Verträge angeboten. Die Zahl der Leiharbeitnehmer, denen unbefristete Arbeitsverträge angeboten worden waren, wird auf 12.500 geschätzt.

Die langfristigen Auswirkungen hängen von Tarifverhandlungen, vom Ausweichverhalten von Arbeitgebern (Neugründungen, Anpassung der Politik des Personalmanagements) und den Arbeitsmarkttrends ab. Bezüglich der letzteren hat der angespannte Arbeitsmarkt die Anzahl der flexiblen Arbeitskräfte eingeschränkt, da Arbeitgeber eher Personal mittels unbefristeter Verträge an sich binden wollten.

Lediglich 31% der Arbeitnehmer, die über eine Zeitarbeitsfirma vermittelt worden waren, hatten um eine Ausbildung ersucht. In den ersten beiden Monaten wurde mit 13% der betreffenden Arbeitnehmer ein Gespräch über ihren Antrag auf Ausbildung geführt. Über die Hälfte der Zeitarbeitsfirmen führte ein Rentensystem ein, das nach ihren Angaben ein Drittel der betreffenden Arbeitnehmer erfasste, vor allem Beschäftigte in größeren Unternehmen.

6.2. Auswirkungen auf die Arbeitgeber

Arbeitgeber beklagten vor allem die mit der Einhaltung der neuen Bestimmungen verbundenen Kosten und die Unterbrechung des Arbeitsorganisationsprozesses. Die direkten Auswirkungen der Auflage, dass sie unfreiwillig manchen Arbeitnehmern unbefristete Arbeitsverträge geben mussten, scheinen gering zu sein. Teilweise hatten sie diese Situation bereits vorausgesehen. Erstaunlicherweise standen Arbeitgeber den geänderten Kündigungsbedingungen und den nunmehr gegebenen Möglichkeiten mehr aufeinanderfolgende Zeitarbeitsverträge an den gleichen Arbeitnehmer zu vergeben, nicht unbedingt positiv gegenüber.

Es gibt jedoch insofern auch positive Signale, als zu dem Zeitpunkt ein Viertel der Arbeitgeber positive Haltungen eingenommen hatten. Sie erkannten die Transparenz des Gesetzes an und meinten, sie würden mit den Beschäftigten behutsamer umgehen.

6.3. Auswirkungen auf Zeitarbeitsfirmen

Auch die meisten Zeitarbeitsfirmen standen dem Flexcurity-Gesetz zunächst etwas negativ gegenüber. Vermutlich ist dies auf eine tolerante Politik zurückzuführen, die in der jüngsten Zeit keine Höchstdauer für Zeitarbeitsverträge vorschrieb. Ferner waren gelegentlich Mittel und Wege benutzt worden, um die vorgeschriebene Höchstdauer zu umgehen. So waren Arbeitnehmern, die über eine Zeitarbeitsfirma vermittelt wurden, vom Vertragspartner (Kunden) Interimszeitarbeitsverträge angeboten worden. Später wurden sie dann auf der Basis eines Zeitarbeitsvertrages erneut eingestellt. Die Höchstdauer für Zeitarbeitsverträge war somit kein unüberwindliches Hindernis als solches.

Zeitarbeitsfirmen müssen nun die neuen Bestimmungen über Ausbildung und Rentensysteme beachten. Verschiedene Aspekte wie der bisherige berufliche Werdegang müssen erfasst werden.

Angesichts des angespannten Arbeitsmarktes hätten Zeitarbeits-firmen vermutlich auch ohne das Flexcurity-Gesetz genauso gehan-delt, um verstärkt Beschäftigte an das Unternehmen zu binden. In den kommenden Jahren wird es noch schwieriger, Leiharbeitnehmer einzustellen. Ferner wird damit gerechnet, dass die neuen Be-stimmungen weitreichende Veränderungen in den Bereichen Auto-matisierung und Verwaltung mit sich bringen, was für Unternehmen zunehmenden Arbeitsdruck erzeugt und somit höhere Kosten für Zeitarbeit mit sich bringt. Andererseits gibt es auch Zeitarbeitsfirmen, die das Gesetz als etwas Positives sehen, teilweise deshalb, weil sie glauben, dass dieser Sektor nun ein positiveres Image erhält. Auch der Aspekt, Betrügern den Weg zu versperren, ist von Bedeutung. Kürzlich haben Zeitarbeitsfirmen Schlagzeilen gemacht. Demzu-folge erhalten sie zu unregelmäßig Aufträge um bei Erreichen der obersten Stufe des Systems ihren Beschäftigten unbefristete Arbeits-verträge anzubieten. Deshalb, so ein Sprecher einer Vereinigung, werden Leiharbeitnehmer von Zeitarbeitsfirmen in großer Zahl zusammengefasst. Leiharbeitnehmer werden bewusst nicht abgeru-fen, da sich Unternehmen nicht binden wollen. Deshalb ist diese Kategorie von Arbeitnehmern auf Arbeitslosenleistungen angewie-sen. Sicherheit ist somit zu Unsicherheit geworden.

7. Von Flexibilität zu Beschäftigungsfähigkeit

Wie in der Einleitung erwähnt, waren Flexibilität und Beschäftigungs-fähigkeit ein wichtiger Bestandteil in der niederländischen Sozial-und Wirtschaftspolitik der neunziger Jahre. Das Erfordernis der Fle-xibilität führte zu Interesse an der Beschäftigungsfähigkeit, zunächst vor allem in Bezug auf externe Flexibilität und Mobilität. Flexibilisie-rung war das Diktum zu Zeiten der Ungewissheit über die wirt-schaftlichen Fortschritte auf der einen Seite und eines großen Ar-beitskräfteangebots auf der anderen Seite. Zur Zeit scheint es eine Verlagerung im Bereich der Flexibilisierung zu geben, d. h. von der externen zur internen Flexibilisierung. Der Anteil der flexiblen Ar-beitskräfte an der Gesamtbeschäftigtenzahl stabilisiert sich bei etwas über 10%. Unternehmen versuchen vor allem, ihre Flexibilität dadurch zu verstärken, dass sie den vielseitigen Einsatz von fest angestellten Beschäftigten fördern. Die Aufgabe vieler Centers (mobility centers) in Unternehmen wurde erweitert und umfasst nun auch Arbeitnehmer, die das Unternehmen halten will. Es ist damit zu rechnen, dass bei der Weiterbildung der Schwerpunkt mehr produkt-/ dienstleistungs- und unternehmensbezogen werden wird und dass der Erwerb von allgemeineren übertragbaren Fähigkeiten nicht gefördert wird.

Das Flexcurity-Gesetz fördert die flexible Arbeit, indem es mehr Möglichkeiten für befristete Verträge und zusätzlichen Raum für Zeitarbeit bietet. Gleichzeitig verkürzt es die Kündigungsfrist. Es könnte zur Beschäftigungsfähigkeit von Zeitarbeitskräften beitragen, da diese den anderen Arbeitnehmern nach einer gewissen Zeit in etwa gleichgestellt sind. Der Tarifvertrag von Zeitarbeitskräften sieht ein Gespräch über Aus- und Fortbildungsbedarf nach nur sechs Monaten vor.

Flexible Arbeit hat auf dem niederländischen Arbeitsmarkt große Bedeutung erlangt. Der Arbeitskräftemangel führte jedoch dazu, dass Arbeitgeber weniger an Flexibilität und stärker an Beschäftigungsfähigkeit interessiert sind. Die Auswirkungen des Gesetzes könnten deshalb weniger groß sein, als es sonst der Fall gewesen wäre. Es gibt sicher keinen Grund anzunehmen, dass flexible Arbeit eine große Bedrohung für die regulär Beschäftigten darstellt.

Zum Schluss sei darauf hingewiesen, dass die Arbeitsmarktsituation – Überschuss oder Mangel an Arbeitskräften – ein weitaus wichtigerer Faktor für die Entwicklung von Flexibilität und Beschäftigungsfähigkeit im Unternehmen werden könnte als die gewöhnlich angeführten wirtschaftlichen und sozialen Erwägungen.

2.3. Die Arbeitslosigkeitsfallen in Belgien

KOEN VAN DER HEUVEL[1]

1. Einleitung

Eines der größten Strukturprobleme auf dem belgischen Arbeitsmarkt ist die niedrige Erwerbsquote von geringqualifizierten Personen. 1998 hatten nur knapp 55% der Geringqualifizierten im Alter von 25 bis 59 Jahren (das heißt Personen, die höchstens eine Hauptschulausbildung hatten) einen Arbeitsplatz, während es bei qualifizierten Personen 87% waren. Das muss allerdings insofern etwas nuancierter gesehen werden, als die Schwarzarbeit dabei nicht berücksichtigt ist.

Aufgrund der Schwarzarbeit und der geringen Erwerbsquote der Geringqualifizierten ist es schwierig, regelmäßige Arbeitsplätze für Geringqualifizierte zu schaffen und mit diesen zu besetzen. Die Problematik der Schaffung und der Besetzung von wenig produktiven Arbeitsplätzen für Geringqualifizierte erweist sich als sehr komplex.

In diesem Beitrag wird in großen Zügen der Rahmen des Problems der Arbeitslosigkeitsfallen dargelegt, der nur einen – wenn auch sehr wichtigen – Aspekt der Problematik der Geringqualifizierten darstellt. Nach einer Erläuterung des Begriffs „Arbeitslosigkeitsfalle" werden einige Arten von Arbeitslosigkeitsfallen und ihre Ursachen dargelegt. Anschließend wird kurz die Situation in Belgien und einige neuere politische Initiativen geschildert, die diese Fallen bekämpfen sollen.

Bevor eine Untersuchung des Angebots an Arbeitsplätzen für Geringqualifizierte vorgenommen wird, soll geprüft werden, ob das Angebot an wenig produktiven Arbeitsplätzen auf dem Arbeitsmarkt ausreichend ist.

---

1 Koen Van der Heuvel, Berater bei der belgischen Nationalbank.

2. Die Nachfrage nach wenig produktiven Arbeitsplätzen: Die Produktivitätsfalle

Die Schaffung von wenig produktiven Arbeitsplätzen auf dem regulären Arbeitsmarkt wirft aus mehreren Gründen Probleme auf. Es wird regelmäßig auf ein Arbeitskostenproblem hingewiesen oder mit anderen Worten auf die Gefahr einer Produktivitätsfalle: Die wenig produktiven Arbeitsplätze sind in manchen Fällen nicht produktiv genug, um die Arbeitskosten zu decken. Die relativ geringe Produktivität dieser Arbeitsplätze liegt unter den Arbeitskosten, deren Höhe vom (para)fiskalischen Druck und von den Mindestlöhnen oder den niedrigsten Sätzen abhängt, die häufig eindeutig über den in Tarifverträgen festgelegten Mindestlöhnen liegen.

Ferner besteht die Gefahr, dass die Arbeitskraft durch das Kapital ersetzt wird. Wenn die Arbeitskosten rascher steigen als die Kapitalkosten, neigen die Unternehmensleiter dazu, nach billigeren Fertigungsprozessen Ausschau zu halten, so dass der Produktionsfaktor „Arbeit" durch das Kapital ersetzt wird (z. B. ersetzen Roboter die Fließbandarbeiter).

In manchen Fällen verschwindet die Nachfrage nach Arbeitskräften, wenn die Arbeitskosten die geringe Produktivität übersteigen. Dazu kommt es, wenn die Kosten mancher arbeitsintensiver Dienste höher sind als der Wert, den die Benutzer diesen Diensten beimessen (z. B. Wartungs- und Gartenarbeiten). In diesem Fall ersetzt das Kapital nicht die Arbeitskräfte, sondern die Dienste werden einfach nicht mehr erbracht. Eine andere Möglichkeit ist, dass manche Dienste in den informellen Sektor verlegt werden. Ohne (para)fiskalischen Druck werden diese Dienste dann für den Verbraucher erschwinglich.

3. Das Arbeitskräfteangebot für wenig produktive Beschäftigungen: Die Arbeitslosigkeitsfalle

3.1. Definition der Arbeitslosigkeitsfalle

Die Beschlüsse zur Aufnahme einer bezahlten Tätigkeit sind sehr komplex. Ob jemand eine Erwerbstätigkeit aufnimmt oder ob er darauf verzichtet, hängt von finanziellen Faktoren ab, aber auch von anderen qualitativen Faktoren wie der Wertschätzung der Tätigkeit innerhalb, aber auch außerhalb des Arbeitsbereiches, den Aufstiegschancen, der Familiensituation usw. Der finanzielle Anreiz ist allerdings von sehr großer Bedeutung, auch wenn deren Ausmaß je nach Fall verschieden sein kann. So akzeptiert ein Jugendlicher ein relativ niedriges Anfangsentgelt, wenn die Tätigkeit Aussichten auf eine spätere Erhöhung bietet.

Alle diese Faktoren spielen auch bei dem Beschluss eine Rolle, ob eine wenig produktive Beschäftigung angenommen wird, und die Entscheidung dafür oder dagegen ist sehr schwer zu treffen. Die wenig produktiven Tätigkeiten sind in der Regel solche mit geringer Bezahlung, so dass die Gefahr besteht, dass der finanzielle Anreiz für eine solche Tätigkeit eher gering ist. Außerdem ist gerade bei den Arbeitnehmern, die für diese Art von Tätigkeiten in Frage kommen, das Risiko einer ungenügenden Verfügbarkeit am größten.

Dann kann bei den wenig produktiven Tätigkeiten die Gefahr der Arbeitslosigkeitsfalle entstehen: Aufgrund von verschiedenen Faktoren (finanziellen, Verfügbarkeit) kann der Anreiz für Arbeitsuchende, eine Arbeit oder eine Ausbildung zu suchen oder anzunehmen, zu gering sein oder gar nicht bestehen. Die betreffende Person ist sozusagen Gefangene einer Situation der Abhängigkeit von den Beihilfen, da sich ihre Lebensqualität durch eine Arbeitsaufnahme gar nicht oder nicht genügend verbessert.

3.2. *Die unterschiedlichen Arbeitslosigkeitsfallen und ihre Ursachen*

Der Ausdruck „Arbeitslosigkeitsfalle" deckt eine Reihe von Aspekten, die einer Erklärung bedürfen. Allgemein unterscheidet man zwei Formen von Arbeitslosigkeitsfallen, nämlich die finanziellen und die nichtfinanziellen.

- *Die finanziellen Arbeitslosigkeitsfallen*

Finanzielle Arbeitslosigkeitsfalle bedeutet, dass die Aufnahme einer Erwerbstätigkeit die Kaufkraft gar nicht oder nur wenig verbessert. Die Beihilfen, die die betreffende Person als Arbeitsloser erhält, sind relativ hoch im Vergleich zu den Einkünften, die sich aus einer Erwerbstätigkeit erzielen lassen, anders gesagt die Nettobezüge aus einer Erwerbstätigkeit sind in manchen Fällen niedriger als das Mindesteinkommen, für das eine Person eine bezahlte Tätigkeit auszuüben bereit ist.

Neben dem Arbeitseinkommen gibt es noch andere entscheidende Aspekte, die Einfluss auf das Arbeitskräfteangebot haben und auch zu den Mindesteinkommenserwartungen beitragen, die eine Person an eine bezahlte Tätigkeit knüpft. Die Faktoren, die das Arbeitskräfteangebot einschränken, haben die Auswirkung, dass sich diese Mindesteinkommenserwartung erhöht, und zwar in folgenden Fällen:

- wenn sich das Ersatzeinkommen erhöht;
- wenn finanzielle Beihilfen (höhere Familienleistungen, zusätzliche Leistungen im Krankheitsfalle, Zulagen für lange Betriebszugehörigkeit, Einkommensgarantien) steigen oder wenn zusätzliche Leistungen gewährt werden;
- wenn der Arbeitnehmer relativ leicht ein Einkommen auf dem Schwarzmarkt erzielen kann;
- wenn die Anfangsinvestitionen (z. B. Arbeitskleidung, Fahrzeug, Betreuung von Kindern) für die Annahme einer Beschäftigung steigen;
- wenn die beruflichen Aussichten schlecht sind und/oder die Beschäftigung vorübergehender Art ist.

Neben den Sozialleistungen kann auch der plötzliche Verlust der zusätzlichen Finanzbeihilfen bei der Aufnahme einer Erwerbstätigkeit sowie der im Prinzip unbegrenzten Arbeitslosenleistungen eine wichtige Rolle bei der Arbeitslosigkeitsfalle spielen. Die Erfahrung der Arbeitsämter lässt ebenfalls erkennen, dass die Bedeutung der Anfangsinvestitionskosten nicht unterschätzt werden darf. Wenn Personen von Sozialhilfe abhängig sind, ist die Investition in ein neues Fahrrad oder ein neues Auto oder die Suche nach einer Betreuungsstätte für die Kinder nicht leicht, vor allem wenn es sich um eine zeitlich befristete Erwerbstätigkeit handelt.

Eine finanzielle Arbeitslosigkeitsfalle ergibt sich auch aufgrund des relativ niedrigen Arbeitsentgelts. Nicht das Bruttoentgelt ist das eigentliche Problem. Die Zahlung des gesetzlichen Mindestlohns und der im allgemeinen noch höheren Mindestlöhne, die in Tarifverträgen für einzelne Bereiche festgelegt sind, garantieren einen Grundlohn für wenig produktive Tätigkeiten. Durch höhere Bruttolöhne würden im Übrigen die Arbeitskosten dieser Tätigkeiten auf eine Weise steigen, dass die Gefahr von Produktivitätsfallen steigen würde und die Schaffung von wenig produktiven Erwerbstätigkeiten dadurch behindert würde. Bei gleichen Bruttobezügen kann das Nettoarbeitseinkommen für Niedriglöhne hingegen attraktiver gestaltet werden, wenn der fiskalische und parafiskalische Druck auf den Arbeitnehmer für diese Kategorie von Arbeitseinkommen angepasst würde. Zur Zeit gibt es einen starken fiskalischen Druck beim Übergang von der Arbeitslosigkeit zu einer Erwerbstätigkeit, da von Sozialhilfe abhängige Personen eine fiskalische Sonderbehandlung erfahren, während Personen, die eine Niedriglohntätigkeit ausüben, dem normalen fiskalischen und parafiskalischen System unterliegen (d.h. sie zahlen Arbeitnehmerbeiträge zur sozialen Sicherheit).

- *Die nichtfinanziellen Arbeitslosigkeitsfallen*

Ein zu schwacher finanzieller Anreiz ist nicht der einzige Faktor, der den Arbeitsuchenden in eine Situation der Abhängigkeit von der Sozialhilfe belassen kann. Auch nichtfinanzielle Gründe können den Arbeitsuchenden veranlassen, sich nicht um eine Erwerbstätigkeit zu bemühen. Eine Politik, die die Gefahr der Arbeitslosigkeitsfalle reduzieren will, muss deshalb auch andere Aspekte als nur die finanziellen berücksichtigen. Fehlende Verfügbarkeit kann verschiedene Ursachen haben. Die praktischen Erfahrungen der Arbeitsämter bei der Vermittlung und Begleitung von Arbeitslosen (insbesondere Langzeitarbeitslosen) lassen erkennen, dass mehrere Faktoren deren Verfügbarkeit einschränken. Ein erster wichtiger Faktor betrifft die sozialen und beruflichen Eignungen des Arbeitslosen. Etliche Arbeitslose finden keinen Arbeitsplatz mehr, weil ihr Ausbildungsstand zu niedrig ist und/oder weil ihre Qualifikationen nicht mehr den Marktanforderungen entsprechen. In Belgien haben über 40 % der Erwerbsbevölkerung nicht mehr als einen Hauptschulabschluss. Wer eine geringe Schulausbildung hat, läuft eher Gefahr, Langzeitarbeitsloser zu werden. Das bestätigt erneut die Notwendigkeit, Ausbildungsmöglichkeiten für Arbeitsuchende zu verstärken. Die Ausbildung und insbesondere die sekundäre Fach- und Berufsausbildung muss ebenfalls verbessert werden. So sollte jeder Schulabgänger über eine Mindestqualifikation verfügen (das heißt ein Mindestmaß an Kenntnissen und sozialen Fähigkeiten), um seine Chancen auf einen Arbeitsplatz zu verbessern.

Außerdem besteht ein Problem der Überqualifikation bei der Einstellung: Die relativ hochqualifizierten Personen verdrängen die weniger qualifizierten bei Einstellungen, selbst wenn die betreffende Tätigkeit keine höheren Qualifikationen erfordert. Im Übrigen besitzen manche Arbeitslose nicht oder nicht mehr die Eignung für eine optimale Erwerbstätigkeit, oder sie haben asoziale Einstellungen (zum Beispiel fehlende Arbeitsdisziplin). Außerdem kann die Langzeitarbeitslosigkeit zu psychologischen und sozialen Anpassungsschwierigkeiten führen, die die betreffenden Personen entmutigen oder ihr Interesse an der Arbeitsuche verringern. Wenn ein Arbeitsloser den Wunsch hat zu arbeiten, jedoch keine Beschäftigung findet, so kann das zu einer Abwehrreaktion führen, so dass er das Interesse an einer Erwerbstätigkeit verliert und sich weniger häufig um Stellen bewirbt. Allgemein geht dieser Mangel an beruflicher Motivation mit geringer Schulbildung einher, und in manchen Familien überträgt sich diese fehlende Verfügbarkeit von einer Generation auf die nächste. Diesen Teufelskreis zu durchbrechen ist schwierig und erfordert intensive Eingliederungsbemühungen des Einzelnen. Die Familiensituation kann ebenfalls die Verfügbarkeit einschränken. Manche Arbeitslose, vor allem Frauen, kommen aus der Arbeitslosigkeit oder einer Abhängigkeit von der Sozialhilfe nicht heraus, weil sie sich um ihre Familie kümmern müssen (z. B. Einelternfamilien mit Kindern, Versorgung von kranken Eltern). Wenn die soziale Infrastruktur allgemein und insbesondere die Möglichkeiten zur Betreuung von Kindern verbessert werden, lässt sich ihre Verfügbarkeit teilweise erhöhen.

Weiterhin spielt die Qualität der Niedriglohntätigkeiten eine Rolle, wenn es darum geht, eine Beschäftigung anzunehmen oder abzulehnen. Manche Niedriglohntätigkeiten können mühsam sein und müssen zu unregelmäßigen Zeiten geleistet werden. Man verlangt immer mehr Flexibilität vom Arbeitnehmer, so dass dieser bei der Annahme einer „atypischen" Beschäftigung seinen Lebensrhythmus und seine Lebensgestaltung ändern muss. Darüber hinaus sind viele Niedriglohntätigkeiten Teilzeitbeschäftigungen, für die der finanzielle Anreiz, von der Abhängigkeit von der Sozialhilfe loszukommen, eher gering ist. Manche Arbeitslose sind nicht bereit, ihr Leben grundlegend neu zu organisieren, um eine atypische Teilzeitbeschäftigung auszuüben.

Auch eine zu große geographische Entfernung zwischen Wohnort und Arbeitsstätte schränkt die Verfügbarkeit mancher Arbeitsuchender ein. In Belgien sind zahlreiche Arbeitsuchende nur bedingt zu einer geographischen Mobilität bereit, was sich insbesondere durch unterschiedliche Kulturen, zu wenig öffentliche Transportmittel und hohe Umzugskosten erklären lässt.

Schließlich gibt es auch eine „administrative" Arbeitslosigkeitsfalle, die mit der Befürchtung verbunden ist, die Sicherheit zu verlieren, die eine regelmäßige Sozialhilfe verleiht. Der Arbeitslose zieht die relative Sicherheit einer Abhängigkeit von Sozialhilfe der Unsicherheit einer neuen Beschäftigung vor. Das entspringt in der Regel der Angst, die Arbeit nicht korrekt tun zu können, vom Arbeitgeber nicht respektiert zu werden oder nicht regelmäßig bezahlt zu werden. Für den Fall einer Entlassung nach der Einstellung fürchtet der Arbeitslose die komplexen Verwaltungsschritte, die für einen erneuten Anspruch auf Sozialhilfe notwendig sind. Außerdem besteht die Gefahr, dass die neue Sozialhilfe niedriger ist als die vorherige. Vor allem bei der Annahme einer zeitlich befristeten und/oder prekären Arbeit kann eine solche administrative Falle entstehen und die Annahme einer Erwerbstätigkeit verhindern. Dieser abschreckende Faktor zeigt sich am stärksten bei wenig qualifizierten Personen, die wenig über administrative Verfahrensweisen wissen.

Hieraus ergibt sich, dass sich eine Politik, die auf die Verringerung der Gefahr von Arbeitslosigkeitsfallen abzielt, nicht auf rein finanzielle Aspekte beschränken darf. Der finanzielle Aspekt bleibt jedoch wichtig. Die Erhöhung der finanziellen Anreize reicht nicht aus, bildet jedoch eine wesentliche Voraussetzung, um eine große Zahl von Sozialhilfeempfängern zur Suche nach einer Erwerbstätigkeit zu ermutigen.

3.3. Ist die Gefahr einer finanziellen Arbeitslosigkeitsfalle zu messen?

Die finanziellen Fallen zu messen erweist sich als sehr komplex. Am häufigsten wird dafür die Technik der Standardsimulationen verwendet. Sie besteht darin, für bestimmte Arten von Haushalten die Differenz zwischen Brutto- und Nettoarbeitseinkommen bei einer Erwerbstätigkeit und bei einer Nichterwerbstätigkeit zu berechnen, um den Nettogewinn aus einer Erwerbstätigkeit deutlich zu machen. Bei der Messung der finanziellen Arbeitslosigkeitsfallen ist die Feststellung der Einkommenssteigerung, die für die Schaffung eines genügenden finanziellen Anreizes notwendig ist, ein wichtiger Faktor. Es ist unmöglich, ein absolutes Niveau der Einkommenssteigerung festzulegen, oberhalb dessen keine Gefahr einer finanziellen Falle besteht. Die Gefahr einer finanziellen Falle ist im Übrigen subjektiv und enthält einen dynamischen Aspekt: Für manche stellt eine Einkommenssteigerung um 2% eine finanzielle Falle dar, während andere unter gleichen Bedingungen eine Beschäftigung annehmen. So nimmt ein Jugendlicher eher eine Tätigkeit mit nur einer geringen Einkommenssteigerung an, wenn diese Tätigkeit günstige Zukunftsaussichten bietet.

In einer Studie, die unlängst vom *Conseil supérieur de l'emploi* (Obersten Rat für Beschäftigungsfragen) anhand von Daten des Zentrums für Sozialpolitik unternommen wurde, wurde die untere Grenze der Mindesteinkommenssteigerung auf 15 % festgelegt. Aus dieser Studie geht hervor, dass beim Übergang von Langzeitarbeitslosigkeit (über ein Jahr) zu einer Vollzeitbeschäftigung der finanzielle Anreiz für Einelternhaushalte und Haushalte mit maximaler Arbeitslosenunterstützung nicht ausreichend ist. Allein stehende Personen, mit Partnern zusammenlebende Personen sowie Haushalte, die nur den Mindestbetrag an Sozialhilfe erhalten, finden hingegen in der Aufnahme einer Erwerbstätigkeit einen ausreichenden finanziellen Vorteil. Bei der Annahme einer Teilzeitarbeit erhalten fast alle normalen Haushalte jedoch nur einen geringen Einkommenszuwachs.

Es ist schwer, für jeden konkreten Falltyp die Zahl der betroffenen Arbeitslosen genau festzustellen. Der *Conseil supérieur* kommt, von eigenen Prognosen ausgehend, zu dem Schluss, dass Anfang 1998 eine finanzielle Arbeitslosigkeitsfalle für höchstens 95.000 Haushaltsvorstände von den 121.000 bestand, die seit mehr als einem Jahr arbeitslos waren (78 %), und von 285.000 Arbeitslosen, die seit mehr als einem Jahr eine Beihilfe erhielten (33 %), als ihnen eine Vollzeitbeschäftigung zum Mindestlohn angeboten wurde. Beim Übergang von der Langzeitarbeitslosigkeit zu einer Teilzeitarbeit hätten Anfang 1998 rund 285.000 Arbeitslose einen zu geringen finanziellen Anreiz erhalten.

4. Politische Initiativen

Angesichts der Komplexität des Problems ist ein Ansatz unter verschiedenen Gesichtspunkten wünschenswert, wenn bei der Beseitigung der Arbeitslosigkeitsfalle Fortschritte erzielt werden sollen. Die Reduzierung der finanziellen Fallen reicht nicht aus, aber sie ist von wesentlicher Bedeutung für die Ermutigung von Personen, die eine Beihilfe für die Suche nach einer Erwerbstätigkeit und deren Annahme benötigen. Auch dauerhafte Anpassungen im Bereich der Fortbildung, der sozialen Infrastruktur und der Verwaltungsbestimmungen (die eine Veränderung der Verhaltensweise sowohl der Arbeitgeber als auch der Arbeitnehmer erfordern) sind notwendig.

Ohne eine Steigerung der Nettoeinkommen wäre die Motivation bei den meisten Unterstützungsempfängern begrenzt. Es ist deshalb von vorrangiger Bedeutung, die Differenz zwischen der Sozialhilfe und den Arbeitseinkommen zu vergrößern. Eine Möglichkeit, dieses Ziel zu erreichen, wäre die Kürzung der Arbeitslosenleistungen. Diese Lösung ist jedoch nicht wünschenswert, denn die sozialen Kosten wären hoch, und es könnte zu einer Verstärkung der Armut kommen. Der durchschnittliche Satz des Ersatzeinkommens ist in Belgien im Übrigen nicht höher als in den Nachbarländern.

Eine andere Möglichkeit zur Verstärkung der finanziellen Arbeitsanreize ist die Erhöhung der Mindestlöhne. Dieser Vorschlag stößt sich jedoch daran, dass bei manchen wenig produktiven Tätigkeiten die Arbeitskosten zu hoch sind (siehe Produktivitätsfalle). Im internationalen Vergleich ist der gesetzliche Mindestlohn in Belgien relativ hoch. Eine solche Maßnahme stünde auch im Gegensatz zur gegenwärtigen Politik der Senkung der wenig produktiven Arbeitskosten durch eine Verringerung der Arbeitgeberbeiträge.

Ein realistischer Vorschlag muss von dem Prinzip ausgehen, dass die Differenz zwischen dem Nettoarbeitseinkommen und den Unterstützungsleistungen vergrößert werden kann, ohne dass die Unterstützungsleistungen geschmälert und ohne dass die gesamten Arbeitskosten erhöht werden. Das ist durch eine Verringerung des fiskalischen oder parafiskalischen Drucks auf die Arbeitseinkommen möglich, was eine Erhöhung der Nettoarbeitseinkommen ohne eine Erhöhung der Bruttoeinkommen mit sich bringt. Die Politik der Arbeitskostensenkungen hat sich bisher im Wesentlichen auf eine Verringerung der Arbeitgeberbeiträge beschränkt, so dass nur die Arbeitskosten für den Arbeitgeber sinken, während das Nettoeinkommen des Arbeitnehmers nicht steigt und der finanzielle Anreiz nicht verstärkt wird. Bisher wurde somit vor allem versucht, die Arbeitsplatznachfrage anzuregen. Allerdings spielen auf der Angebotsseite die negativen Implikationen einer zu großen Differenz zwischen dem Bruttoarbeitseinkommen und dem Nettoarbeitseinkommen ebenfalls eine Rolle. Dem kann durch eine relativ einfache Intervention in Form parafiskalischer Maßnahmen begegnet

werden, zum Beispiel durch die Verringerung der Arbeitnehmerbeiträge zur sozialen Sicherheit. Für die Niedriglohntätigkeiten bilden diese Beiträge im Übrigen bei weitem den bedeutendsten Teil
der Differenz zwischen Brutto- und Nettoeinkommen, und diese
Maßnahme lässt sich schrittweise je nach dem Haushaltsspielraum
einführen. Die belgische Regierung hat vor kurzem Maßnahmen zur
Senkung der Arbeitnehmerbeiträge bei Niedriglöhnen gebilligt, um
die Gefahr der Arbeitslosigkeitsfalle zu verringern.

Schließlich wäre es wünschenswert, den plötzlichen Verlust mancher finanzieller Leistungen wie der erhöhten Familienzulagen zu
lindern. Diesbezüglich haben die Sozialpartner der Regierung im
Dezember 1999 Vorschläge unterbreitet.

Die Erhöhung der finanziellen Anreize bildet nur einen Aspekt
der Strategie zur Begrenzung der Gefahr der Arbeitslosigkeitsfalle,
sei es auch nur aus Haushaltsgründen. Auch strukturelle Maßnahmen, die mit der Zeit zu einer Veränderung der Einstellungen sowohl der Arbeitgeber als auch der Arbeitnehmer führen, spielen
eine wesentliche Rolle. Von vorrangiger Bedeutung ist ein angemes-
senes Ausbildungsniveau. Die Bedeutung einer soliden Grundausbildung kann gar nicht genug betont werden. In Belgien bilden folgende Elemente stets wichtige politische Herausforderungen: Die
Erhöhung der Anzahl der Personen, die mindestens ein Abschluss-
zeugnis haben, eine Verbesserung der Fach- und Berufsausbildung
und eine bessere Anpassung der Fähigkeiten der Schulabgänger an
die Bedürfnisse der Gesellschaft.

Ferner muss die berufliche Fortbildung verbessert werden. Hier
sind auch die Arbeitgeber gefordert. Im letzten branchenübergreifen-
den Abkommen haben sich die Sozialpartner übrigens verpflichtet,
ihre Bemühungen im Ausbildungsbereich zu verstärken. Die Arbeitsuchenden, bei denen die Gefahr einer Langzeitarbeitslosigkeit besteht, müssen zu Eingliederungsschritten ermutigt werden, die ihnen eine Arbeitsaufnahme erleichtern. Die Arbeitsämter müssen sich
aktiv um diese Begleitmaßnahmen kümmern. Diese Begleitung darf
nicht nur eine sinnvolle Nutzung der Zeit beinhalten, sondern sie
muss aus einer konkreten und angemessenen Unterstützung bestehen, welche die Beschäftigungsfähigkeit der Arbeitsuchenden verstärkt, damit sie schließlich eine Erwerbstätigkeit finden.

Wenn Arbeitgeber zu hohe Qualifikationsanforderungen stellen, werden geringqualifizierte Personen durch qualifiziertere vom Arbeitsmarkt verdrängt, und die Möglichkeiten des Arbeitsmarktes werden nicht zur Genüge genutzt. Zum einen lassen sich geringqualifizierte Personen von diesen übermäßigen Anforderungen beeindrucken, und sie bewerben sich nicht für bestimmte Tätigkeiten, für die sie in Frage kämen. Zum anderen besteht bei der Einstellung einer für die Tätigkeit überqualifizierten Person die Gefahr des Verlustes der Motivation und der Qualifikation. Hier besteht die Lösung in einem besser angepassten Personalmanagement.

Zwar verstärkt die Verbindung von Sozialleistungen und zusätzlichen finanziellen Beihilfen die Gefahr der Arbeitslosigkeitsfalle, doch hängt diese Maßnahme von anderen politischen Erwägungen ab, zum Beispiel dem Kampf gegen die Armut.

Ferner verstärken auch andere spezifische Systeme die finanzielle Arbeitslosigkeitsfalle, zum Beispiel die höheren Unterstützungsleistungen für ältere Arbeitslose oder Pfändungen auf Arbeitseinkommen.

Die belgische Arbeitslosenversicherung unterscheidet sich jedoch von der anderer westeuropäischer Länder dadurch, dass sie für Haushaltsvorstände, allein lebende Personen und manche mit Lebensgefährten zusammenlebende Personen ohne Familienlasten praktisch ohne zeitliche Begrenzung gezahlt wird, was die Gefahr der Arbeitslosigkeitsfalle zweifellos verstärken kann. Hier muss möglicherweise eine Kontrolle der Bereitschaft zur Wiedereingliederung ins Arbeitsleben in Erwägung gezogen werden.

2.4. *Back to Work Allowance* in Irland

TONY KIERAN[1]

1. Einleitung

Das Programm *Back to Work Allowance Scheme* (BTWAS) wurde in Irland 1993 als arbeitsmarktpolitische Maßnahme für Langzeitarbeitslose eingeführt. Das zentrale Ziel dieser Maßnahme ist zweierlei Art:

* den Langzeitarbeitslosen zu helfen, durch Annahme einer bezahlten Arbeit oder durch selbständige Erwerbstätigkeit aus der Arbeitslosigkeit herauszukommen; und
* die Eingliederung der Langzeitarbeitslosen in die erwerbstätige Bevölkerung.

In diesem Beitrag werden die Motive für die Einführung des BTWAS und der Kontext geschildert, in dem es als Lösung für einige Probleme der Arbeitslosigkeit jener Zeit angesehen wurde. Es wird dargelegt, wie das Programm funktioniert, und untersucht, inwieweit es seine Ziele erreicht hat. Da sich die wirtschaftliche Situation in Irland seither geändert hat, werden einige Fragen zur künftigen Rolle dieser Maßnahme gestellt.

2. Hintergrund und Kontext

Zu Anfang der neunziger Jahre erlebte Irland eine Zeit der wirtschaftlichen Depression, die Arbeitslosigkeit war sehr hoch und die Erwerbsquote niedrig. Die Arbeitslosigkeit lag 1990 bei 12,9 %, obwohl sehr viele Iren in den Jahren 1985 bis 1990 auf der Suche nach Arbeit emigriert waren. Die Emigrationswelle wurde durch eine Volks-

---

zählung bestätigt, aus der hervorging, dass die Bevölkerung in den Jahren 1986 bis 1991 von 3.540.643 auf 3.525.719 zurückging. Vor allem die Bevölkerung im jüngeren Alter war zurückgegangen. Hinter der Arbeitslosenrate von 12,9% verbirgt sich noch eine weitere wichtige Statistik. Aus Statistiken des Zentralen Statistischen Amtes und der Arbeitsmarkterhebung geht hervor, dass 8,3% der Erwerbsbevölkerung 1990 zu den Langzeitarbeitslosen zählten. 1993 stieg die Arbeitslosigkeit auf 15,7% und der Prozentsatz der Langzeitarbeitslosen zu etwa der gleichen Zeit auf 9%. Die Erwerbsquote war niedrig und lag 1992 bei lediglich 52,3%. Seither ist sie ständig bis auf 58% im Jahre 1999 gestiegen. Bedeutend verändert hatte sich in dieser Zeit die Erwerbsquote von Frauen. 1992 lag sie nur bei 36,2%,1999 hingegen bei 46%.

1987 handelten die Regierung und die Sozialpartner das erste einer Reihe von Partnerschaftsabkommen über landesweite Lohnerhöhungen und Verbesserungen der Besteuerung und der Sozialhilfe aus. Alle galten für drei Jahre, und das zweite, 1990 ausgehandelte und vereinbarte, schuf den Kontext für diese Beschäftigungsmaßnahme. Das Abkommen von 1990 trug die Bezeichnung *Programm für wirtschaftlichen und sozialen Fortschritt* (PESP) und führte zur Schaffung von lokalen Partnerschaften im ganzen Land.

Diese Partnerschaften waren befugt, allen Arbeitslosen finanziell zu helfen, die eine vernünftige Idee für die Schaffung einer selbständigen Erwerbstätigkeit hatten. Arbeitslosigkeit galt seinerzeit als eines der größten Probleme des Landes; als Gegenleistung für nur mäßige Lohnerhöhungen wurde deshalb vereinbart, einige aktive arbeitsmarktpolitische Maßnahmen zu ergreifen, um den Langzeitarbeitslosen eine Erwerbstätigkeit zu verschaffen.

Die Einführung des BTWAS sollte einen Schwachpunkt in den bestehenden Maßnahmen der aktiven Arbeitsmarktpolitik beseitigen, da sie sich bis dahin auf die zeitlich befristete Beschäftigung konzentrierten. Die meisten Mittel für Arbeitsmarktmaßnahmen wurden für Programme wie z. B. gemeinnützige Arbeit verwendet, der Langzeitarbeitslosen eine befristete Teilzeitbeschäftigung anbot. In dem Jahr, in dem das BTWAS eingeführt wurde (1993), wurde die Zahl derer, die an Programmen zur zeitlich befristeten Beschäftigung von Langzeitarbeitslosen teilnahmen, auf 21.000 geschätzt; das waren rund 75% der erwachsenen Arbeitslosen, die FAS-Unterstützung bezogen.

3. Wie funktioniert das BTWAS?

Es existieren zwei verschiedene Maßnahmen. Eine zielt auf Personen ab, die eine unselbständige Arbeit erhalten, und die andere auf jene, die eine selbständige Erwerbstätigkeit anstreben. Der Plan erlaubt den Langzeitarbeitslosen, nach ihrer Arbeitsaufnahme noch eine Zeitlang ihre wöchentliche Sozialhilfe zu beziehen. Dabei bestehen einige Unterschiede, je nachdem ob die Person selbständig oder unselbständig tätig ist.

Im ersten Jahr nach ihrer Rückkehr an einen Arbeitsplatz behalten Beschäftigte 75% ihrer wöchentlichen Sozialhilfe. Das wird im zweiten Jahr auf 50% und im dritten Jahr auf 25% gesenkt. Ferner behalten sie „sekundäre Leistungen" wie ärztliche Versorgung, Heizkostenzulagen, Zulagen zu Schuljahresbeginn und sonstige Hilfen, die Personen, die Arbeitslosengeld oder -hilfe erhalten, in der Regel beziehen.

Selbständig Erwerbstätige behalten ihre wöchentlichen Leistungen vier Jahre lang nach ihrer Rückkehr zur Arbeit: Im ersten Jahr 100%, im zweiten 75%, im dritten 50% und im letzten 25%. Unselbständig Erwerbstätige behalten auch die „sekundären Leistungen". Selbständig Erwerbstätige können eine Reihe von Maßnahmen in Anspruch nehmen. Diese erstrecken sich in der Regel auf Aus- und Fortbildung für erstmals selbständige Erwerbspersonen in Fertigkeiten, die für ihre Arbeit nützlich sind, oder über ihre gesetzlichen Verpflichtungen als Selbständige (Besteuerung, Buchführung usw.). Auch Fachwissen kann im Rahmen der Unterstützung je nach Bedarf des Einzelnen vermittelt und bezahlt werden.

Für das Programm kommen nur Personen in Frage, die mindestens 23 Jahre alt sind und mindestens 12 Monate lang Arbeitslosengeld oder -hilfe bezogen (oder Anspruch darauf gehabt) haben. Die Kriterien der Dauer werden flexibel gehandhabt (z.B. insgesamt zwei Jahre Arbeitslosigkeit in den vergangenen drei Jahren, wobei Zeiten der Erwerbstätigkeit im Rahmen von Arbeitsmarktprogrammen, zum Beispiel des Programms für gemeinnützige Arbeit, für die Mindestzeit der Arbeitslosigkeit angerechnet werden). Auch allein stehende Eltern, die seit 12 Monaten Leistungen für Einelternfamilien beziehen, kommen für das Programm in Frage. Da diese Maßnahme helfen soll, neue Arbeitsplätze zu schaffen und Langzeitarbeitslosen zu einer Erwerbstätigkeit zu verhelfen, gelten für Arbeitgeber und Arbeitsplätze, für die im Rahmen des Plans Beihilfe geleistet wird, bestimmte Bedingungen:

- die Arbeitsplätze müssen neu sein und sollen nicht bestehende Arbeitsplätze ersetzen;
- es muss die Möglichkeit bestehen, dass die Tätigkeiten zu festen Arbeitsplätzen werden. Für Teilzeit- und Zeitarbeitsplätze wird keine Unterstützung gewährt;
- die wöchentliche Arbeitszeit darf nicht unter 20 Stunden liegen.

Ein wichtiger Aspekt dieser Maßnahme ist, dass die Person einen Arbeitsplatz erhält statt nur eine Aus- und Fortbildung oder eine zeitlich befristete Arbeit. Sie sammelt dadurch wertvolle Arbeitserfahrung und erhöht ihre Beschäftigungsfähigkeit, selbst wenn die Tätigkeit nicht zu einer festen Anstellung führt.

3.1. Anzahl der Teilnehmer und Ausgaben im Rahmen des BTWAS

Bis 1996 kamen 16.000 Personen in den Genuss dieser Maßnahme, von denen 7.166 abhängig beschäftigt und die anderen 8.880 selbständig tätig waren. Im Dezember 1998 waren diese Zahlen auf insgesamt 31.550 gestiegen, davon 14.500 abhängig Beschäftigte und 17.050 Selbständige. 1999 kam es zu einer weiteren Erhöhung auf rund 31.900 zum Jahresende. Den Anteil der abhängig und der selbständig Beschäftigten ist ähnlich wie 1998, wobei die selbständige Erwerbstätigkeit weiterhin beliebter ist. Aus Statistiken des Ministeriums für Sozialordnung, Gemeinschaft und Familie (DSCFA) geht hervor, dass im Jahre 1998 insgesamt £ 102.767.000 für diese Maßnahme ausgegeben wurde. Diese Ausgaben nehmen rasch zu und betrugen Ende 1999 £ 122.437.000.

Angesichts der Bevölkerungszahl und der Arbeitslosenzahl in Irland ist das weiterhin eine wichtige beschäftigungspolitische Maßnahme. Die Zahl der Programmteilnehmer nimmt zu, und die Ausgaben machen rund zwei Drittel der DSCFA-Ausgaben für Beschäftigungsförderungsmaßnahmen aus. Allerdings führen auch andere Ministerien aktive Maßnahmen durch, so dass diese Zahl, auch wenn sie bedeutend ist, nicht zwei Drittel aller Ausgaben für die Beschäftigungsförderung ausmachen.

3.2. Wie erfolgreich war diese Maßnahme, um Langzeitarbeitslose zur Aufnahme einer unselbständigen oder selbständigen Erwerbstätigkeit zu bewegen?

Dies war eine der Fragen, die in einer Studie von „WRC Social and Economic Consultants" (Sozial- und Wirtschaftsberatern) im Auftrag des Ministeriums für Sozialordnung, Gemeinschaft und Familie im Jahr 1997 untersucht wurden. Der Bericht mit dem Titel *Developing Active Welfare Policy* (Entwicklung einer aktiven Sozialhilfepolitik) wurde im Oktober 1997 herausgegeben und untersuchte u.a. die Lebensumstände der Teilnehmer und ihr Arbeitsmarktverhalten vor Beitritt zum BTWAS. Ferner wurden ihre Auffassungen dazu eingeholt, wie ihre Situation ohne das BTWAS gewesen wäre.

Die Studie stellte fest:

• In den sechs Monaten, bevor sie von der Existenz des BTWAS erfuhren, hatten sich über ein Viertel (29%) der Teilnehmer nicht ein einziges Mal um einen Arbeitsplatz und weitere 19% hatten sich zwei bis fünf Mal beworben. Fast die Hälfte (48%) der BTWAS-Teilnehmer hatten sich somit entweder gar nicht oder nur in beschränktem Maße um einen Arbeitsplatz bemüht.

• Von den Langzeitarbeitslosen, die sich aktiv um einen Arbeitsplatz bemühten, bevor sie vom BTWAS gehört hatten, hatte ein kleiner Anteil (18%) ein Stellenangebot erhalten. Sie nahmen diese wegen schlechter Bezahlung oder schlechter Arbeitsbedingungen jedoch nicht an. Von den BTWAS-Teilnehmern hatte deshalb eine geringe Anzahl Erfahrung mit der Arbeitslosigkeitsfalle gemacht.

- Knapp unter zwei Drittel (62%) der Teilnehmer hatten vor der Teilnahme am BTWAS noch nie an einer aktiven Maßnahme teilgenommen. Aus der Studie ging hervor, dass das BTWAS vor allem auf zwei Hauptkategorien von Teilnehmern abzielte: Personen, die an keinen anderen Arbeitsmarktprogrammen teilgenommen hatten, und Personen, die zwar zuvor an mindestens einem Arbeitsmarktprogramm teilgenommen, jedoch keine Beschäftigung gefunden hatten.

Die Studie kam somit zu dem Schluss, dass das BTWAS für Langzeitarbeitslose zweierlei bedeutet. Erstens aktiviert es Personen, die den Mut verloren haben, noch eine Arbeit zu finden. Zweitens bietet es den Langzeitarbeitslosen, die sich um Arbeit bemühen, jedoch keine geeignete Beschäftigung gefunden haben, neue Chancen für eine unselbständige oder selbständige Erwerbstätigkeit.

Die Studie stellte fest, dass die Durchschnittslöhne der abhängig Beschäftigten niedrig waren und dass ein hoher Anteil der selbständig Erwerbstätigen nur geringe Einkommen aus ihren Geschäften bezogen, so dass die im Rahmen des BTWAS gezahlten Leistungen bedeutend dazu beitrugen, die Teilnehmer wieder ins Arbeitsleben zurückzuführen.

Diese Erkenntnis legt nahe, dass das BTWAS eine Rolle bei der Aktivierung eines beträchtlichen Teils der Langzeitarbeitslosen spielt. Der finanzielle Anreiz, weiterhin einen Teil der Sozialhilfe zu beziehen, ist zudem ein wesentlicher Faktor.

3.3. Inwieweit war das BTWAS ein Anreiz für Arbeitgeber, Langzeitarbeitslosen einen Arbeitsplatz anzubieten?

Dieses Programm richtet sich nicht in erster Linie an Arbeitgeber. Potentielle Arbeitnehmer sind das primäre Ziel, und das Programm unterscheidet sich von anderen aktiven Maßnahmen dadurch, dass die Beihilfe dem Beschäftigten gezahlt wird. In den ersten Jahren des Programms profitierten die Arbeitgeber von einer Befreiung der lohnbezogenen Sozialversicherungsbeiträge für Beschäftigte, die diese Beihilfe erhielten. Dadurch wurden die fixen Kosten der Arbeitgeber nach der Einstellung des Arbeitnehmers zwei Jahre lang reduziert, was als Beihilfe für den Arbeitgeber betrachtet werden kann. Die Lohnkosten für die an diesem Plan beteiligten Beschäftigten können in manchen Fällen niedriger sein als die für andere Beschäftigte, und auch das lässt sich als Beihilfe für den Arbeitgeber betrachten.

WRC-Berater in Sozial- und Wirtschaftsfragen haben in ihrer Studie von 1997 den Anreizeffekt auf Arbeitgeber untersucht. Sie stellten fest, dass etwa ein Drittel der Arbeitgeber erst nach der Einstellung neuer Personen von deren Anspruchsberechtigung auf BTWAS-Leistungen erfuhren. Die Beihilfe konnte deshalb nicht als Anreiz für diese Arbeitgeber gedient haben.

Ferner wurde festgestellt, dass 47 % der Arbeitgeber den Lohn der betreffenden Beschäftigten ganz oder teilweise um die BTWAS-Leistungen gekürzt hatten. Weitere 10 % der Arbeitgeber erklärten, dass sie sich spezifisch um Beschäftigte bemüht hatten, die für diesen Plan in Frage kamen.

Insgesamt legen diese Zahlen nahe, dass die Beihilfe als Anreiz für 40 bis 60 % der Arbeitgeber diente, Langzeitarbeitslosen einen Arbeitsplatz anzubieten.

3.4. Ergebnisse dieser Maßnahme im Vergleich zu anderen Maßnahmen, die Arbeitslosen zu einer selbständigen Erwerbstätigkeit verhelfen sollen

WRC-Berater für Sozial- und Wirtschaftsfragen untersuchten 1997 auch diesen Aspekt der Maßnahmen.

Sie kamen zu dem Schluss, dass die Ergebnisse dieses Programms besser waren als die anderer Programme. Nach drei Jahren hatten 75 % noch einen Arbeitsplatz, was über der Erfolgsrate aller anderen Programme lag, für die Zahlen vorliegen. Zwei Hauptfaktoren haben nach den Erkenntnissen vermutlich dazu beigetragen:

- Struktur und Dauer der Einkommensbeihilfe, die selbständig erwerbstätigen Teilnehmern gezahlt wurde. Diese Beihilfe ist höher und wird für längere Zeit gewährt als bei allen anderen untersuchten Programmen. Die Maßnahme ist insofern einzigartig, als ein Jahr lang 100% der vorherigen Sozialhilfe nunmehr als Einkommensbeihilfe gezahlt wird. Das trägt in erheblichem Maß zur Erfolgsrate dieser Maßnahme bei. Wenn das erste Jahr zur Feststellung der Erfolgsrate des Programms unberücksichtigt bleibt (d. h. die Erfolgsrate im dritten Jahr gilt als Erfolgsrate des zweiten Jahres), dann entspricht die Erfolgsrate der beiden Jahre im Wesentlichen der von Programmen in Dänemark und Frankreich. Selbst auf dieser Grundlage ist die Erfolgsrate der beiden Jahre höher als beim britischen System der Unternehmensbeihilfe, das gleichzeitig eingeführt wurde.

• Die positive Auswirkung des wirtschaftlichen Umfeldes in dem Zeitraum, in dem die Erfolgsraten gemessen wurden. Von 1993 bis 1996 hat Irland ein ständig hohes Wirtschaftswachstum erlebt. Auf diesen Aspekt wird nachstehend näher eingegangen.

4. Der irische Arbeitsmarkt in den neunziger Jahren

Wenn der Erfolg und die andauernde Bedeutung des BTWAS beurteilt werden sollen, müssen auch die Veränderungen auf dem irischen Arbeitsmarkt und in der irischen Wirtschaft seit seiner Einführung berücksichtigt werden. Die Zahlen lassen erkennen, dass die irische Wirtschaft seit 1994 ein außergewöhnliches Wachstum zu verzeichnen hatte und dieses Wachstum auf sehr hohem Niveau anhält, wobei BIP und BSP 1999 nach vorsichtigen Schätzungen um 7,9% bzw. 6,8% gestiegen sind. Die Beschäftigtenzahlen sind jedoch nicht so rasch gestiegen wie das Produktionswachstum, doch betrugen sie 1999 fast 1,59 Millionen gegenüber 1,156 Millionen im Jahre 1991, was einer durchschnittlichen jährlichen Wachstumrate von 2,9% in diesem Zeitraum entspricht. Diese Zahl dürfte im Jahre 2000 1,7 Millionen erreichen.

Diese rasche Zunahme der Beschäftigung ging mit einem starken Rückgang der Arbeitslosigkeit einher. Nach Schätzungen, die auf Erhebungen basieren, lag die Zahl der Arbeitslosen im Zeitabschnitt März bis Mai 1999 bei nur noch 96.900, während es 1991 199.000

und auf dem Höhepunkt im Jahre 1993 220.000 waren. Die Gesamt-
arbeitslosigkeit fiel in diesem Zeitraum auf knapp 5,7% der Erwerbsbevölkerung, nachdem sie Mitte der neunziger Jahre auf einem
Höchststand von 15,7% gewesen war. Sie sinkt weiter stark, und
nach Schätzungen sind zur Zeit 4,7% der Erwerbsbevölkerung arbeitslos.
Ein wichtiger Trend war dabei der erhebliche Rückgang der Zahl
der Langzeitarbeitslosen. Nachdem diese 1994 auf einen Höchststand von 128.200 gestiegen war, war sie im Zeitabschnitt März bis
Mai 1999 auf 41.600 gesunken. Das entspricht einer Langzeitarbeits-
losenrate von 2,5% gegenüber mehr als 9,0% im Jahre 1994. Als
Anteil der Gesamtarbeitslosenzahl ist die Zahl der Langzeitarbeitslosen im Zeitabschnitt März bis Mai 1999 auf 42,9% gesunken, nachdem sie 1990 noch 63,9% betragen hatte. Das ist eine wichtige
Entwicklung, denn das BTWAS zielt insbesondere auf die Langzeitarbeitslosen ab.
Der erhebliche Rückgang der Arbeitslosigkeit in den letzten Jahren ist im Wesentlichen auf die rasche Zunahme der Beschäftigung
seit Anfang der neunziger Jahre zurückzuführen. Die Zahl der Erwerbstätigen ist auch durch die Förderung höherer Erwerbsquoten
und einer stärkeren Binnenwanderung der Arbeitskräfte gestiegen.
Es wäre aufschlussreich, näher zu untersuchen, wie sich die seit
Anfang der neunziger Jahre geschaffenen Arbeitsplätze zusammen-
setzen, um besser die bedeutendsten Veränderungen zu verstehen,
die sich auf dem irischen Arbeitsmarkt vollzogen haben.
Aus Analysen der Zahlen geht hervor, dass die verarbeitende Industrie 1998 der größte Arbeitgeber war und 301.300 Personen oder
20% der Arbeitnehmerschaft beschäftigte. Der hohe Anteil der Be-
schäftigung in der Fertigung spiegelt das sehr rasche durchschnittliche Wachstum in diesem Sektor seit Anfang der neunziger Jahre
wider. Neben dem verarbeitenden Gewerbe sind die wichtigsten
Sektoren der Einzel- und Großhandel (fast 14% im Jahre 1998), die
Finanz- und sonstigen Wirtschaftsdienste (11,1%) und Bildungs- und
Gesundheitswesen (14,2%). Die Zahlen lassen erkennen, dass die
Beschäftigung in den Bereichen Landwirtschaft, Forstwirtschaft und
Fischerei von März bis Mai 1999 auf 136.000 gesunken war, wäh-
rend die Beschäftigung außerhalb der Landwirtschaft 1,46 Millio-

nen erreicht hatte. Bei der Beschäftigung außerhalb der Landwirtschaft hat es von 1991 bis 1999 eine durchschnittliche Zuwachsra-
te von 4,8% gegeben. Die Zahl der im Rahmen von staatlich geför-
derten Beschäftigungsprogrammen (z. B. gemeinnützige Arbeit)
beschäftigten Personen nahm von rund 21.000 Personen im Jahre
1993 auf über 40.000 Personen im Jahre 1995 erheblich zu und ist
zwischen 1995 und 1999 auf diesem Niveau konstant geblieben.
Die Beschäftigung im öffentlichen Sektor ist im Durchschnitt seit
Anfang der neunziger Jahre nur sehr langsam gestiegen und lag im
Zeitabschnitt März bis Mai 1999 bei 307.000 Personen gegenüber
288.000 im Jahre 1991. Die Gesamtbeschäftigung im Privatsektor
nahm um durchschnittlich 6% im Jahr zu und erreichte 1999 einen
Stand von 1,1 Millionen.

Für die kommenden Jahre wird ein weiteres Wachstum der Wirtschaft prognostiziert. Es wird mit einem Rückgang der Wachstums-
raten auf 4,5% bis 2002 und auf rund 3,5% bis 2010 gerechnet, da
die Zeit des raschen Aufholens, die die fortgeschrittenen Volkswirtschaften in den letzten Jahren erlebt haben, sich verlangsamt.

Die Aussichten auf eine Ausweitung der Beschäftigung in den
nächsten fünf bis sieben Jahren bleiben gut; für die Zeit von 1999
bis 2001 wird mit einem Wachstum von über 3% gerechnet, und
danach wird sich die Rate vermutlich auf 1,5% bis 2,7% im Jahre
verlangsamen.

Wenn man davon ausgeht, dass diese Prognosen auch zutreffen,
wird die Arbeitslosigkeit in den kommenden Jahren weiter sinken.

Andere neuere Trends

Der wirtschaftliche Wohlstand hat für das irische Arbeitsumfeld auch
andere Veränderungen mit sich gebracht. Im irischen Steuersystem
wurden seit Anfang der neunziger Jahre erhebliche Veränderungen
vorgenommen. Die Einkommensteuer galt stets als etwas, was die
Schaffung von Arbeitsplätzen behinderte, doch das Steueraufkom-
men ist in den letzten zehn Jahren erheblich zurückgegangen. Steuer-
vergünstigungen wurden verdoppelt, und der durchschnittliche Ein-
kommensteuersatz wurde von 30% im Jahre 1990/91 auf 24% im
Jahre 1999/00 gesenkt. Die Grenzsteuersätze von 48% und 53%, die

in den Jahren 1990/91 bestanden, sind 1999/00 durch einen Einheitssatz von 46% ersetzt worden. Einkommensteuerfreigrenzen für Niedrigeinkommensbezieher wurden in der Zeit ebenfalls erheblich heraufgesetzt.

Auch einkommensbezogene Sozialversicherungsbeiträge und andere Einkommensabgaben wurden in diesem Zeitraum gesenkt. Der Arbeitnehmeranteil an der Sozialversicherung wurde im Zeitraum 1990–1999 von 5,5% auf 4,5% gesenkt. Der Arbeitgeberanteil an der Sozialversicherung wurde im gleichen Zeitraum geringfügig von 12,2% auf 12,0% verringert, doch wichtiger ist, dass im Haushalt 1999/00 ein auf 8,5% gesenkter Satz für Arbeitseinkommen bis zu £14.560 eingeführt wurde.

Diese Veränderungen bedeuteten, dass die Kosten der Arbeitgeber für die Einstellung von Personen gesenkt wurden und gleichzeitig dafür gesorgt wurde, dass Arbeitnehmer nach allen Abzügen mehr von ihrem Lohn behalten.

Im April 2000 wurde erstmals ein Mindestlohn eingeführt. Durch diese Gesetzgebung und ihre Umsetzung dürfte das in manchen Wirtschaftszweigen bestehende Problem niedriger Löhne effektiv behandelt werden. Insbesondere sollte es den geringqualifizierten Langzeitarbeitslosen helfen, wieder eine Erwerbstätigkeit mit angemessenem Arbeitseinkommen zu erhalten.

5. Schlussfolgerungen

Aus Forschungsarbeiten geht hervor, dass das BTWAS die Langzeitarbeitslosen mit Erfolg dazu veranlasst hat, Chancen für eine unselbständige oder eine selbständige Erwerbstätigkeit zu nutzen. Vor allem die Erfolgsrate bei selbständig Erwerbstätigen ist beeindruckend. Ferner haben die Forschungsarbeiten ergeben, dass der Reingewinn für die Erfolgsrate der selbständig Erwerbstätigen eine wichtige Rolle spielt.

Das BTWAS hat auch eine nützliche Rolle dabei gespielt, den Langzeitarbeitslosen wieder zu einer Arbeit zu verhelfen, die sich am weitesten vom Arbeitsmarkt entfernt hatten. Das wird dadurch bestätigt, dass fast die Hälfte (48%) der Teilnehmer des Programms sich zuvor gar nicht oder kaum um einen Arbeitsplatz bemüht hatten. Eine weitere Evaluierung der Maßnahme wird derzeit vorgenommen, die bei Redaktionsschluss noch nicht abgeschlossen ist. Diese Evaluierung ist deshalb von Bedeutung, weil sie sich über den gesamten Zeitraum des existierenden Programms (sieben Jahre) erstrecken wird. Die Erkenntnisse dürften eine erhebliche Auswirkung auf die künftige Gestaltung und Rolle dieser Maßnahme haben.

Veränderungen auf dem Arbeitsmarkt und in der Gesetzgebung haben geholfen, einige der Probleme zu behandeln, die zur Einführung des BTWAS geführt haben. Die Langzeitarbeitslosigkeit ist von 1993 bis 1999 erheblich zurückgegangen.

Änderungen der Steuergesetze haben zu einem günstigeren Klima für die Schaffung von Arbeitsplätzen beigetragen. Durch die Einführung des Mindestlohnes im Jahre 2000 dürfte auch das Problem des Niedriglohnes für Geringqualifizierte beseitigt werden.

Ob das BTWAS als aktive Maßnahme auch weiterhin erforderlich ist, könnte angesichts der gegenwärtigen Situation in Irland in Frage gestellt werden. Da die Arbeitslosigkeit niedrig ist und die Tendenz besteht, früher etwas gegen die Arbeitslosigkeit zu tun, könnte man Argumente für die Abschaffung oder Modifizierung der Maßnahme anführen. Arbeitslosigkeitsfallen bestehen jedoch immer noch, und manche Probleme im Zusammenhang mit der Wechselwirkung der Steuer- und Sozialhilfesysteme bleiben ungelöst. Infolgedessen sind eine beträchtliche Anzahl von Langzeitarbeitslosen weiterhin vom Arbeitsmarkt losgelöst und benötigen eine Maßnahme wie das BTWAS, damit sie wieder in Arbeit vermittelt werden können. Zwar hat es ein beispielloses Wirtschaftswachstum im Land gegeben, und viele Arbeitsplätze sind geschaffen worden, doch haben die Regionen in unterschiedlichem Maße davon profitiert. Die meisten Arbeitsplätze wurden an der Ostküste geschaffen, während die Arbeitslosigkeit in Teilen des Westens weiterhin hoch ist. Deshalb könnte man dafür plädieren, dass diese Maßnahme künftig auf regionaler Basis weitergeführt werden sollte, wobei für verschiedene Gebiete unterschiedliche Kriterien angewendet werden.

Eine hohe Anzahl der Langzeitarbeitslosen war sehr lange Zeit arbeitslos. Es wurde erwogen, eine besonders auf diese Personen zugeschnittene Version des BTWAS einzuführen. Diese Maßnahme wäre für Personen gedacht, die sehr lange arbeitslos sind (über fünf Jahre arbeitslos und über 35 Jahre alt) und würde Aspekte enthalten, die den spezifischen Bedarf dieser Gruppe berücksichtigen. Besonders wichtig ist dabei eine Fortbildung und Umschulung vor Aufnahme einer Erwerbstätigkeit.

Zusammengefasst lässt sich sagen, dass das BTWAS einen Beitrag für Langzeitarbeitslose bei ihrer Suche nach einer Erwerbstätigkeit geleistet hat. Sie ist eine von zahlreichen Maßnahmen einer aktiven Arbeitsmarktpolitik, die Langzeitarbeitslosen zur Verfügung stehen. Dank der sich verändernden wirtschaftlichen Situation in Irland wurden in den letzten Jahren viele Arbeitsplätze geschaffen, doch das allein hätte den Langzeitarbeitslosen nicht geholfen. Das BTWAS hat eine wichtige Rolle dabei gespielt, Langzeitarbeitslosen einen Zugang zu diesen Möglichkeiten zu geben.

3. Die Situation in Ländern außerhalb der Europäischen Union

ROSS MCKAY, ANA FOTYGA, JAROSLAV SUMNÝ, MAHREZ AÏT BELKACEM[1]

In den meisten Teilen der Welt bleibt die Beschäftigungssituation ungünstig. Arbeitslosigkeit ist somit sowohl in Industrie- als auch in Entwicklungsländern ein erhebliches Problem. Die Beschäftigungsfähigkeit von Arbeitnehmern ist deshalb zunehmend ein Anliegen. Berichte aus vielen Ländern außerhalb der Europäischen Union lassen erkennen, dass sich Maßnahmen einer aktiven Arbeitsmarktpolitik immer stärker auf die Verbesserung der Beschäftigungsfähigkeit des Arbeitsuchenden ausrichten. Der Schwerpunkt liegt auf Größe und Qualität der Arbeitnehmerschaft und wenn immer möglich auf aktiven, der jeweiligen Situation angepassten Präventivmaßnahmen zur Bekämpfung der Arbeitslosigkeit und der Anpassung der Arbeitnehmer an die Herausforderungen sich verändernder Arbeitsmärkte.

Natürlich hängt die Wirksamkeit von Aktivierungsmaßnahmen weitgehend von einer Anzahl von Rahmenbedingungen in einem jeweiligen Land und den für ihre Umsetzung vorhandenen Ressourcen ab. Wie im vorherigen Kapitel dargelegt wurde und im folgenden Kapitel noch deutlicher wird, ist die Verbesserung der Beschäftigungsfähigkeit ein komplexer und variabler Mix von Maßnahmen, der an die jeweilige innerstaatliche Situation angepasst werden muss. Übergangs- und Entwicklungsländer haben völlig andere Prioritäten als hochindustrialisierte Länder. Für sie stehen eine Verbesserung der wirtschaftlichen Bedingungen, Investitionen in das Bildungswesen, die Verbesserung der Wettbewerbsfähigkeit und die gute Funktionsweise der Waren-, Dienstleistungs- und Kapitalmärkte im Vordergrund.

---

1 Die in diesem Kapitel enthaltenen Informationen stammen für Neuseeland von Ross McKay vom Ministerium für soziale Fürsorge, für Polen von Ana Fotyga von der Sozialversicherungsanstalt, für die Slowakische Republik vom Nationalen Arbeitsamt und für Algerien von Mahrez Ait Belkacem von der Landeskasse für Arbeitslosenversicherung.

Dieser Abschnitt befasst sich mit einigen Maßnahmen in vier Ländern außerhalb der Europäischen Union, nämlich Neuseeland, Polen, Slowakei und Algerien. Die gewählten Beispiele sind nicht erschöpfend, sollen jedoch die Auswirkung und Bedeutung von Aktivierungsmaßnahmen aufzeigen, die in Ländern außerhalb der Europäischen Union ergriffen wurden. Das erste der vier ausgewählten Länder gehört der OECD an, während zwei weitere, Polen und die Slowakei, die aktuelle Situation in Volkswirtschaften im Übergang widerspiegeln. Algerien ist besonders interessant, weil es dort ein recht junges System (1994) der Arbeitslosenversicherung gibt. Zwar verfügt dieses nicht über ausreichende Mittel, doch hat es sich von Anfang an um aktive Arbeitsmarktmaßnahmen bemüht, um Arbeitsuchende beschäftigungsfähig zu machen.

3.1. Neuseeland

Besorgnis über Beschäftigungsfähigkeit in Neuseeland entstand nach der Umstrukturierung der Wirtschaft Ende der achtziger und Anfang der neunziger Jahre. Zwar wird dieser Begriff an sich in der öffentlichen Diskussion über Sozialhilfe und Arbeit nicht viel benutzt, sondern es wird eher von der Notwendigkeit von Investitionen in Humankapital zur Verbesserung der Fähigkeiten und der Arbeitsbereitschaft von Arbeitsuchenden gesprochen, doch besteht kein Zweifel daran, dass Besorgnis über die Beschäftigungsfähigkeit derer dahintersteckt, die Einkommensbeihilfen beziehen.

Allgemein lässt sich feststellen, dass bei den meisten Sozialhilfereformen der letzten Zeit in Neuseeland größeres Schwergewicht auf die Erwartung gelegt wurde, dass Empfänger von Einkommensbeihilfen für eine Erwerbstätigkeit zur Verfügung stehen; so wurde das Arbeitserfordernis über Arbeitslose hinaus ausgeweitet, insbesondere auf allein stehende Elternteile. Ferner wurden die finanziellen Anreize zur Arbeitsaufnahme anstelle des Bezugs von Arbeitslosenleistungen verstärkt, zum Beispiel durch zusätzliche Leistungen für Niedrigeinkommensbezieher. Außerdem wurden verschiedene Formen der Unterstützung entwickelt, um Beziehern von Arbeitslosenleistungen den Übergang zur Arbeit zu erleichtern, u. a. durch eine Reihe von Maßnahmen zur Förderung der Beschäftigungsfähigkeit. Auch in der Infrastruktur wurden Veränderungen vorgenommen, um für die Erbringung von Dienstleistungen ein Umfeld zu schaffen, in dem diese Veränderungen am besten zur Geltung kommen. Verschiedene Programme wurden zur Förderung der Beschäftigungsfähigkeit entwickelt, die ihr Ziel anhand von unterschiedlichen Ansätzen zu erreichen versuchen.

Ein solcher Ansatz zielt darauf ab, die Beschäftigungsfähigkeit von Arbeitsuchenden dadurch zu verbessern, dass durch die Vermittlung einer praktischen Arbeitserfahrung ihr Selbstvertrauen gestärkt und ihre beruflichen Fähigkeiten verbessert werden. Zu diesem Zweck wurden zahlreiche Programme geschaffen. Das bedeutendste ist das *Community Work Programme* (Arbeit im Gemeinwesen), das im Oktober 1998 im Rahmen einer Umstrukturierung der wichtigsten Leistungen für Arbeitsuchende eingerichtet wurde. Dabei wurden die vorherigen Leistungen bei Arbeitslosigkeit und Krankheit und für die Aus- und Fortbildung durch das neue *Community Wage Programme* (Programm des Gemeinwesenlohns) ersetzt. Arbeitsuchende waren verpflichtet, an dem *Community Work Programme* teilzunehmen. Dieses neue Programm baute auf einem seit 1991 bestehenden Programm auf und war für eine größere Anzahl von Teilnehmern konzipiert.

Das Programm zielt darauf ab, Selbstvertrauen, berufliche Fähigkeiten, Motivation und Selbstwertschätzung von Arbeitsuchenden dadurch aufzubauen, dass ihnen Erfahrungen bei unbezahlter Arbeit vermittelt werden. Das nutzt auch dem Gemeinwesen. Um an dem Programm teilnehmen zu können, muss ein Antragsteller als Langzeitarbeitsloser gelten, das heißt er muss seit mindestens 26 Wochen arbeitslos sein, oder es muss die Gefahr bestehen, dass er Langzeitarbeitsloser wird. Arbeit im Gemeinwesen kann bis zu 20 Stunden in der Woche betragen, jedoch nicht mehr als 8 Stunden am Tag. Arbeitsuchende können zur Teilnahme an dem Programm verpflichtet werden, doch können sie sich auch freiwillig melden.

Die Teilnehmer erhalten weiterhin Leistungen, auf die sie Anspruch haben, ferner kann ihnen eine steuerfreie Teilnahmebeihilfe bis zu NZ$ 21 in der Woche gezahlt werden. Teilnehmern können auch angemessene Kosten erstattet werden, die ihnen durch die Teilnahme an dem Programm entstehen, und zwar bis zu weiteren NZ$ 20 in der Woche.

Arbeit im Gemeinwesen kann von einer Vielzahl von Organisationen, zum Beispiel von Freiwilligenverbänden, gefördert werden und muss dem Gemeinwesen oder der Umwelt nutzen. Um die Freisetzung von anderen Arbeitnehmern zu verhindern, müssen Förderorganisationen schriftlich erklären, dass die Arbeit ohne die für das Programm zur Verfügung stehenden Personen nicht getan würde. Die Tätigkeiten müssen auch soweit wie möglich einem bezahlten Arbeitsumfeld entsprechen.

Es gibt jedoch kaum Informationen über die Wirksamkeit des Programms in Bezug auf die Verbesserung der Beschäftigungsfähigkeit von Arbeitsuchenden oder die Verbesserung ihrer Chancen, anschließend einen Arbeitsplatz zu finden.

Im Jahre 1999 haben 22.126 Arbeitsuchende an dem *Community Work Programme* teilgenommen. Zum Vergleich: Zu diesem Zeitpunkt erhielten 192.166 als Arbeitsuchende eingestufte Personen den Gemeinwesenlohn. Über die Hälfte aller Arbeitsuchenden scheiden innerhalb von 20 Wochen aus dem System des Gemeinwesenlohns aus, so dass die Anzahl der Personen, an die sich das Programm richtet, vermutlich weniger als 100.000 beträgt.

Ein weiteres solches Programm ist das *Work Experience Programme* (Arbeitserfahrungsprogramm), das eine kurzzeitige Arbeitserfahrung an einer Arbeitsstätte oder in einem arbeitsähnlichen Umfeld vermittelt. Diese Tätigkeiten erstrecken sich auf eine bis vier Wochen, und die Teilnahmezeiten müssen in die normale Arbeitszeit des Unternehmens fallen. Arbeitgeber werden ausgesucht, um Arbeitserfahrungen auf der Grundlage zu vermitteln, dass sie einem Teilnehmer einen Überblick über die Tätigkeiten des Unternehmens verschaffen können.

Das eben genannte Programm fasst zwei bereits bestehende Programme zusammen, die zuvor als getrennte Programme betrieben wurden. Das erste davon, als *Job Link* bezeichnet, war für Personen bestimmt, die schon seit längerer Zeit einen Arbeitsplatz suchten, während das zweite mit der Bezeichnung *Job Intro* für junge Arbeitsuchende bestimmt war. Beide Programme boten Arbeitsplatzerfahrung und eine Ausbildung am Arbeitsplatz bis zu vier Wochen. Die Teilnehmer erhielten keinen Lohn und keine Beihilfe, jedoch weiterhin die Arbeitslosenleistungen, falls sie auf diese Anspruch hatten. Das *Work Experience Programme* wird nur in kleinem Umfang betrieben. Im Jahre 1999 haben nur 657 Personen daran teilgenommen. Ihre Anzahl ist jedoch im Verlaufe des Jahres gestiegen; drei Viertel nahmen im zweiten Halbjahr teil. Die meisten von ihnen waren schon seit längerer Zeit auf Arbeitsuche und wären zuvor für *Job Link* in Frage gekommen.

Ferner werden Arbeitserfahrungen über das *New Zealand Conservation Corps* vermittelt. Im Jahre 1999 nahmen 266 Personen an dessen Programmen teil. Insgesamt nahmen 23.049 Personen an *Work Experience* Programmen teil, die meisten im Rahmen der Gemeinwesenarbeit.

3.2. Beschäftigungsfähigkeit in Übergangsländern am Beispiel Polen und Slowakei

Gleich nach Beginn des Übergangs zu einer Marktwirtschaft vor zehn Jahren stieg die Arbeitslosigkeit steil an. Sowohl in Polen als auch in der Slowakei nahm die Arbeitslosigkeit in den ersten beiden Jahren nach Beginn des Übergangsprozesses dramatisch von null auf 15 % zu[2]. Seither wurden zahlreiche Reformen durchgeführt. Trotz der vielen Bemühungen der letzten Jahre besteht aber immer noch Besorgnis über die hohe Anzahl von Personen, die immer wieder oder langfristig arbeitslos werden.

In beiden Ländern wurden im Rahmen des Systems der Arbeitslosenversicherung Aktivierungsmaßnahmen durchgeführt, die die Fähigkeit der Arbeitslosen zum Eintritt in den Arbeitsmarkt oder zur Rückkehr zu diesem verbessern sollen, wobei das Potential jedes Einzelnen durch Aus- und Fortbildungsprogramme, Arbeitserfahrung und Hilfe bei der Suche nach einem Arbeitsplatz oder einer Unter-

2 IAO, Bericht V, Internationale Arbeitskonferenz, 83. Sitzungsperiode, 1996, Beschäftigungspolitik in einem globalen Kontext.

nehmertätigkeit entwickelt wird. Die Mittel sind je nach den arbeits-marktpolitischen Prioritäten unterschiedlich.

In *Polen* zum Beispiel gilt Schulung und Fortbildung der Arbeits-losen als wesentlicher Aspekt einer aktiven Arbeitsmarktpolitik. Sie wird als wirksames und effizientes Instrument gesehen, um das zwi-schen Angebot und Nachfrage auf den lokalen Arbeitsmärkten be-stehende Missverhältnis zu verringern. Dadurch wird soziale Aus-grenzung verhindert und ein Weg aus der Arbeitslosigkeit geboten, denn die Ausgebildeten scheiden nicht aus dem Arbeitsmarkt aus, selbst wenn sie nicht sofort einen Arbeitsplatz finden.

Aus Unterlagen geht hervor, dass 30% der Arbeitslosen eine hö-here Schulbildung oder Berufsausbildung haben. Nach einem ein-monatigen Schulungslehrgang erhöht sich ihre Chance auf einen nicht subventionierten Arbeitsplatz beträchtlich. Fast 70% der Ar-beitslosen haben jedoch ein niedriges oder sehr niedriges Bildungs-niveau, so dass das Risiko einer Langzeitarbeitslosigkeit hoch ist.

Wie wirksam diese Programme sind, hängt stark von den Maß-nahmen der koordinierenden Einrichtungen, der Distrikt- und Pro-vinzarbeitsämter ab. Die Bildungs- und Schulungszentren verwenden moderne Lehrmethoden und Audio-Video-Ausrüstung. Sie schlagen auch praktische Tätigkeiten vor, die sie in Unternehmen vorstel-len.

Ein sehr wichtiges Ziel der Bildungs- und Schulungsprogramme ist die Unterstützung der lokalen Unternehmen durch Bereitstellung einer qualifizierten Arbeitnehmerschaft, die in der Lage ist, sich un-verzüglich an den Arbeitsplatz anzupassen. Es kommt zu positiven Ergebnissen, wenn die Zusammenarbeit zwischen dem Arbeitgeber und den Arbeitslosen finanziell durch das Distriktarbeitsamt unter-stützt wird. In manchen Fällen gibt es dreigliedrige Abkommen zwi-schen dem Arbeitgeber, dem Arbeitsuchenden und dem Arbeitsamt über einen Bildungs- und Schulungslehrgang. Im Einvernehmen mit dem Arbeitgeber wird dem Teilnehmer nach Abschluss des Lehr-gangs eine Stelle angeboten. Diese Form von Aktivierungsmaßnah-me verbessert zweifellos die Beschäftigungsfähigkeit eines Arbeit-suchenden. Aus Tabelle 1 geht hervor, wie wirksam solche Bildungs-und Schulungslehrgänge im Rahmen von dreigliedrigen Abkommen sind.

Tabelle 1. *Effektivität des Bildungs- und Schulungslehrgangs*
auf der Grundlage eines dreigliedrigen Abkommens
(1996-1998)

Dreigliedrige Abkommen charakteristische Raten	Jahr		
	1996	*1997*	*1998*
Anzahl der Lehrgangsteilnehmer	4336	5646	6516
Anzahl der Beschäftigten	3630	4782	5137
Beschäftigungsfähigkeitsrate	83,7 %	84,7 %	87,6 %

Quelle: „Labour Market" Nr. 11, November 1999.

Die Effektivität des im Rahmen eines dreigliedrigen Abkommens durchgeführten Bildungs- und Schulungsprogramms lässt sich auf folgende Faktoren zurückführen:

• der Arbeitgeber wählt den Teilnehmer für einen Lehrgang aus;
• der Arbeitgeber muss sich an die im dreigliedrigen Abkommen festgelegten Bestimmungen halten;
• der Teilnehmer erhält die Möglichkeit, Qualifikationen zu erwerben, die dem Bedarf des Arbeitgebers entsprechen.

Trotz ihres Erfolgs sind diese Lehrgänge zur Zeit nur eine marginale Tätigkeit im Rahmen des von Arbeitsämtern durchgeführten umfassenden Bildungs- und Schulungsprogramms. Aufgrund der sich ständig verändernden Arbeitsmarktsituation und der ungewissen Bedingungen für eine Geschäftstätigkeit wird häufig gezögert, diese Maßnahme zu nutzen.

Es sollte nicht unerwähnt bleiben, dass die finanziellen Mittel, die Arbeitsfonds für die Ausbildung und Schulung der Arbeitslosen bereitstellen, trotz erheblicher Zunahmen immer noch symbolischen Wert haben. Die Wiederbeschäftigungsrate nach dem Einbruch von 1997 lag im Jahr danach bei über 50 %. Dank des Zugangs zur Europäischen Union wird mit einer dynamischeren Entwicklung dieser aktiven Arbeitsmarktmaßnahme zur Verbesserung der Beschäftigungsfähigkeit des Arbeitsuchenden gerechnet.

Auch in der *Slowakei* besteht ein großes Ungleichgewicht zwischen Angebot und Nachfrage auf dem Arbeitsmarkt. Die Arbeitslosigkeit erreicht 19 bis 20%. Der Anteil der Langzeitarbeitslosen liegt bei fast 50%, und die durchschnittliche Zeit der registrierten Arbeitslosigkeit beträgt mehr als 15 Monate. Seit 1995 ist die Schaffung von Klein- und Mittelbetrieben eine wichtige aktive Maßnahme; dadurch sollen vor allem die Langzeitarbeitslosen und die von Langzeitarbeitslosigkeit bedrohten Personen Arbeit finden. Zu diesem Zweck haben das Nationale Arbeitsamt, die Nationale Behörde für Klein- und Mittelbetriebe und CEPAC Soissons, ein französischer Partner, unter der Leitung einer Gesellschaft ohne Erwerbscharakter, CEPAC SLOVAKIA, ein Programm aufgestellt.

Es wurde ein Ausbildungs- und Beratungsprogramm entwickelt, das Absolventen der Lehrgänge bei der Unternehmensgründung unterweist und nach Gründung des Unternehmens weiter berät. Das Programm hat die Aufgabe:

- künftige Unternehmer auszubilden, die unter den registrierten Arbeitslosen oder solchen Personen ausgewählt werden, die Gefahr laufen, ihren Arbeitsplatz zu verlieren;
- die beruflichen Fähigkeiten von Dozenten und Beratern zu verbessern, die die Teilnehmer des Programms ausbilden sollen;
- Kontakte und Kooperation mit den Absolventen des Programms zu überwachen und aufrechtzuerhalten;
- die CEPAC-Philosophie anzuwenden, die Menschen, die ihren Arbeitsplatz verloren haben, befähigen soll, ihren Platz auf dem Arbeitsmarkt zu finden.

Das Programm besteht aus vier Phasen:

Auswahl	Ausbildung	Coaching	Überwachung

Unternehmensgründung

Die Teilnehmer des Programms werden aufgrund einer Reihe von Auswahlkriterien wie Qualifikation und Arbeitserfahrung, unternehmerische Ideen, Geschäftssinn, Familiensituation, Charakter und Zugang zu Mitteln ausgewählt.

Die Ausbildung umfasst theoretische und praktische Vorbereitung in Marketing, Recht, Finanzverwaltung, Steuerfragen, Buchhaltung, usw. In diesem Stadium unternimmt der Teilnehmer erste Schritte zur Entwicklung eines Plans für eine Geschäftsgründung. Unterweisung ist die Phase vor der Gründung eines Unternehmens und Oberwachung die Phase danach. So soll der Teilnehmer Beratung und Konsultationen für eine optimale Vorbereitung und einen guten Start in die unternehmerische Tätigkeit erhalten. Zum Abschluss des Lehrgangs muss der Teilnehmer das endgültige Projekt des geplanten Unternehmens vorlegen und vor einer Sonderkommission begründen. Wenn er die Kommission überzeugt, erhält er ein Diplom.

Das Ausbildungs- und Beratungsprogramm wird in Schulungszentren durchgeführt, die im ganzen Land eingerichtet worden sind. Jährlich werden etwa 30–40 Lehrgänge mit insgesamt 500 bis 600 Teilnehmern abgehalten. Die meisten Teilnehmer entfallen auf die Altersgruppe 36–50 (35–40%), es folgen die Altersgruppen 26–35 (30–35%) und dann die unter 25-Jährigen (25–28%). Bisher haben im Rahmen dieses Programms fast 1.300 Personen eine Tätigkeit aufgenommen, neue Klein- und Mittelbetriebe entstehen vor allem im Dienstleistungssektor (55–60%), auf den Handel entfallen 15–20%. Derzeit wird eine Auswertung des Projekts vorgenommen, um die Dienstleistungen zu verbessern.

3.3. Algerien

Ein System der Arbeitslosenversicherung wurde in Algerien gesetzlich 1994 eingeführt. Effektiv funktioniert es erst seit September 1996.

Arbeitslosigkeit ist in Algerien vor allem von der Zahl der Personen, die eine erste Arbeitsstelle suchen, gekennzeichnet. Nach offiziellen Angaben beträgt die Arbeitslosenrate 29,5% der Erwerbsbevölkerung: Es gibt rund 2 Millionen Arbeitslose bei einer Bevölkerung im erwerbsfähigen Alter von 8 Millionen und einer Gesamtbevölkerung von 30 Millionen.

Abgesehen von der Zahlung eines Ersatzeinkommens für Arbeitslose, d. h. von passiven Arbeitsmarktmaßnahmen, umfasst das System der Arbeitslosenversicherung aktive Maßnahmen zur Erhaltung von Arbeitsplätzen der Leistungsempfänger, die eine Arbeit haben, die Ermutigung für Leistungsempfänger, wieder eine Erwerbstätigkeit aufzunehmen, Ausbildungsprojekte, die die Rückkehr zur Arbeit fördern sollen, und die Teilnahme an Aktivitäten, die Arbeitslosigkeit verhindern sollen. Die algerische Landeskasse für Arbeitslosenversicherung (CNAC) sah von Anfang an vor, dass die Umsetzung von Maßnahmen einer aktiven Arbeitsmarktpolitik mit der Verbesserung der Beschäftigungsfähigkeiten der Arbeitsuchenden verbunden wurde, obwohl die finanziellen Mittel dafür sehr begrenzt waren.

Bei Nachforschungen über die Empfänger von Arbeitslosenleistungen hat sich ergeben, dass rund die Hälfte der Arbeitslosen keine besonderen Qualifikationen besaßen und in den meisten Fällen Analphabeten waren. Ihre Chance, ohne Hilfe eine Arbeit zu finden, ist angesichts der gegenwärtigen Situation auf dem Arbeitsmarkt sehr gering. Sie sind nur dann beschäftigungsfähig, wenn sie lesen und schreiben lernen und Grundfähigkeiten erwerben.

Die Landeskasse fürArbeitslosenversicherung (CNAC) ist sich bewusst, dass der Kampf gegen das Analphabetentum von der Regierung geführt werden muss, doch angesichts der hohen Zahl der des Schreibens und Lesens unkundigen Arbeitslosen sieht sie sich erheblich in ihren Möglichkeiten eingeschränkt, die Arbeitsplatzchancen der Betreffenden zu verbessern. Die Landeskasse sah deshalb ihre wesentliche Aufgabe darin, die Beschäftigungssituation ihrer Kunden durch sehr spezifische und auf diese zugeschnittene Maßnahmen zu verbessern.

Sie hat deshalb ein Pilotprojekt in zwei Regionen durchgeführt, das auf andere Regionen des Landes ausgeweitet werden soll. Das Projekt besteht aus zwei Phasen:

- die erste umfasst viermonatige Alphabetisierungslehrgänge für Arbeitsuchende;
- die zweite bietet eine Ausbildung in Grundfächern und -fertigkeiten an.

Man hofft, dass dieses Projekt erfolgreich ist und dass die Regierung Mittel für diesen Zweck bereit stellt, um das Problem der Arbeitslosigkeit anzugehen und den Arbeitsuchenden einige Grundfertigkeiten zu vermitteln.

Teil 3
Trends

Kapitel VI

Arbeitslosenversicherung und Versicherung zur Beschäftigungsfähigkeit: Das kanadische Beispiel

NANCY FEDOROVITCH[1]

1. Einleitung

1996–97 setzte Kanada ein neues Gesetz zur Beschäftigungsversicherung *(Employment Insurance Act)* um, das das vorhergehende Gesetz zur Arbeitslosenversicherung *(Unemployment Insurance Act)* ablöst. Der Name des Gesetzes wurde bewusst geändert, da die kanadische Regierung das Augenmerk der Arbeitnehmer von der Frage *„Wie erhalte ich einen Anspruch auf Leistungen?"* auf eine andere verlagern wollte: *„Wie kann ich mehr Arbeit finden, beschäftigt bleiben und in eine bessere Zukunft schauen?"*

Die Regierung hatte über die Jahre in einigen Fällen bemerkt, dass Arbeitslose von den Lohnersatzleistungen abhängig geworden waren. So wurde festgestellt, dass im Jahre 1991 immerhin 38 % der Antragsteller innerhalb von fünf Jahren drei oder mehr Anträge und 50 % zwei oder mehr Anträge gestellt hatten[2].

„Die Arbeitslosenversicherung hatte sich zu einem System zur jährlichen Einkommensergänzung entwickelt und war keine Versicherung mehr"[3]. Befragungen von Arbeitgebern ergaben, dass diese in den Landesteilen, in denen die Durchschnittslöhne niedrig sind, nicht in der Lage waren, Arbeitnehmer einzustellen, wenn diese erst einmal Arbeitslosengeld beantragt hatten. Sie stellten fest, dass das Arbeitslosenversicherungssystem ihr Hauptkonkurrent bei der Su-

---

1 Ministerium für die Entwicklung von Humanressourcen.
2 „Improving Social Security in Canada: From Unemployment Insurance to Employment Insurance, A supplementary Paper", Human Resource Development Canada (HRDC), 1994, S. 15.
3 A. a. O., S. 16.

che nach Arbeitnehmern sei[4]. Seither war der Haushalt der Arbeitslosenversicherung häufig defizitär und die strukturelle Arbeitslosigkeit wuchs im Zuge von Stellenkürzungen und Anpassungen an die modernen Weltmärkte in den Unternehmen.

Grundlage der Reform der Beschäftigungsversicherung waren umfassende Studien des kanadischen Arbeitsmarktes und der Arbeitnehmerprobleme. Sie kamen zu dem Ergebnis, dass „zu viele beschäftigungsfähige Erwachsene fortwährend arbeitslos sind ... zu viele junge Menschen Schwierigkeiten beim Übergang von der Schule in den Beruf haben"[5]. Es wurde auch festgestellt, dass die staatlichen Sozialausgaben weit über das Wirtschaftswachstum hinausgingen. Und es wurden zunehmend Bedenken geäußert, „wie gut diese Systeme funktionieren...im Hinblick auf die tatsächlichen Probleme von beschäftigungsfähigen Erwachsenen"[6].

Sowohl das alte Gesetz über die Arbeitslosenversicherung als auch das neue Gesetz über die Beschäftigungsversicherung sollen eine zeitlich begrenzte Einkommensbeihilfe für diejenigen gewähren, die ohne eigenes Verschulden arbeitslos wurden, wobei das neue Gesetz aber einen Perspektivenwechsel vollzog, der durch eine Reihe von Maßnahmen, die Anträge auf Leistungen erschweren, die wiederholte Inanspruchnahme der Versicherung verhindern und die Beschäftigung fördern soll. Zudem wird mehr Vertrauen in den einzelnen gesetzt, der mehr Verantwortung im Rahmen einer partnerschaftlichen Bemühung übernimmt.

Hinter der neuen Gesetzgebung stand somit eine Überlegung, die sich deutlich von der vorherigen abhebt. Es ging darum, die Menschen aus einem Abhängigkeitsverhältnis zu führen und sie zu ermutigen, darüber nachzudenken, wie man Arbeitslosigkeit verhindert. Das neue Gesetz zur Beschäftigungsversicherung soll die Einbindung des Arbeitnehmers in die Arbeitswelt verstärken, die Leistungshöhe für häufige Antragsteller verringern und mehr auf aktive Maßnahmen zur Wiedereingliederung als auf passiven Lohnersatz

---

4   „Jobs with a Future, 1995". Report of the Working Group on Seasonal Work and Unemployment Insurance, HRDC, März, S. 41.
5   „Social Security in Canada: Background Facts", HRDC, Febr. 1994, S. 44.
6   A. a. O., S. 44.

setzen. Die Kosteneinsparungen durch die niedrigeren Versicherungsleistungen sollten für die Finanzierung positiver Lösungsansätze verwendet werden.

Instrumente wurden eingesetzt, um Vermittlungsstellen bei der
Beratung von schwervermittelbaren Arbeitsuchenden anhand von
Klubs *(job finding clubs)* oder Gruppenberatungsdiensten zu unterstützen. Gezielte Lohnsubventionen, Unterstützung von Selbständigen bei der Unternehmensgründung, gezielte Einkommensbeihilfen
und Partnerschaften zur Schaffung von Arbeitsplätzen, um Menschen
Berufserfahrung zu ermöglichen, sind weitere Maßnahmen.

Bevor wir auf die Einzelheiten dieser aktiven Instrumente eingehen, erscheint eine Betrachtung der Bestimmungen des Gesetzes
über die Beschäftigungsversicherung hilfreich, die das Augenmerk
der Antragsteller verstärkt auf ihre Beschäftigungsfähigkeit und weg
von der Abhängigkeit von der Arbeitslosenversicherung lenken sollen.

2. Die Merkmale der Beschäftigungsversicherung

Ein wichtiges Merkmal des neuen Gesetzes über die Beschäftigungsversicherung ist die Berechnung auf *Stundenbasis*. Dies entspricht
der Ausrichtung der neuen Bestimmungen auf die Beschäftigung.
Die Verbindung zwischen Arbeit und Leistungen wird dadurch kla-
rer hergestellt. Zuvor erwarb der Einzelne nach Wochen berechnete
Versicherungszeiten, um ein Anrecht auf Leistungen zu erhalten.
Dies bedeutete, dass dem Einzelnen ganz gleich, ob er 15 oder 70
Wochenstunden arbeitete, die gleichen Leistungen für *eine* versicherte Arbeitswoche zustanden.

Die Umstellung auf eine Berechnung auf Stundenbasis berechnet die Ansprüche aus jeder abgeleisteten Arbeitsstunde, so erhält
eine Person, die 70 Wochenstunden über 10 Wochen arbeitet, 700
Stunden gutgeschrieben, was als gleichwertig zu 20 Arbeitswochen
mit 35 Wochenstunden angesehen wird. Lange Arbeitsstunden mit
hohen Einkünften in einem kurzen zehnwöchigen Zeitraum würden auch die Höhe der Leistungen steigern, wenn die Einkünfte in

den Zeitraum fallen, der zur Berechnung der Leistungshöhe benutzt wird. Im neuen System werden jede Stunde und jeder Dollar berücksichtigt. Diejenigen, die weniger als 15 Wochenstunden arbeiteten, wurden zuvor nicht von der Arbeitslosenversicherung abgedeckt. Außerdem brauchten keine Beiträge gezahlt zu werden. In einigen Fällen kam es dazu, dass Arbeitgeber die verfügbare Arbeit für einen Beschäftigten beschränkten. Entsprechend passten einige Arbeitnehmer ihre Arbeitszeit so an, dass sie genau 15 Wochenstunden vorweisen konnten. Heute bietet die Einstellung von Beschäftigten für eine Mindeststundenzahl keine besonderen Vorteile mehr. Der Arbeitnehmer gewinnt keine Woche an Versicherungszeiten mehr hinzu, indem er so wenig wie möglich arbeitet. Gleichzeitig werden die Versicherungsbeiträge derjenigen zurückerstattet, die nur marginal an den Arbeitsmarkt gebunden sind, d.h. deren versichertes Einkommen unter kan$ 2.000 liegt.

Die Zahl der Arbeitsstunden, die einen Leistungsanspruch auslöst, hängt von der Wirtschaftsregion ab, in der der Antragsteller wohnt. Dieser benötigt zwischen 420 und 700 Stunden, um einen Anspruch zu haben. In Regionen mit hoher Arbeitslosigkeit sind weniger Stunden erforderlich als zum Beispiel in den wirtschaftlich erfolgreichen Gebieten, die sehr niedrige Arbeitslosenraten haben. Darüber hinaus ist die Anspruchsdauer länger in wirtschaftlich schwächeren Regionen. Seit Juli 2000, gibt es 58 solche Wirtschaftsregionen.

Im Endergebnis sollen diejenigen, die in Regionen mit geringer Arbeitslosigkeit bzw. einer Vielzahl von Beschäftigungsmöglichkeiten leben, länger arbeiten, um einen Leistungsanspruch zu erhalten. Da die Dauer der Anspruchsberechtigung in den wirtschaftlich starken Regionen ebenfalls gekürzt worden ist, soll dies die Betroffenen ermutigen, möglichst bald eine Beschäftigung aufzunehmen. Allerdings hat die Gesetzgebung schon immer vorgeschrieben, dass die Antragsteller ihre Verfügbarkeit und angemessene Bemühungen bei der Arbeitsuche nachweisen müssen.

Bei Neu- und Wiedereintritt in den Arbeitsmarkt gelten höhere Qualifizierungsvoraussetzungen für einen Leistungsanspruch. Wenn die betreffende Person in einem Zeitraum von zwei Jahren nur begrenzt verfügbar war, braucht sie 910 versicherte Arbeitsstunden, um einen Anspruch zu erhalten, ungeachtet dessen, wie schlecht es der lokalen Wirtschaft geht. Dahinter steht die Überlegung, dass Abhängigkeit nicht bereits gefördert werden sollte, wenn eine Person ins Arbeitsleben eintritt. Sonderleistungen bei Mutterschaft, Elternurlaub und Krankheit erfordern eine für das ganze Land geltende feste Zahl von 700 abgeleisteten Arbeitsstunden[7]. Das neue Gesetz enthält Bestimmungen, die häufige Antragsteller betreffen. Wenn ein Antragsteller seinen Leistungsanspruch geltend macht, werden die letzten fünf Jahre geprüft um festzustellen, ob er in diesem Zeitraum weitere Anträge gestellt hatte. Wenn dies der Fall ist, wird das gegenwärtig bei 55 % liegende Leistungsniveau um ein Prozent pro 20 Wochen Leistungsanspruch gekürzt. Die niedrigste Leistungsrate liegt allerdings bei 50 % des versicherten Einkommens des Antragstellers. Dieser Vorgang wird als „Häufigkeitsregel" (intensity rule) bezeichnet.

Eine weitere Maßnahme, die auf die häufige Nutzung zielt, ist eine Bestimmung zur Besteuerung von Wohlfahrtstransfers (clawback provision), die auf die wiederholte Nutzung des Systems durch die Bezieher höherer Einkommen zielt. Wer ein Nettoeinkommen von kan$ 39.000 oder mehr erzielt, im Steuerjahr Leistungen beansprucht und in den letzten fünf Jahren über 20 Wochen oder länger Leistungen bezogen hat, muss auf der Grundlage der Häufigkeit der Inanspruchnahme erhaltene Leistungen aus der Beschäftigungsversicherung zurückzahlen. Diese Bestimmung zielt ebenfalls darauf ab, Personen mit hohem Einkommen davon abzuhalten, sich auf diese Leistungen zu verlassen.

Auf der anderen Seite werden Leistungsbezieher zur Aufnahme einer Beschäftigung ermutigt, da sie, je nachdem welcher Betrag höher liegt, 25 % ihrer Lohnersatzrate oder aber kan$ 50 verdienen dürfen, bevor dieses Einkommen von ihren wöchentlichen Leistungen abgezogen wird. Nicht angegebenes Einkommen unterliegt

---

7 Ein neuer Gesetzentwurf sieht eine Senkung der für die Anspruchsberechtigung bei Sonderleistungen notwendigen Stundenzahl auf 600 vor.

sehr scharfen Bestimmungen, wie Geldbußen, verschärfte Anspruchsberechtigung bei Folgeanträgen und sogar der Strafverfolgung.

3. Beschäftigungsfähigkeit, Arbeitslosengeld und Unterstützungsmaßnahmen

Im restlichen Teil dieses Kapitels wollen wir die neue Ausrichtung auf die *Beschäftigungsfähigkeit* diskutieren. Während sich ein Großteil der Bestimmungen des Gesetzes über die Beschäftigungsversicherung auf Arbeitslosenleistungen, Leistungsvoraussetzungen, Anspruchsberechtigung, Beiträge usw. bezieht, deckt Teil II des Gesetzes Regelungen hinsichtlich der Beschäftigungsleistungen und der öffentlichen Arbeitsvermittlung ab. Bereits am Anfang des Gesetzes wird die neue Vorgehensweise deutlich, da zunächst die der Gesetzgebung zugrundeliegende Politik dargestellt wird, anstatt lediglich Vorschriften und Leistungsansprüche aufzulisten.

Tatsächlich bestimmt das Gesetz ausdrücklich, dass Leistungen aus der Beschäftigungsversicherung und Unterstützungsmaßnahmen in Übereinstimmung mit folgenden Richtlinien erfolgen müssen. Leistungen aus der Beschäftigungsversicherung und Unterstützungsmaßnahmen müssen:

- in Übereinstimmung mit den Beschäftigungsmaßnahmen der Provinzen stehen und eine Duplikation vermeiden;
- die Abhängigkeit von Arbeitslosenleistungen verringern, indem sie dem Einzelnen helfen, eine Beschäftigung zu finden oder diese zu erhalten;
- zur Zusammenarbeit und Partnerschaft mit anderen Landesregierungen, Arbeitgebern und lokalen Trägern führen;
- flexibel sein und lokale Entscheidungsfindung beinhalten;
- in den beiden offiziellen Sprachen verfügbar sein;
- Leistungsempfänger dazu verpflichten, die Ziele der Unterstützungsmaßnahmen zu erreichen; außerdem haben sie die Hauptverantwortung auf ihre Bedürfnisse zugeschnittene Maßnahmen

und die entsprechenden Leistungsanbieter zu identifizieren, und sich an den Kosten zu beteiligen;

- einer Evaluierung unterzogen werden, um festzustellen, wie erfolgreich sie Personen dabei helfen, eine Beschäftigung zu finden oder zu erhalten[8].

Anspruchsberechtigt sind Arbeitslose, für die ein Leistungszeitraum im Rahmen der Beschäftigungsversicherung festgesetzt wurde, oder deren Leistungszeitraum vor 36 Monaten auslief. Diese Regelung gilt für diejenigen, die Leistungen aufgrund von Mutterschaft, Adoption und/oder Elternschaft erhalten haben und nun wieder in den Arbeitsmarkt eintreten wollen, 60 Monate rückwirkend. Diese Bestimmungen sind im neuen Gesetz festgelegt[9].

Um eine Duplikation der Bemühungen auf Bundes- und Landesebene zu vermeiden und sicherzustellen, dass das Programm mehr der Realität der lokalen Arbeitsmärkte entspricht, hat die Bundesregierung eine Reihe von Arbeitsmarktvereinbarungen mit den Provinzen abgeschlossen. Bestimmte Zuständigkeiten im Bereich der Beschäftigungsfähigkeit liegen auf der Ebene der Provinzen oder werden gemeinsam auf beiden staatlichen Ebenen verwaltet und mit den Mitteln der Beschäftigungsversicherung finanziert. Da z. B. die Ausbildung in der Zuständigkeit der Provinzen liegt, war es nur ein logischer Schritt von Seiten der Bundesregierung, sich schrittweise aus der Berufs- und Lehrlingsausbildung sowie anderen Ausbildungsformen am Arbeitsplatz zurückzuziehen. Die Arbeitsmarktvereinbarungen zwischen Bundesregierung und Provinzen sind fortlaufender Natur und werden alle drei Jahre neu bewertet.

Die Vertragspartner dieser Vereinbarungen setzen sich jährlich zu erreichende Ziele einschließlich der Zahl der Wiedereingliederungen in den Arbeitsmarkt, der Einsparungen der Beschäftigungsversicherung und der Antragsteller, die Vorrang haben.

Die Bundesregierung hingegen ist weiterhin generell für die Verwaltung des Haushaltes und die Zahlung von Leistungen zuständig. Sie bietet auch weiterhin Serviceleistungen an, die auf ganz Kanada

---

8 Abschnitt 57, Gesetz über die Beschäftigungsversicherung, Teil II.
9 Abschnitt 58, Gesetz über die Beschäftigungsversicherung, Teil II.

ausgerichtet sind. Dazu gehören nationale Notmaßnahmen, die Mobilität der Arbeitnehmer zwischen den Provinzen, Informationen zum Arbeitsmarkt auf bundesweiter Ebene, nationale Partnerschaften mit Sektoren des Arbeitsmarktes, bundesweite Arbeitsvermittlung und Pilotprojekte, die eine Vielzahl von Ansätzen erproben sollen.

Zur Umsetzung der *Leistungen aus der Beschäftigungsversicherung und der Unterstützungsmaßnahmen* kann die Bundesregierung finanzielle Unterstützung in Form von Garantien und Beiträgen, Krediten oder Kreditgarantien gewähren. Versicherungsleistungen und Beiträge sind die am häufigsten genutzten Mittel. Das Gesetz sieht auch Geldbußen bei Betrug vor. Die Gesetzgebung zur Beschäftigungsversicherung erweist sich als wenig tolerant gegenüber Betrug. Teil II zu den Leistungen aus der Beschäftigungsversicherung und den Unterstützungsmaßnahmen macht hier keine Ausnahme.

Der folgende Abschnitt gibt eine kurze Zusammenfassung der neueren Gesetzesreformen und der ihnen zugrundeliegenden Überlegungen.

4. Wie haben sich die Reformen der Beschäftigungsversicherung auf die Leistungen ausgewirkt?

1998 hatten 80% der Kanadier, die entlassen wurden oder aus berechtigtem Grund ihren Arbeitsplatz verließen, einen Leistungsanspruch. Die Beschäftigungsversicherung versichert allerdings nicht gegen alle Übel und berücksichtigt auch nicht jedes Problem, auf das ein Arbeitnehmer stoßen kann. Sie sollte nie dazu dienen, Personen zu schützen:

- die nie gearbeitet haben und nie Beiträge zur Beschäftigungsversicherung geleistet haben;
- die sich nach langer Abwesenheit zur Rückkehr in den Arbeitsmarkt entschieden haben;
- die selbständig waren und keine Beiträge entrichtet haben;

• ohne berechtigten Grund aus dem Arbeitsverhältnis ausscheiden oder wegen Fehlverhaltens entlassen wurden.

Zwischen 1995–96 und 1997–98 sank die Gesamtzahl der Anträge um 14 % und die Auszahlung von Leistungen ging um kan$ 2 Milliarden zurück. 1998/99 blieb die Gesamtzahl der Anträge ungefähr gleich, aber die Leistungszahlungen lagen höher. Die Reform fiel allerdings mit einem starken Wirtschaftsaufschwung zusammen. Die Arbeitslosenzahl ging in dieser Zeit von 9,6 auf 6,8 % zurück, den niedrigsten Stand seit über einem Jahrzehnt. Auch die Löhne beginnen wieder zu steigen. Zudem wurden die Beiträge von kan$ 3,07 im Jahre 1994 auf kan$ 2,40 für das Jahr 2000 gesenkt. Die Überschüsse haben ein gesundes Niveau erreicht und werden die Auswirkungen einer Rezession abfedern, wenn es zu einer solchen kommen sollte[10].

4.1. Wie schneiden die aktiven Maßnahmen ab?
(Maßnahmen zur Beschäftigungsfähigkeit)

Im Steuerjahr 1997/98 erbrachte die Beschäftigungsversicherung in 482.000 Fällen Leistungen und Unterstützungsmaßnahmen *(Employment Benefits and Support Measures (EBSM))*. Dazu gehörten längerfristige Maßnahmen wie Berufsausbildung und Hilfe zur Selbständigkeit sowie kurzfristigere wie Unterstützung bei der Beschäftigungssuche, individuelle und Gruppenberatung. Im gleichen Zeitraum wurden rund kan$ 2 Milliarden für EBSM aufgebracht, darunter kan$ 465 Millionen für Einkommensbeihilfen an Teilnehmer dieser Maßnahmen. 1998/99 zeichnete sich eine Verlagerung zu mehr kurzfristigen Maßnahmen ab; allerdings verdoppelte sich der Anteil der gezielten Lohnsubventionen *(Targeted Wage Subsidies)*. Die durchschnittlichen Kosten der eingesetzten Maßnahmen gingen zurück[11].

---

10 Alle Zahlen aus den Kontroll- und Auswertungsberichten des HRDC für das jeweils genannte Steuerjahr.
11 Alle Zahlen aus den Kontroll- und Auswertungsberichten des HRDC für das jeweils genannte Steuerjahr.

1997/98 nahmen 183.000 Leistungsempfänger eine Arbeit wieder auf, wobei das Ziel bei 174.000 gelegen hatte. Dies führte zu einer Einsparung von kan$ 674 Millionen. In den Jahren 1998/99 fanden 267.108 Leistungsempfänger wieder einen Arbeitsplatz und die eingesparten Leistungen erreichten kan$ 917 Millionen. Der Übergangsfonds für Arbeitsplätze *(Transitional Jobs Fund)* lief am 31. März 1999 aus. Er führte zur Schaffung von 30.000 neuen Stellen. Es folgte der Kanadische Fonds für Arbeitsplätze *(Canada Jobs Fund*, CJF), der vor allem Regionen mit hoher Arbeitslosigkeit unterstützen sollte. Das Programm endete am 22. Juni 2000. Die Gelder des Fonds will die Regierung den regionalen wirtschaftlichen Entwicklungsträgern zukommen lassen.

5. Arbeitsmarktprogramme außerhalb der Beschäftigungsversicherung

Die Gründung einer Beschäftigungsversicherung hatte keinesfalls das Ziel Antworten oder Lösungen für alle Probleme bereitzuhalten. Die Beschäftigungsfähigkeit ist nichtsdestoweniger ein zentrales Element innerhalb des Ministeriums für die Entwicklung von Humanressourcen *(HRDC)*. Darüber hinaus arbeitet HRDC mit anderen kanadischen Ministerien an Strategien, die im Einklang mit der Beschäftigungsversicherung und ihren aktiven Maßnahmen stehen.

Die für die Förderung der Humanressourcen zuständige Abteilung des HRDC unterstützt die kanadische Regierung bei der Durchführung ihrer Programme zur Beschäftigung, Jugend, Bildung und Erziehung. Die Abteilung bringt auch verschiedene Ebenen von Regierung, Arbeitgebern, Branchenverbänden, Arbeitnehmern und Ausbildern zusammen, um Fragen zu diskutieren, die letztlich die Beschäftigungsfähigkeit von Kanadiern bestimmen. Da Teil II des Gesetzes der Beschäftigungsversicherung lediglich die Kanadier abdeckt, die anspruchsberechtigt sind oder Leistungen innerhalb eines Zeitraums von 36 bis 60 Monaten bezogen haben, bemüht sich die genannte Abteilung auch um andere Kanadier, die nicht weniger

Anpassungsbedarf gegenüber den Herausforderungen des sich ständig wandelnden kanadischen Arbeitsmarktes haben.

Im Folgenden werden die vielfältigen Programme dargestellt, die von der *Human Resources Investment Branch* verwaltet werden. Aus Platzgründen kann nur eine kurze, einführende Beschreibung dieser zahlreichen Initiativen gegeben werden. Ausführliche Informationen findet der Leser auf der Webseite des HRDC unter www.hrdc-drhc.gc.ca, insbesondere in dem dort veröffentlichten Leitfaden des Ministeriums für die Entwicklung von Humanressourcen in Kanada *(Guide to Human Resources Development Canada)*. Die folgende Information stammt aus dieser Publikation und wurde nicht vom Autor erstellt.

5.1. Strategie zur Bekämpfung der Jugendarbeitslosigkeit

Diese Strategie kennzeichnet eine Reihe von Aspekten, die zu umfassend sind, um sie an dieser Stelle auszuführen. Allerdings wird den jungen Menschen eine Publikation zur Verfügung gestellt, die diese umfassende Initiative zusammenfasst und ihnen Zugang zu relevanten Informationen verschafft. Im Rahmen der Beschäftigungsstrategie des HRDC für junge Menschen finden sich diese Informationen in einer Publikation mit dem Titel „*Youth Link 1999–2000*". Diese Publikation beschäftigt sich mit folgenden Themen:

Finanzielle Ausbildungsbeihilfen

Es werden Möglichkeiten zur Übernahme der Ausbildungskosten, Zuschüsse, Stipendien, Studienbeihilfen und Forschungskredite genannt. Diese kommen vor allem aus dem Privatsektor. Außerdem gibt es Tipps zum *Canada Education Savings Grant* und dem *Canada Student Loans Program.*

Das *Canada Student Loans Program,* ein Kreditsystem, stellt bis zu kan$ 165 pro Studienwoche für Studenten zur Verfügung. Die Kredite werden von den kanadischen Banken und Kreditgenossenschaften zur Verfügung gestellt. Der *Canadian Education Savings Grant* soll Eltern, Großeltern und interessierten Kanadiern helfen,

für die Hochschulausbildung ihrer Kinder zu sparen, indem die Nutz-
nießer des Ausbildungs-Sparkontos *(Registered Education Savings
Plan)* Beihilfen in Höhe von bis zu kan\$ 400 pro Jahr erhalten.
Diese Beihilfe ergänzt die Ersparnisse auf diesen Sparkonten.

Karriereleitfaden

Das Buch enthält auch einen Index zu weiteren Informationen in
verschiedenen Bereichen und über potentielle Arbeitgeber sowie
Kontaktadressen mit Informationen über Karrierebörsen, Branchen-
verbände und die Webseite zur Arbeitsmarktinformation (http://lmi-
imt.hrdc-drhc.gc.ca).

Selbständige

Wer sich selbständig machen möchte, wird auf Ansprechpartner wie
die *Business Development Bank of Canada* und andere Finanzierungs-
quellen verwiesen.

Arbeitsuche

Hier werden das *Canada WorkinfoNET* (http://www.workinfonet.ca);
der *Electronic Labour Exchange* (http://www.ele.spe.org), die Job
Bank (http://jb-ge.hrdc-drhc.gc.ca); *Work Search* (http://www.work-
search.gc.ca) und andere genannt.

Ausbildung und Weiterbildung

Eine Reihe von Organisationen werden genannt, um jungen Menschen Zugang zu entsprechenden Informationen zu verschaffen. So
erfolgen z. B. Hinweise auf das *Aboriginal Friendship Centre Program* und die *Peer Helper Programs for Out of the Mainstream Youth.*

Arbeit/Reise/internationale Berufschancen

Erwähnt werden eine Reihe von Ferienarbeitsprogrammen, Studenten-
austauschprogramme, ein internationales Praktikantenprogramm
*(Youth International Internship Program), Canadian Crossroads
International* und viele andere.

Praktika für Jugendliche

Dieses Programm stellt Mittel für Arbeitgeber bereit, die arbeitslosen und unterbeschäftigten Jugendlichen eine sinnvolle Arbeitserfahrung verschaffen. Der Akzent liegt auf Wissenschaft und Technologie sowie internationalem Handel und Entwicklung.

Service der lokalen Träger für Jugendliche

Dieses Programm finanziert Organisationen, die Projekte für Gemeinwesenarbeit für junge Arbeitslose schaffen, die größere Hürden beim Eintritt in den Arbeitsmarkt vorfinden.

5.2. Andere Maßnahmen zur Beschäftigungsförderung

Hilfe bei der Beschäftigungssuche

Eine Reihe von Dienstleistungen werden angeboten, u. a. Hilfe bei Bewerbungsschreiben, Clubs für Arbeitsuchende, Beratung, Arbeitsvermittlung für Gruppen und Einzelpersonen.

Partnerschaften auf dem lokalen Arbeitsmarkt

Es wurden Partnerschaften zwischen den Kommunen, lokalen Trägern, Arbeitnehmern, Arbeitgebern und verschiedenen Stellen zur Arbeitsvermittlung und für andere Belange geschaffen, die die Aussichten für die Arbeitslosen und diejenigen, die von Arbeitslosigkeit bedroht sind, verbessern sollen.

Sektorspezifische Partnerschaften (Sectoral Partnerships Initiative)

Die wichtigsten Ziele dieser Partnerschaften innerhalb bestimmter Wirtschaftszweige werden auf der Webseite des HRDC genannt:

- Entwicklung effektiver Partnerschaften innerhalb des Privatsektors und mit diesem;
- größere Relevanz des Ausbildungssystems;
- Förderung einer Kultur des lebenslangen Lernens in der Wirtschaft;

- Förderung der Mobilität der Arbeitskräfte in ganz Kanada;
- Beitrag zur Arbeitsmarktinformation in Kanada.

Canada Jobs Fund (CJF)

Dieser Beschäftigungsfonds zielt auf die langfristige und nachhaltige Schaffung von Arbeitsplätzen in Gebieten mit hoher Arbeitslosigkeit und will sich selbst tragende soziale Gemeinschaften aufbauen. Die Bewilligung aller Vorschläge im Rahmen des CJF obliegt dem für die Entwicklung der Humanressourcen zuständigen Minister. Zu den in Frage kommenden Sponsoren gehören Unternehmen, Organisationen, Einzelpersonen, Stadtverwaltungen und Nomaden- und Stammesräte. Am 22. Juni 2000 wurde das Programm abgeschlossen und die Mittel den regionalen wirtschaftlichen Entwicklungsträgern zugeleitet.

Unterstützung der Beschäftigungsfähigkeit von Behinderten

Die kanadische Regierung und die Provinzen tragen je zur Hälfte die Kosten (im Rahmen einer Obergrenze) für einen umfassenden Maßnahmenkatalog, der Behinderten helfen soll, sich auf eine Beschäftigung vorzubereiten, diese zu bekommen und zu behalten.

Opportunities Fund Program

Dieses Programm hilft 4.000 bis 6.000 Behinderten im Jahr, sich auf eine Beschäftigung vorzubereiten, diese zu bekommen und zu behalten. Es handelt sich um ein mit kan$ 30 Millionen im Jahr ausgestattetes Projekt für diejenigen, die keine Ansprüche aus der Beschäftigungsversicherung haben. Dieses Programm lief am 31. März 2000 aus.

Pilotprojekte für ältere Arbeitnehmer

Ältere Arbeitnehmer, die ihren Arbeitsplatz durch die Strukturanpassung verloren und geringe Qualifikationen haben, sind ein besonderes Problem. Viele der allgemeinen Programme, die die Beschäftigungsfähigkeit der Teilnehmer verbessern sollen, funktionieren nicht bei älteren Arbeitnehmern. Hier ist ein gezielterer Ansatz erforderlich. Ältere Arbeitnehmer haben in der Regel einen niedrigeren Ausbildungsstand und waren häufig in Wirtschaftszweigen beschäftigt, die sich im Niedergang befinden. Darüber hinaus sind sie oft wenig bereit, den Wohnsitz zu wechseln oder an Fortbildungsprogrammen teilzunehmen. Auf der Suche nach einer Lösung wurde eine gemeinsame Arbeitsgruppe der Bundesregierung, der Provinzen und der Territorien gebildet, um festzuhalten, was man zu dieser Frage weiß und was in der Vergangenheit zu einer Wiederbeschäftigung beitrug, sowie Pilotprojekte durchzuführen, die in den Provinzen und Territorien entworfen und umgesetzt werden. Die Bundesregierung stellt für diese Projekte kan$ 30 Millionen zur Verfügung. Im Anschluss findet eine Evaluierung der erfolgreichen Projekte und eine Diskussion darüber statt, was auf nationaler Ebene aufgrund dieser Erfahrungen getan werden kann.

Abteilung für Bildung und Erziehung (Learning and Literacy Directorate)

Diese Abteilung des HRDC innerhalb der *Human Resources Investment Branch* fördert lebenslanges Lernen. Der Schwerpunkt liegt auf der finanziellen Unterstützung von Hochschulbesuchern, dem Zugang zu einer internationalen Ausbildung, der Nutzung von Lerntechnologie und einem wachsenden Bewusstsein für die Bedeutung von Qualifikationen.

Strategie für die Entwicklung der Humanressourcen der Stammesvölker

Diese mit kan$ 1,6 Milliarden dotierte, auf fünf Jahre angelegte Initiative wurde im April 1999 eingeleitet. Organisationen der Stammesvölker sollen Arbeitsmarktprogramme entwerfen sowie Programme für junge Menschen, Behinderte und Kinderbetreuung für die Ureinwohner und Inuit. Teil dieses Programms ist eine mit kan$ 30 Millionen finanzierte Initiative in den Städten, die Programme und Dienstleistungen für die Stammesvölker erbringen soll, die außerhalb der Reservate oder in städtischen Gebieten leben.

6. Zusammenfassung

Die Programme und Dienstleistungen, die die Beschäftigungsfähigkeit der Kanadier verbessern sollen, gehen deutlich über das Rahmenwerk der Gesetzgebung zur Zahlung von Arbeitslosenunterstützung hinaus. Während Teil II des Gesetzes über die Beschäftigungsversicherung eine Reihe wichtiger Strategien zur Zusammenarbeit zwischen Bundesregierung und Provinzen bei der Verbesserung der Beschäftigungsfähigkeit der Kanadier enthält, gibt es daneben auch Bürger, die keine Ansprüche aus dieser Versicherung geltend machen können und keine Beiträge erbracht haben. Diesen Menschen wird im Rahmen einer allgemeinen Präventionsstrategie geholfen, die das Verbleiben in einem Arbeitsverhältnis, Ausbildung und lebenslanges Lernen sowie die Anpassung an sich verändernde Arbeitsmärkte fördert.

Aus all diesen Initiativen lässt sich vielerlei lernen, allgemein wird jedoch bestätigt, dass gezielte Maßnahmen die Ergebnisse verbessern und maßgeschneiderte Programme und Initiativen, die nicht nur auf die Besonderheiten des lokalen Arbeitsmarktes oder Gruppen, sondern auf den Einzelnen abgestimmt sind, für den Erfolg ausschlaggebend sein können. Menschen, die sich im Hinblick auf Ausbildungsstand, sozialen Hintergrund, Kenntnisse und Erfahrungen unterscheiden und sich in verschiedenen Lebensphasen befinden, haben auch unterschiedliche Bedürfnisse, die berücksichtigt werden müssen.

Der beste Weg zum Erfolg ist die Anerkennung der Bedeutung von Partnerschaften. Jede staatliche Verwaltungsebene, Arbeitnehmer, Arbeitgeber und verschiedene gesellschaftliche Gruppen können einen wichtigen Beitrag leisten, um den Herausforderungen zu begegnen, die von bestimmten Gemeinden, sozialen Gruppen, Wirtschaftszweigen und Einzelpersonen ausgehen. Jeder bringt seine Erfahrung, seine Kenntnisse und Fähigkeiten in die Projekte ein. Programme, Projekte und Finanzierung können nicht mehr getrennt voneinander angeboten werden, ohne den komplexen Arbeitsmarkt sowie den wirtschaftlichen und soziokulturellen Zusammenhang zu berücksichtigen.

Während in der Vergangenheit Politik und Programme sich an den unmittelbaren Problemen orientierten, liegt der Schwerpunkt heute auf der Prävention. Der zeitliche Horizont hat sich in einigen Fällen bedeutend erweitert und es mag weniger lohnend erscheinen, auf Ziele hinzuarbeiten, die keine unmittelbaren Erfolge zeitigen. Die Ergebnisse der verschiedenen Arbeitsmarktvereinbarungen zwischen Regierung, Provinzen und Territorien sollen evaluiert werden. Dies leistet einen wichtigen Beitrag, um die Auswirkungen dieser Maßnahmen auf Einzelpersonen, die wieder Arbeit finden, zu verstehen. Evaluierungen erfolgen auch für eine Reihe der oben genannten Stipendienprogramme. Die Effizienz einiger dieser Programme wird gegenwärtig aufmerksam verfolgt.

Da sich die Arbeitslosenrate in Kanada weiterhin auf einen historischen Tiefstand zubewegt, bieten sich mehr Beschäftigungsmöglichkeiten. Bei der Suche nach neuen Beschäftigten dürften Arbeitgeber weniger hohe Anforderungen stellen, was weniger gut qualifizierten Arbeitnehmern wohl mehr Chancen lässt, eine Stelle zu finden. In dieser Situation verlagert sich der Schwerpunkt von der Gewährung temporärer finanzieller Unterstützung hin zu einer größeren Bereitschaft der Arbeitsuchenden dem Arbeitsmarkt zur Verfügung zu stehen.

Nichtsdestotrotz bleiben Probleme wie Saisonschwankungen auf dem Arbeitsmarkt und die wiederholte Nutzung der Mittel der Beschäftigungsversicherung. Das Thema wird deshalb erneut untersucht. In einigen Fällen ist es nicht eine Frage der Beschäftigungsfähigkeit der Leistungsempfänger, sondern eher eine Frage der Beschäftigungsmöglichkeiten außerhalb der Saison. Natürlich gibt es auch noch all diejenigen, die zögern, eine andere Stelle anzunehmen und lieber auf die Rückkehr des gewohnten Saisonarbeitgebers warten. Die Regierung will weiterhin vor allem die Kommunen befähigen, mit diesen Problemen umgehen zu können, anstatt zur alten Politik der Abhängigkeit von Leistungen zurückzukehren.

Die Diskussion geht weiter, aber es gibt eine Gewissheit: Kanadas Platz auf dem Weltmarkt kann nicht durch solche Abhängigkeiten erlangt werden, sondern vielmehr durch gut ausgebildete Arbeitskräfte, die Fachwissen und nachfrageorientierte, beschäftigungsfähige Kenntnisse aufweisen können.

Die Gesetzgebung zur Beschäftigungsversicherung unterliegt für einen Zeitraum von fünf Jahren einer Kontroll- und Berichtspflicht gegenüber dem Parlament. Weitere Aktivitäten ergeben sich aus der Evaluierung der Ergebnisse zu den verschiedenen Stipendienprogrammen und den finanzierten Einzelprojekten.

HRDC verpflichtet sich, den Kanadiern bei der Arbeitsuche und dem Halten des Arbeitsplatzes zu helfen und sie zu unterstützen, wenn sie zeitweilig ihre Stelle verlieren. Der Wandel auf dem Arbeitsmarkt bringt zusätzliche Herausforderungen mit sich. Die kanadische Regierung hat dies in ihrer letzten Thronrede so ausgedrückt:

> Die Regierung wird Partnerschaften mit anderen Regierungen, Organisationen des staatlichen und des privaten Sektors, kanadischen Männern und Frauen eingehen, um einen nationalen Aktionsplan für Ausbildung und Qualifikationen im 21. Jahrhundert aufzustellen. Schwerpunkte dieses Plans sind lebenslanges Lernen, der Kampf gegen geringe Qualifikationen der Erwachsenen und die Versorgung der Bürger mit Informationen, die sie brauchen, wenn sie sinnvolle Entscheidungen zu ihrer Weiterbildung treffen wollen.[12]

---

12 Thronrede, 12. Oktober 1999.

Kapitel VII
Ausblick

Anerkennung und Konsolidierung des Begriffs der Beschäftigungsfähigkeit

Der Begriff Beschäftigungsfähigkeit, der seit seiner ersten Erwähnung im Französischen zu Beginn des Jahrhunderts deutlich unterschiedliche Interpretationen erfahren hat, wird in seiner *aktuellen Version* definiert als die relative Fähigkeit einer Einzelperson, unter Berücksichtigung der Wechselwirkung zwischen ihren persönlichen Merkmalen und dem Arbeitsmarkt eine Beschäftigung zu bekommen. Als wichtigste praktische Folge werden bevorzugt Beschäftigungsmaßnahmen mit mehrdimensionalen und individuell vereinbarten Ansätzen verwendet. Zur Verbesserung der Beschäftigungsfähigkeit werden in erster Linie so genannte aktive Maßnahmen entwickelt, die die Anpassung an den Arbeitsmarkt sowohl im Sinn einer Prävention als auch im Sinn eines Zuschnitts auf den Einzelnen fördern, komplementär zur Einkommensbeihilfe.

Die Entwicklung von Maßnahmen in bezug auf die Beschäftigungsfähigkeit, deren Form und Inhalt je nach Einschränkungen und besonderen Umständen eines jeden Staates zwar unterschiedlich ausfallen, aber doch eine gemeinsame Tendenz aufweisen, wurde insbesondere von der europäischen Beschäftigungsstrategie und durch das Beispiel bestimmter nationaler, europäischer oder außergemeinschaftlicher Modelle vorangetrieben.

Die treibende Kraft der Europäischen Kommission...

So hat die Europäische Kommission den Mitgliedstaaten mittels mehrerer Richtlinien Entwicklungsziele für die Beschäftigungsfähigkeit vorgeschrieben.

Die Staaten müssen in erster Linie jedem Jugendlichen, bevor er
6 Monate arbeitslos ist, und jedem Erwachsenen, bevor er 12 Monate arbeitslos ist, einen „Neustart" in Form von Maßnahmen bieten,
die den Zugang zum oder die Rückkehr auf den Arbeitsmarkt begünstigen (Ausbildung, Arbeitserfahrung, Einzelfallberatung mit Orientierung, usw.). Die Staaten müssen sodann die Zahl der von aktiven Maßnahmen Erfassten auf wenigstens 20% der Arbeitslosen
ausweiten.

Jeder Staat muss auch seine Leistungs- und Besteuerungssysteme
überprüfen und gegebenenfalls neu orientieren, um den Arbeitslosen oder Nichterwerbstätigen Anreize zu geben, Beschäftigungsmöglichkeiten zu suchen und wahrzunehmen oder ihre Fähigkeit
zur beruflichen Wiedereingliederung zu stärken, und den Arbeitgebern dazu, neue Stellen zu schaffen.

Schließlich müssen die Staaten auch eine Politik ausarbeiten, die
das Erwerbsleben der älteren Arbeitnehmer verlängern soll, indem
sie beispielsweise die Aufrechterhaltung der Arbeitsfähigkeit, lebenslanges Lernen und andere flexible Beschäftigungsformen ermöglichen.

Die Verwirklichung der europäischen Strategie durch die Staaten
lässt nach und nach die Umrisse *eines europäischen Sozialmodells*
erkennen, das auf der Integration der Sozialschutzsysteme und der
Vorkehrungen zur Entwicklung der Beschäftigung beruht.

…Und die durch bestimmte nationale Modelle gelieferten Beispiele

Die von den Staaten übernommene europäische Überlegung und
Orientierung war ihrerseits oft durch nationale Modelle inspiriert.
Deshalb sind in den einzelnen Systemen Beispiele für Maßnahmen
und Vorgehen zu finden, die den von der Kommission festgesetzten
Zielen entsprechen.

So haben viele Staaten Programme eingeführt, die die Eingliederung oder die Wiedereingliederung der am weitesten vom Arbeitsmarkt entfernten Kategorien von Arbeitsuchenden fördern. Dies gilt

im Vereinigten Königreich für den *New Deal* für Jugendliche, der Arbeitslose zwischen 18 und 24 Jahren nach einer vorherigen Orientierungsphase von höchstens 4 Monaten dazu verpflichtet, zwischen verschiedenen Optionen mit Kombinationen aus Ausbildung und Arbeitserfahrung zu wählen. Wenn der Arbeitsuchende sich nicht für eine dieser Optionen entscheiden will, werden seine Arbeitslosenleistungen während 2 bis 4 Wochen ausgesetzt. Der New Deal stellt also nicht nur eine Maßnahme zur Aktivierung des Arbeitsmarktes dar, sondern auch ein Schlüsselelement der *Welfare to work* Strategie der britischen Regierung.

Der Wille, Hindernisse für die Erwerbstätigkeit zu beseitigen, führt auch dazu, Faktoren zu hinterfragen, die für einen Arbeitslosen bei der Entscheidung, eine Beschäftigung anzunehmen oder nicht, und bei der Entscheidung, einer Situation der Abhängigkeit von Leistungen den Vorzug vor der Arbeit zu geben, eine Rolle spielen. Bei der *Arbeitslosigkeitsfalle* handelt es sich um eine Finanzfalle, wenn die Aufnahme einer Beschäftigung keine oder nur eine geringe Kaufkraftsteigerung bewirkt. Aus in Belgien durchgeführten Studien geht beispielsweise hervor, dass die Mindeststeigerung des Einkommens wenigstens 15 % betragen muss, damit die Arbeitsuchenden den Schritt tun eine Arbeit aufzunehmen.

Da Maßnahmen zur Beseitigung dieser Fallen, in der sich vor allem Geringqualifizierte befinden, nicht die bestbezahlten Stellen beanspruchen können, müssen sie Bestimmungen vorsehen, die reelle finanzielle Anreize für die Annahme einer Beschäftigung schaffen. Die Lösungen können jedoch weder auf einer systematischen Erhöhung der Kosten für Arbeitskräfte beruhen, was das Stellenangebot verringern könnte, noch auf einer überzogenen Senkung der Sozialleistungen, da sonst das Sozialrisiko wachsen würde. Eine Möglichkeit wäre, die Sozialabgaben der Arbeitnehmer zu senken, da sie bei niedrigen Löhnen das wichtigste Element für den Unterschied zwischen Netto- und Bruttoverdienst ausmachen.

Ein weiterer wichtiger aktueller Bereich für die Bekämpfung von Arbeitslosigkeit und Ausgrenzung ist das Unternehmen. Die fortwährende Aufrechterhaltung der Beschäftigungsfähigkeit im Rahmen der Berufstätigkeit begünstigt insbesondere die Verlängerung des Erwerbslebens der älteren Arbeitnehmer, wie dies beispielsweise in

einem Betrieb in Dänemark geschieht. *Arbeitnehmer und Arbeitge-*
ber sind aufgrund des Technologiewandels, eines sich rasch verändernden Marktes und neuer Berufe gemeinsam für die Erhaltung der
Beschäftigungsfähigkeit verantwortlich. Dieser Einsatz zahlt sich für
alle aus: Der Arbeitnehmer sichert seinen Verbleib im Erwerbsleben
und der Arbeitgeber verfügt über Mittel zur Verbesserung seiner
Performance. Dabei vermeidet er insbesondere auch die an den Arbeitskräftemangel gebundenen Probleme. Unternehmen führen daher Maßnahmen für ältere Arbeitnehmer ein, die Regulierungen für
die Organisation der Arbeit, für die Arbeitsverträge, für die Begleitmaßnahmen in bezug auf ältere Arbeitnehmer (Ausbildung und Anpassung an neue Tätigkeiten) vorsehen.

Die Eckpunkte der Beschäftigungsfähigkeit

Die zur Verwirklichung der Beschäftigungsfähigkeit erforderlichen
Mittel setzen den Einsatz von Geldern aus der Arbeitslosenkasse,
von Personen und von Institutionen voraus, sowie die Schaffung
neuer Beschäftigungsmöglichkeiten.

Die *Aktivierung der Gelder* besteht einerseits darin, einen größeren Anteil der für die Bekämpfung der Arbeitslosigkeit vorgesehenen
Mittel aktiven Maßnahmen zuzuteilen und andererseits den Zugang
zu den Leistungen zu beschränken (Anspruchsvoraussetzungen, Höhe
und Dauer der Leistungen). Kanada, wo das System bedeutungsvoll
Beschäftigungsversicherung heißt, hat sich ein doppeltes Ziel gesetzt: Die Eingliederung oder die Wiedereingliederung in die Beschäftigung zu unterstützen und die Arbeitslosen durch den erschwerten
Zugang zu Leistungen von der Inanspruchnahme der Versicherung
abzuhalten. Die Leistungsempfänger können zum Beispiel die Leistungen vollständig mit dem Verdienst aus einer Beschäftigung kombi-
nieren (bis zu 25% des Leistungsbetrags) und ihr Arbeitslosengeld
gekürzt bekommen, wenn sie in den fünf ihrem Leistungsantrag
vorangehenden Jahren bereits Arbeitslosengeld bezogen haben.

Die *Aktivierung der Personen* erfolgt durch auf den Einzelnen
zugeschnittene prophylaktische oder kurative Maßnahmen, mit An-

reizen oder Zwangsmaßnahmen, die die Chancen für die Rückkehr in eine Beschäftigung und den Beschäftigungsanteil erhöhen sollen.

Angesichts des starken Anstiegs der Arbeitslosigkeit Anfang der neunziger Jahre kam Neuseeland zu der Erkenntnis, dass frühere Lösungen (Schaffung von subventionierten Arbeitsplätzen, Maßnahmen, die auf eine Einschränkung der Leistungen abzielten) nicht ausreichten. Die damals vorgenommenen Reformen zielten auf das Verhalten der Leistungsempfänger auf dem Arbeitsmarkt ab. Verschiedene Programme wurden durchgeführt, um Arbeitsuchende und andere Kategorien (Behinderte, allein stehende Eltern) dazu zu bringen, von der Sozialhilfe wegzukommen. So verpflichteten zum Beispiel die „gemeinnützigen Programme" die Bezieher von Arbeitslosenleistungen dazu, eine sozial nützliche Arbeit anzunehmen, wobei die Teilnehmer zusätzlich zu den Leistungen, auf die sie Anspruch haben, eine steuerfreie Geldleistung und eine Erstattung ihrer realen Kosten erhalten können.

Die *Aktivierung der Institutionen* bedeutet eine Modernisierung des Arbeitsamtes und den Einsatz aller institutionellen Akteure, insbesondere des Staates und der Sozialpartner. Die Arbeitsämter führen somit Instrumente ein, die eine bessere Ausrichtung auf die individuellen Bedürfnisse der Arbeitslosen ermöglichen und Langzeitarbeitslosigkeit verhindern sollen.

Das *Profiling* ist ein Verfahren zu diesem Zweck und ein in mehreren Ländern verwendetes Instrument, darunter auch in den Niederlanden, um die Gruppen, für die gezielte Maßnahmen vorgesehen sind, zu identifizieren. Das Ziel dieses Verfahrens ist es, anhand beruflicher, persönlicher und an den Arbeitsmarkt gebundener Faktoren zu erkennen, welche Personen am stärksten von Langzeitarbeitslosigkeit bedroht sind, um ihnen schnellstmöglich eine individuelle Unterstützung zu bieten.

In den Vereinigten Staaten, wo alle leistungsbeziehenden Personen einem *profiling* unterzogen werden, wird dessen Verwendung auch auf andere Kategorien Nichterwerbstätiger ausgeweitet, wie allein stehende junge Mütter und Mittellose, die man zur Aufnahme einer Beschäftigung bewegen will.

Die Einrichtungen erweitern ferner ihr Leistungsangebot und verbessern ihre Verwaltung. Das Nationale Arbeitsamt der Slowakischen

Republik hat zum Beispiel angesichts der Schwierigkeiten der Länder im Übergang ein Programm zur Hilfe bei Unternehmensgründungen eingerichtet, an dem Unternehmen, Gebietskörperschaften, Banken und private Ausbildungszentren teilnehmen und das für Arbeitsuchende bestimmt ist, die nach ihrer Motivation, ihrer Qualifikation und der Glaubwürdigkeit ihres Projekts ausgewählt wurden. Der Staat und die Sozialpartner bemühen sich im Übrigen, Voraussetzungen zu schaffen, die die Entwicklung des Arbeitsmarktangebots fördern. Die System der *Job rotation* in Dänemark bietet ein Beispiel aus der Praxis, mit der es Personen ohne Arbeit ermöglicht werden soll, (wieder) Fuß zu fassen. Den Beschäftigten wird die Möglichkeit einer Beurlaubung geboten (für Ausbildung, Elternurlaub oder *Sabbatical*), während sie in dieser Zeit durch einen Arbeitsuchenden vertreten werden. Sie erhalten eine in Prozentanteilen der Höhe des Arbeitslosengeldes errechnete Lohnersatzleistung.

Ausgabenkontrolle und die Bewertung der Effizienz von Maßnahmen zur Beschäftigungsfähigkeit

Der vermehrte Einsatz von beschäftigungspolitischen Maßnahmen geben dem Willen Ausdruck, die aufgrund von Massen- und Langzeitarbeitslosigkeit zunehmend belasteten Haushaltsmittel besser einzuteilen. Es gilt also, die effizientesten Maßnahmen unter kostengünstigsten Gesichtspunkten zu identifizieren.

Die getroffene Wahl beeinflusst natürlich das Gleichgewicht der Systeme: Die Kosten ändern sich je nach dem, ob man prophylaktische oder kurative Maßnahmen in den Vordergrund stellt, ob man den direkten Zugang zur Beschäftigung oder eine bessere Qualifikation des Einzelnen fördert, ob man vorrangig den einfach oder den schwer zu vermittelnden Personen hilft, ob man die lokale Beschäftigungsfähigkeit entwickelt oder für ein Wachstum mit stabileren aber dafür geringeren Arbeitsstellen sorgt. Die meisten Länder stehen mit ihrer Beschäftigungsstrategie vor solchen Entscheidungsengpässen.

Die *Bewertung der Effizienz* bestehender Maßnahmen nach Wirtschaftlichkeit zeigt, dass den lokalen Gegebenheiten angepasste und

auf den Einzelnen zugeschnittene Vorkehrungen eher effizienter als
andere sind. Allerdings lassen sich die durch die aktiven Maßnahmen erzielten wirtschaftlichen Gewinne wegen des Fehlens geeigneter Indikatoren nicht feststellen.

Im Übrigen ist es stets schwierig, bei der Verringerung der Arbeitslosigkeit festzustellen, wie viel dabei auf die Förderung der
Beschäftigungsfähigkeit und wie viel auf die Verbesserung der wirtschaftlichen Situation zurückzuführen ist. Zwar verstärken alle Maßnahmen zum Erwerb einer Berufserfahrung oder zur Entwicklung
des Humankapitals die Beschäftigungsfähigkeit der Arbeitsuchenden, doch gibt es wenig verlässliche Informationen über ihre Wirksamkeit. Jedenfalls müssen mehr Mittel in Forschung und Auswertung
investiert werden, um die Wirksamkeit der verschiedenen Instrumente
festzustellen.

Der New Deal für junge Menschen im Vereinigten Königreich
zum Beispiel ist – ausgehend von den unterschiedlichen Zielsetzungen des insgesamt recht diversen Programms – genau beobachtet
und ausgewertet worden: Teilnahme der Arbeitgeber, Umschulung
der Arbeitsuchenden, Verbesserung der Beschäftigungsfähigkeit, Kostensenkungen, Senkung der Arbeitslosigkeit usw.

Algerien, dessen System der Arbeitslosenversicherung jüngeren
Datums ist (von 1994), hat von Anfang an aktive Maßnahmen zur
Verbesserung der Beschäftigungsfähigkeit in sein Aufgabenfeld einbezogen. Allerdings haben die beschränkten finanziellen Mittel dazu
geführt, schrittweise durch den Einsatz von Pilotprojekten vorzuge-
hen. Obwohl die Alphabetisierung in 50% aller Fälle eine notwendige Voraussetzung für jede Maßnahme zur Verbesserung der Beschäftigungsfähigkeit bildet, wird das Pilotprojekt, das Kurse zur
Alphabetisierung und eine Grundausbildung in verschiedenen Berufen vorsieht, erst nach Analyse der Ergebnisse und nach der Zusage zusätzlicher Finanzmittel durch die öffentliche Hand ausgeweitet
werden.

In Polen, wo die Arbeitslosigkeit seit 1998 gestiegen war, während die für die Bekämpfung der Arbeitslosigkeit bereitgestellten
Mittel zurückgingen, wurden ebenfalls verschiedene Maßnahmen
ergriffen, um die Wirksamkeit der diesbezüglichen Ausgaben zu verbessern. Durch „dreigliedrige Abkommen" und Eingliederungspro-

gramme für junge Diplomierte hat es in Bezug auf Arbeitseinglie-
derung oder Umschulung zufriedenstellende Ergebnisse gegeben,
auch wenn das nur einen geringen Teil der Tätigkeiten der Arbeitsämter ausmacht. Die dreigliedrigen Abkommen erlauben es den
Arbeitgebern, selbst die Kandidaten für eine den Bedürfnissen des
Unternehmens angepasste Ausbildung auszuwählen, die dann nach
abgeschlossener Weiterbildung eingestellt werden. Für die jungen
Diplomierten, die 45 % der Arbeitsuchenden ausmachen, werden im
Rahmen der für diese Maßnahmen bereitgestellten Mittel auf den
Einzelnen zugeschnittene Eingliederungsprogramme durchgeführt,
die Hilfen bei der Arbeitsuche, der Weiterbildung und der Probezeit
bei den Arbeitgebern oder für subventionierte Arbeitsplätze umfassen.

Flexibilität, Beschäftigungsfähigkeit, Sicherheit:
Ein untrennbares Ganzes

Flexibilität der Beschäftigung und Beschäftigungsfähigkeit der Arbeitnehmer sind zwei Aspekte der Leistungen von Unternehmen.

Flexibilität und Unterbrechungen der Erwerbsverläufe, die die
gegenwärtige Situation des Arbeitsmarktes erzwingen, verlangen von
den Arbeitnehmern die Fähigkeit sich ständig an die Entwicklung
der sozialen und wirtschaftlichen Bedürfnisse anzupassen.

Es muss jedoch ein Gleichgewicht hergestellt werden, damit die
Flexibilität der Beschäftigung für die Arbeitnehmer nicht Unsicherheit der Beschäftigung und der Einkommen bedeutet. Deshalb haben manche Staaten gesetzliche oder vertragliche Schutzmaßnah-
men ergriffen, um die Lockerung des Einsatzes der Arbeitskräfte mit
einem besseren Schutz der Arbeitnehmer vor ihren negativen Auswirkungen zu verbinden.

In den Niederlanden versucht das 1999 verabschiedete Gesetz
über „Flexcurity", Flexibilität und Sicherheit miteinander zu verbinden. Dieses Gesetz lässt insbesondere Zeitarbeit (befristete Verträge
und zeitlich begrenzte Aufgaben) zu, unterwirft diese Beschäftigung
jedoch strengen Regeln und gewährt den betreffenden Arbeitnehmern spezifische Rechte (Recht auf Ausbildung, Umwandlung des

Vertrages in einen befristeten Vertrag nach 36 Monaten aufeinander-
folgender Verträge, unbefristete Übergangsverträge).

Mittel, um möglichst prophylaktisch, die Fähigkeit zu entwickeln,
eine Tätigkeit, eine Stelle, oder einen Beruf zu wechseln werden
eingesetzt, und lassen die Umrisse neuer Systeme erkennen, die alle
betroffenen Akteure einbeziehen: beschäftigte oder nicht beschäftigte Arbeitnehmer, Unternehmen, Sozialpartner, Staat, Verbände,
Gemeinden, usw.

Die Anpassung der Arbeitnehmer an Veränderungen bedeutet insbesondere, dass die Arbeitgeber ihren Beschäftigten einen ausreichenden Einblick in das Umfeld und die Ziele des Unternehmens
sowie die Mittel zur Aufrechterhaltung ihrer Beschäftigungsfähigkeit
auf dem Arbeitsmarkt gewähren.

Auf der anderen Seite beschränken sich Arbeitslosensysteme immer weniger auf die Auszahlung von Lohnersatzleistungen. Vielmehr bieten sie vermehrt ein ganzes Bündel von Maßnahmen an,
die die Eingliederung oder Wiedereingliederung in den Arbeitsmarkt
erleichtern sollen. Es findet somit eine progressive Entwicklung von
der *Arbeitslosenversicherung* hin zu einer *Beschäftigungsfähigkeitsversicherung*.

Die abzusehende Entwicklung, beschäftigungsfähig zu sein und
fortwährend aufrechtzuerhalten, beginnt mit der anfänglichen Ausbildung. Dies wird in Unternehmen und während der Zeiten der
Unterbrechung der Erwerbstätigkeit bis zum Eintritt in den Ruhestand fortgeführt, und schlägt sich bereits in der Existenz von Sozial-
rechten wie etwa dem Recht auf Weiterbildung oder Beurlaubung
und in der Entwicklung von Übergangsmärkten wie Arbeitnehmer-
vereinigungen und subventionierten Arbeitsverträgen nieder.

Die Förderung der Beschäftigungsfähigkeit bedeutet nichts anderes, als jedem Einzelnen zu erlauben, im Verlaufe seines Lebens die
Abfolge seiner verschiedenen Tätigkeiten zu organisieren, und dabei zu versuchen, die Kohärenz des Systems sicherzustellen, damit
die Beschäftigungsfähigkeit zu einem bewährten Instrument für die
berufliche Kontinuität wird.

Autorenverzeichnis

MAHREZ AIT-BELKACEM
Generaldirektor, Landeskasse für Arbeitslosenversicherung
Algerien

PATRICK BOLLÉROT
Forschungsbeauftragter, Interprofessioneller Landesverband für die
Beschäftigung in Industrie und Handel
Frankreich

ISABELLE CHABBERT
Assistentin, Universität Paris X
Frankreich

NANCY FEDOROVITCH
Senior Consultant, Ministerium für die Entwicklung von Human-
ressourcen
Kanada

ANA FOTYGA
Vize-Präsident, Aufsichtsamt der Sozialversicherungsanstalten
Polen

BERNARD GAZIER
Professor, Centre le Titien, Universität Paris I
Frankreich

NICOLE KERSCHEN
Wissenschaftlicher Rat, Nationales Forschungsinstitut für Soziales,
Universität Paris X
Frankreich

TONI KIERAN
Consultant
Irland

ROSS MCKAY
Special Advisor, Ministerium für Sozialpolitik
Neuseeland

NIGEL MEAGER
Direktor, Institute for Employment Studies (IES), Sussex Universität,
Brighton
Vereinigtes Königreich

MARJOLEIN PETERS
Consultant, Small Business Research and Consultancy,
EIM International
Niederlande

HELMUT RUDOLPH
Wissenschaftlicher Rat, Institut für Arbeitsmarkt- und Berufsforschung,
Bundesanstalt für Arbeit
Deutschland

JAVOSLAV SUMNÝ
Generaldirektor, Nationales Arbeitsamt
Slowakei

KOEN VAN DER HEUVEL
Consultant, Belgische Nationalbank
Belgien

WIM ZWINKELS
Consultant, Small Business Research and Consultancy,
EIM International
Niederlande

Herausgeberverzeichnis

PATRICIA WEINERT
Internationale Vereinigung für Soziale Sicherheit, Programmleiterin
Genf, Schweiz

MICHÈLE BAUKENS
Nationales Arbeitsamt, Abteilungsleiterin
Brüssel, Belgien

PATRICK BOLLÉROT
Interprofessionneller Landesverband für die Beschäftigung in
Industrie und Handel, Forschungsbeauftragter
Paris, Frankreich

MARINA PINESCHI-GAPENNE
Interprofessionneller Landesverband für die Beschäftigung in
Industrie und Handel, Leiterin der Abteilung europäische und
internationale Angelegenheiten
Paris, Frankreich

ULRICH WALWEI
Institut für Arbeitsmarkt- und Berufsforschung der Bundesanstalt
für Arbeit, Leiter des Arbeitsbereiches „Mittel- und langfristige
Vorausschau"
Nürnberg, Deutschland

Soziale Sicherheit

Herausgegeben von der
Internationale Vereinigung für Soziale Sicherheit

Die Reihe „Soziale Sicherheit" umfaßt Bücher von internationaler Tragweite über bedeutende Entwicklungen, neuste Erfahrungen sowie Grundsatzdebatten auf dem Gebiet der sozialen Sicherheit und der Sozialpolitik. Außerdem präsentiert sie Ergebnisse vergleichender und zukunftsorientierter Studien, Analysen und Forschungen in diesen Bereichen. Sie bietet dem Interessierten Zugang zu aktuellen Problemen der sozialen Sicherheit in ihrer Gesamtheit oder in den einzelnen Sektoren und Zweigen, sowie zu Bewertungen der Wirkung und Effizienz der unterschiedlichen Sozialschutzmaßnahmen. Die Autoren und Herausgeber der Bände in dieser Reihe sind Experten aus Trägerorganisationen der sozialen Sicherheit, Forschungsanstalten, der akademischen Welt und internationalen Organisationen.

Die Internationalen Vereinigung für Soziale Sicherheit (IVSS), ist eine 1927 gegründete internationale Organisation. Sie vereint vor allem Institutionen und Verwaltungsorgane aus Ländern der ganzen Welt, die sich mit allen Formen der sozialen Sicherheit befassen, welche aufgrund der Gesetzgebung oder von nationalen Gepflogenheiten in diesen Ländern Bestandteil des Systems sind. Ziel der IVSS ist es, auf internationaler Ebene an der Förderung und Entwicklung der sozialen Sicherheit mitzuwirken. Die IVSS hat ihren Sitz in Genf, Schweiz. Website: www.issa.int

L